1789-1799:
A Revolução Francesa

Coleção Estudos
Dirigida por J. Guinsburg

Equipe de realização – Edição de texto: Marcio Honorio de Godoy; Revisão: Iracema A. de Oliveira; Revisão de Provas: Bárbara Borges; Sobrecapa: Sergio Kon; Produção: Ricardo W. Neves e Sergio Kon.

Carlos Guilherme Mota

1789-1799:
A REVOLUÇÃO FRANCESA

 PERSPECTIVA

Dados Internacionais de Catalogação na Publicação (CIP)
(Câmara Brasileira do Livro, SP, Brasil)

Mota, Carlos Guilherme, 1941- .
  1789-1799 : a Revolução Francesa / Carlos Guilherme Mota. – 2. ed. revista e ampliada, 1. reimp. – São Paulo: Perspectiva, 2013. – (Estudos; 244 / dirigida por J. Guinsburg)

  Bibliografia
  ISBN 978-85-273-0797-0

  1. França História – Revolução, 1789-1799
  I. Guinsburg, J. II. Título. III. Série.

07-5372   CDD-944.04

Índices para catálogo sistemático:

1. Revolução Francesa : História   944.04

2ª edição revista e ampliada, 1ªreimpressão
[PPD]

Direitos reservados à
EDITORA PERSPECTIVA LTDA.

Rua, Augusta, 2445, cj. 1
01413-100 São Paulo SP Brasil
Tel.: (011) 3885-8388
www.editoraperspectiva.com.br

2021

Sumário

REFLEXÕES PRÉVIAS xv

   I. Narrar a Revolução?, xv; Da Revolução, xix;

   II. Os Marcos do Processo, xxi; Da Revolução ao "Novo Pacto Social", xxii.

   III. De Historiografia e de História, xxiv; Da História das Mentalidades, xxviii.

NOTA EXPLICATIVA À SEGUNDA EDIÇÃO...................... xxxiii

   Agradecimentos, xxxix.

1. CRISE E COLAPSO DO ANTIGO REGIME 1

   Esgotamento de uma Época. O Quadro Geral, 1; Economia: Prosperidade e Revolução, 2; À Sombra das Ordens, 4; A Nobreza: da Reação Aristocrática contra a Monarquia, 7; Um Modelo de Exclusão Social, 8; O Terceiro Estado: de Nada a Tudo, 8; O Colapso do Regime, 11; De Necker, o "Gênio dos Expedientes" a Brienne, o Arcebispo ilustrado. A Reação dos "Notáveis", 14; A Primeira Fratura no Regime, 15; Os Episódios de Grenoble, 17;

Como o Regime Desmoronou: a Pré-revolução, 18; Das Ideias, 23; Das Luzes, 25; O Enciclopedismo, 25; Rousseau (1712-1778) e os Jacobinos do Ano II, 26; Voltaire ou Rousseau?, 28; Da "Baixa Ilustração", 28; Do Retorno à "Alta Política": Necker, Voto por Cabeça?, 30; 1789, 31; O "Quarto" Estado, esse Desconhecido, 31; O Levante do Faubourg Saint-Antoine, 33; A Abertura dos Estados Gerais, 33; A Rebelião dos Deputados do Terceiro Estado, 34; A Assembleia Nacional, 35.

2. O PERÍODO DA ASSEMBLEIA NACIONAL CONSTITUINTE
(9 de julho de 1789 – 30 de setembro de 1791)..........................39

No Caminho da Revolução, 39; O 14 de Julho: a Luta Armada, 41; No(s) Dia(s) Seguinte(s)..., 43; O Grande Medo de 1789, 44; O 4 de Agosto: o Fim de uma Época, 45; As Forças da Constituinte: Tendências, 46; As Jornadas de Outubro, 47; À Paris: os Primeiros Passos da Constituinte, 48; Os Agentes da Revolução, 49; A Reação, 51; A Obra da Constituinte, 51; O Encaminhamento Político, 53; Ideias de República, 54; O Confronto de Julho: "Vamos Concluir ou Recomeçar a Revolução?", 57; A Constituição de 1791 (do Homem e do Cidadão), 58.

3. O PERÍODO DA ASSEMBLEIA LEGISLATIVA
(1º de outubro de 1791 a 20 de setembro de 1792).....................59

As Três Guerras, 59; O Que era a Assembleia Nacional Legislativa?, 60; Tendências e Partidos, 60; Fora da Assembleia, 62; Que é um *sans-culotte*?, 62; A Guerra e o Fim da Monarquia. Brissot *vs*. Robespierre, 65; A Guerra Europeia (1792-1815): Encruzilhada Histórica, 66; Bebendo à Saúde do Povo, 72; A Revolução de 1792, 72; O Primeiro Terror (agosto-setembro de 1792), 73; A Comuna no Poder, 74; A Contra-Revolução Esmagada. Afirmação de Danton, 75; Valmy: 20 de setembro de 1792. Goethe Presente, 76; Preparando a Convenção, 77.

4. A CONVENÇÃO NACIONAL
(21 de setembro de 1792 – 27 de outubro de 1795)....................79

A Convenção Girondina (21 de Setembro de 1792 a 2 de Junho de 1793): o Projeto Burguês Liberal e seu Fracasso, 80;

Girondinos, Montanheses e ... o "Marais", 80; A Morte de Luís XVI, 82; A Reação ao Guilhotinamento de Luís XVI, 84; A Traição do General, 85; Luta de Classes, 86; A Segunda Revolução, 86; O 2 de Junho de 1793: a Revolução Popular, 87; A Convenção Jacobina: Ditadura, Terror e Queda de Robespierre (2 de Junho de 1793 a 28 de Julho de 1794), 88; A *levée en masse*, 89; A Avançada Constituição do Ano II (1793), 90; O Governo Revolucionário: Impasses, 90; O Comitê de Salvação Pública: o "Grande Comitê do Ano II", 91; Outros Órgãos da Convenção Jacobina, 93; A *Sans-culotterie* Parisiense, 95; O Assassínio de Marat, 96; O Terror, 96; Outra vez, a *levée en masse...*, 97; Ano II: a Festa da Razão, 98; O Exército Republicano. Os Cientistas na Revolução, 99; A Revolução contra os "Ultras" e os "Indulgentes", 100; A "Indulgência" de Danton (dezembro de 1793 – janeiro de 1794), 102; O "Incorruptível" e o "Grande Terror", 102; Mobilização Nacional, 104; O "Grande Terror", 105; Apogeu e Queda de Robespierre, 106; A Administração da República, 107; Robespierre, *vue d'en haut*, 107; As Vitórias Externas e o Esgotamento do Terror, 109; O 9 Termidor. O Choro de Robespierre, 111; A Morte de Robespierre, 111; Fim da Revolução: a Reação da Convenção Termidoriana (28 de julho de 1794 a 27 de outubro de 1795), 119; A Perseguição aos Jacobinos, 120; O "Terror Branco", 121; Os "Melhores" do Messidor, 123; A Constituição do Ano III e o "General Vendemiário", 123; Napoleão Desponta, na Esteira de Barras..., 124; A "Singular Continuidade", da Gironda ao Termidor, 124; Obra Cultural da Convenção. A Revolução Profunda, 125.

5. O PERÍODO DO DIRETÓRIO
   (27 de outubro de 1795 a 11 de novembro de 1799).
   GOLPE DO 18 BRUMÁRIO DE BONAPARTE.....................127

   Napoleão, 128; Uma Sociedade Esgarçada, 129; A Erosão Monetária e Social. Corrupção, 130; A Conjuração dos Iguais de Babeuf: da Soberania Popular, 130; A Direita Realista, 131; "Com o Apoio do Exército"... Talleyrand..., 132; Da República dos Notáveis à Ditadura Consular, 132; Dos Tratados de 1795 à

Segunda Coalizão, 133; Militares *versus* Diretório *versus* Papa *versus* Inglaterra, 136; A Expedição ao Egito, 137; A Caminho do Golpe, 138; A Irresistível Ascensão, 139; O Golpe do 18 Brumário (quase não deu certo), 140; "Citoyens: la Révolution est finie", 142; Para além do 18 Brumário, 146; Sobre a Questão Colonial, 147; O Amanhecer do Difícil Século XIX, 150.

AS REVOLUÇÕES DA REVOLUÇÃO 153
   I. 153
   II. 154
   III. 155

BIBLIOGRAFIA SUMÁRIA 159
CALENDÁRIO REPUBLICANO 165
POSFÁCIO – *Francisco Iglésias* 167

Para a citoyenne *Adriana, sempre, meu afeto.*

Para os "neojacobinos" do Instituto de Estudos Avançados da USP, *da* FAU*-Mack e da Direito* FGV.

Em memória de meus amigos Albert Soboul, Joaquim Barradas de Carvalho, Jacques Godechot, Severo Gomes, Florestan Fernandes, Raymundo Faoro, Francisco Iglesias, Heleny Guariba, Warren Dean, José Honório Rodrigues, Manuel M. Fraginals, Michel Debrun, A. L. Rocha Barros, Fernando Milan e Carlito Maia.

Não se pode reinar inocentemente.

SAINT-JUST,
na Convenção republicana,
13 de novembro de 1792 (Ano I)

O primeiro dos direitos é o de existir.

MAXIMILIEN ROBESPIERRE,
na Convenção republicana, em dezembro de 1792,
subordinando o direito de propriedade
ao direito de existência

É talvez por aí que se reconhece uma Revolução: às sequências do silêncio – quando o documento se esconde, impondo a pesquisa paciente dos traços escondidos – sucedem aquelas onde tudo se precipita e se revolteia.

MICHEL VOVELLE, 1985.

Jean-Jacques Rousseau (1712-1778).
"Os frutos são de todos e a terra não pertence a ninguém".

Segundo Eric J. Hobsbawm, "os principais críticos liberais têm-no atacado como precursor do 'totalitarismo' de esquerda. Mas, de fato, ele não exerceu nenhuma influência sobre a principal tradição do comunismo moderno e do marxismo".

Reflexões Prévias

Esta não foi uma época a ser medida pelos critérios humanos cotidianos.

ERIC HOBSBAWM, *Era das Revoluções*

I.

Narrar a Revolução?

Para o historiador de ofício, estudar a Revolução Francesa é tarefa relativamente comum, embora sempre carregada de surpresas e – por que não dizer? – de fortes emoções. Faz parte de seu cotidiano a releitura dos "clássicos", de Michelet ao saudoso Soboul, que varia segundo as opções intelectuais (sempre políticas) do profissional do conhecimento histórico, seja ele reacionário, conservador, liberal, socialista, reformista ou revolucionário. Faz parte ainda de seu ofício constatar que as atitudes políticas e as maneiras como a Revolução foi compreendida pelos contemporâneos e pósteros flutuaram conforme a escola de pensamento, a cultura da região, a posição na hierarquia social e a inserção no contexto sociopolítico do observador. Há muito tal relativização dos conceitos (de classe, Estado, ideologia etc.), das noções (de pátria, cidadania, progresso, consciência nacional etc.) ou dos rótulos (reacionário, reformista, revolucionário, girondino, jacobino, anarquista, *enragé*, comunista, ideólogo etc.) passou a fazer parte das reflexões prévias dos historiadores. Até porque "toda ciência é também ideologia", sublinhou há algum tempo Evelyne Pisier-Kouchner[1].

1. L'obéissance et la loi: le droit, em François Châtelet (org.), *Histoire des idéologies* (v. 3: *Savoir et pouvoir der XVIIIe au XXe siècles*).

Menos comum e mais desafiador é escrever em 1989, no Brasil, sobre a Revolução Francesa. Terra em que, mais de duzentos anos passados da Inconfidência Mineira, a maior parte de seus habitantes ainda desconhece os mais rudimentares princípios de cidadania, muitos dos quais formulados durante o processo revolucionário. Não se trata apenas de dar conta da inesgotável bibliografia sobre o tema, ampliada notavelmente no calor do Bicentenário da Revolução de 1789, e que provocou, entre tantas outras, novas reflexões sobre 1793-94 (ano II) – a "revolução dentro da revolução" – sobre a questão colonial, sobre o "problema dos intelectuais" e reaqueceu a velha querela sobre o período napoleônico: prosseguimento ou desaceleração da Revolução? Bibliografia vastíssima, e muitas vezes inovadora, que vem aprofundar o conhecimento metodicamente acumulado em publicações especializadas como a revista clássica *Annales historiques de la Révolution française*, fundada e dirigida por Albert Mathiez em 1907, inicialmente denominada *Annales révolutionnaires*, até 1924, mas sempre ligada à Société des Études Robespierristes, com sede no Institut d'Histoire de la Révolution, hoje fragilizado. A Société, presidida de 1907 a 1932 por Mathiez e de 1932 a 1959 por Lefebvre, passou a ser dirigida após a morte deste, em 1959, por uma presidência de quatro membros, J. Godechot, E. Labrousse, J.-R. Suratteau e Michel Vovelle, depois Godechot, Soboul e M. Reinhard, assegurando a continuidade de uma longa série de publicações. Desde 1960 existiu também a Comissão Internacional de História da Revolução Francesa, então secretariada por Vovelle e presidida por Godechot (ambos estiveram no Brasil), responsáveis, juntamente com os *Annales historiques*, por uma série de congressos e obras publicadas dentro e fora da França, sobre temas como os direitos do homem, patriotismo e nacionalismo à época da Revolução, Robespierre, Babeuf e Buonarotti.

Mas, além da copiosa e densa produção historiográfica europeia, a publicação, dentre outras, do livro de Robert Darnton, *Boemia Literária e Revolução*, ou do inquietante estudo de Sergio Paulo Rouanet, *O Espectador Noturno*[2] sobre o escritor Rétif de la Bretonne, o "Rousseau du ruisseau", além de *A Etiqueta no Antigo Regime: do sangue à doce vida*, de Renato Janine Ribeiro, sugerem que perspectivas inovadoras sempre podem brotar da pena de intelectuais "periféricos" ao *monde* da historiografia francesa... e estão acessíveis ao leitor brasileiro.

O problema enfrentado nesta breve História reside no ultrapassamento (ou não) de uma série de preconceitos e de equívocos. Dentre os primeiros, procuramos, neste estudo, retomar um pouco a História Narrativa. Retraçar a linha geral da "Grande Révolution", praticamente exilada das salas de aula, tentando assim atingir o leitor interessado

---

2. O livro apresenta Posfácio de Renato Janine Ribeiro.

em introduzir-se na problemática da Contemporaneidade. Em síntese, trata-se de uma História Narrativa da Revolução, ou melhor, das Revoluções Francesas – pelo menos as duas, a burguesa de 1789 e a popular de 1793 – informada porém pelas investigações do último meio século. Para tanto, levamos em consideração não só os resultados das pesquisas da Escola dos *Annales* – de Labrousse em particular – nos estudos de conjuntura econômica e estruturas sociais que permitiram reconsiderar as dimensões do século XVIII e as Revoluções de 1789, 1830 e 1848 na *longue durée*[3]; mas sobretudo a densa tradição dos *Annales historiques* e aspectos inovadores, que as investigações e reflexões de Albert Soboul trouxeram para o conhecimento do mundo do trabalho na França e para a compreensão dos movimentos populares e das lutas de classes na História contemporânea. Campo fecundo e amplo que Michel Vovelle, bom e sutil jacobino, sucessor de Soboul na Sorbonne e nos *Annales historiques de la Révolution française*, tanto estimulou ao reacender o debate entre os historiadores das ideologias e das mentalidades. Fora dessas duas grandes e nem sempre unidas "famílias" – historiadores dos *Annales* e historiadores marxistas, ou quando menos da linhagem de Jaurès – ressalta-se a figura de Jacques Godechot. Autor de *La Grande Nation* e de outros clássicos, excelente historiador da historiografia, seguidor de Georges Lefebvre e um dos impulsionadores dos *Annales historiques*, continua sendo o principal estudioso das revoluções "irmãs" da Revolução Francesa. Por suas teses e também por suas atitudes críticas e generosas – que tive o privilégio de acompanhar em Toulouse no vendaval de 1967/68 – vai-se delineando o lugar de Jacques Godechot na historiografia atual e a importância da atuação do *Doyen rouge* na História da Educação pública contemporânea. Creio que não seria ousado demais inscrevê-lo na moderna... tradição jacobina.

História Narrativa, portanto, porém atendendo as exigências teóricas do momento presente. Resgatar um pouco do conhecimento desse período decisivo – sugerindo uma periodização (logo, uma teoria), adotando uma interpretação no encaminhamento político em que "ideologias" (não por acaso o termo surgiu naquela época) e sociedade burguesa se afirmaram, sinalizando, por meio de bibliografia empenhada, problemas teóricos, históricos, historiográficos – e alimentar dúvidas pendentes, eis a intenção nada modesta que nos move.

Segundo preconceito enfrentado: trata-se de um livro de *haute vulgarisation*, escrito, sobretudo, para não-especialistas. O caráter introdutório torna-se a marca inescapável desta síntese, na expectativa de que o público – outra noção importante que se afirma no século XVIII – acompanhe, com a perspectiva histórica da experiência revolucionária

---

3. "Longa duração", expressão que se tornou central na Teoria da História formulada por Fernand P. Braudel.

francesa, as recentes discussões não só sobre a transcendência histórica (digamos) do processo atual de integração europeia (União Europeia), como do evidente esgotamento de velhas concepções de vida e de história no Brasil do pós-guerra, em particular nesta República à brasileira. República que, com seus sucessivos golpes brancos de Estado e corrupção desenfreada, muito se assemelha ao Diretório. Afinal, a tradição de escrever obras para não-especialistas também se enraíza no século XVIII, impondo-se notar, desde logo, que os universitários franceses, desde a Revolução, sempre cultivaram apreço pela *instruction publique* (instrução pública), explicando-se assim que, ao lado de seu clássico *La Grande Nation*, Godechot tenha produzido *As Revoluções* e *Europa e América no Tempo de Napoleão*, e que Soboul, além do monumental *Les Sans-culottes parisiens en l'a II*, escrevesse *La Révolution française*, para a popular coleção Que sais-je?.

Esse ideal de *instruction publique* permite compreender a excelência de um manual que oferece precocemente – em relação à historiografia mais atualizada da época – uma visão de conjunto sobre o período que nos interessa: trata-se de *1789-1848*, de Tudesq e Rudel, editado em 1966 pela Bordas. E, fora da França, cumpre notar que Eric J. Hobsbawm, além de suas demais obras monográficas, tenha iniciado sua famosa trilogia com *A Era das Revoluções*, em que o leitor não especializado encontra uma síntese altamente provocativa sobre as Revoluções Francesas, entendidas como um dos fundamentos para a compreensão do mundo atual.

Os estudos desses autores – com abordagens nem sempre concordantes em todas as questões – tornam-se hoje fundamentais para um possível delineamento, em nossa maneira de ver, do processo revolucionário da França e das sucessivas reações a ele: esta síntese muito deve a eles. A teoria da "derrapagem", de François Furet, fica portanto aqui descartada – até porque contém um *contradictio* inescapável: tal "derrapagem" pressuporia um caminho, uma rota mecânica e previamente estabelecida, da qual a Revolução teria se perdido. Ora, "nem todo movimento se propaga progressivamente", já se sabia no século das Luzes.

II.

Da Revolução

> *Temos de pensar que nem tudo é compacto na natureza, há vazios, lacunas, e que nem todo movimento se propaga progressivamente*
>
> VOLTAIRE (1694-1778)

A Revolução Francesa constitui um dos capítulos mais importantes da longa, diferenciada (conforme a região da Europa) e descontínua passagem histórica do Feudalismo ao Capitalismo[4]. Com a Revolução do século XVII e a Revolução Industrial do século XVIII na Inglaterra, e ainda com a Revolução Americana de 1776, a "Grande Révolution" lança os fundamentos da História Contemporânea. Diversamente de todas as outras, entretanto, assistiu-se na França à primeira experiência democrática da História.

A Revolução derrubou a aristocracia que vivia dos privilégios feudais e liquidou a servidão, destruindo a base social que sustentava o Estado absolutista encarnado na figura do monarca Luís XVI. As massas populares urbanas esfomeadas, a pequena burguesia radical, os pequenos produtores independentes e, sobretudo, os camponeses ainda enleados na tributação do Antigo Regime na servidão mobilizaram-se nesse processo em que se pôs abaixo o sistema. Além disso, instalou-se uma Assembleia Nacional Constituinte, onde se definiram os primeiros princípios da nova sociedade, guilhotinou-se o rei (a exemplo de Carlos I, da Inglaterra, no século XVII), instaurou-se a Primeira República e foi abolido o sistema colonial.

Tendo produzido um *slogan* famoso – Liberdade, Igualdade, Fraternidade – e a Declaração dos Direitos do Homem, a Revolução trouxe à luz uma série de personagens que tipificam concepções clássicas de História, como Luís XVI, Brissot, Danton, Robespierre, Saint-Just, Marat, Graco Babeuf, Napoleão, e tantos outros, como o célebre Marquês de Sade. Nesses densos e tensos dez anos (1789-1799), a história se acelerou e trouxe para o primeiro plano a ideia da legitimidade e da representatividade do poder, o princípio da igualdade social – inclusive das raças – e a norma da inviolabilidade dos direitos do cidadão. Mas ao princípio da Igualdade – e das condições políticas para implantá-la – quase sempre se contraporiam as exigências de liberdade: Marat ou Brissot? Danton ou Robespierre? Babeuf ou Sieyès? Chénier ou Désorgues? Voltaire ou Rousseau?

A Revolução, derrubando a aristocracia e o absolutismo da dinastia dos Bourbons, abre caminho para a Monarquia Constitucional

---

4. Para a compreensão da problemática geral, consulte-se Maurice Dobb, autor do clássico *Studies in the Development of Capitalism*, traduzido para o português sob o título *A Evolução do Capitalismo*.

(1791), seguida da implantação da Primeira República (1792-1804). A Primeira República assiste aos períodos da Convenção (1792-1795, no qual o rei é guilhotinado em 1793), do Diretório (1795-1799) e, após o golpe de Napoleão em 1799, do Consulado (1799-1802).

Não só as ideias de Reforma e de Revolução dos filósofos da Modernidade (da Ilustração inclusive), mas sobretudo a fome aguda que grassava nos campos e cidades explicam o estouro da Revolução. A estrutura jurídico-política baseada em Ordens (Nobreza, Clero e Povo) já não dava conta dos anseios da burguesia – nela incluída a popular pequena burguesia, a *sans-culotterie*. Na França, entre 1789 e 1799, novos canais políticos serão abertos (e alguns fechados depois) para expressar suas aspirações. A França desse período será, conjuntamente com os Estados Unidos independentes desde 1776, e embora ainda escravista, um dos centros irradiadores das ideias de democracia contemporânea.

Ideias de Revolução, nas diversas vertentes ideológicas, se espraiaram pelo mundo, inclusive na América do Sul. Como se sabe, muitos estudantes e pesquisadores brasileiros estudaram na França nesse período, sobretudo em cidades como Montpellier, Bordéus, Toulouse, Rouen. Na Bahia, o mundo do trabalho (artesão, sobretudo) tomou conhecimento da Grande Revolução.

Nesse período, destruiu-se a sociedade de Ordens do Antigo Regime (Nobreza, Clero e Povo) e criaram-se as condições para o desenvolvimento do capitalismo na França, ao se consolidarem os princípios de liberdade de empreendimento e de lucro. Em contexto de violentas lutas de classes e de embates entre "estamentos pretéritos e classes futuras" (Marx), naqueles dez anos apresentaram-se, sucessivamente, à cena histórica diversas correntes do pensamento social e político, desde realistas absolutistas e monarquistas constitucionais, aos republicanos girondinos e jacobinos, até os comunistas "primitivos" como Babeuf e, finalmente, os "bonapartistas" autoritários – autores do Golpe de Estado do 18 Brumário (1799). Nasceu aí o grande problema historiográfico: com o golpe, a revolução se aprofundou ou estancou?

Se, observada em seus resultados, a Revolução deve ser conceituada como burguesa, dela não se pode, entretanto, dissociar o movimento camponês e popular que lhe deu sustentação. No caso dos camponeses, duramente atingidos pela crise econômica, a pobreza os assolava, jogando-os na miséria e aumentando a insegurança nos campos. Sua ira contra os senhores ampliava-se em toda a França, com levantes, tumultos e reivindicações contra os direitos feudais. Com intensidade variável conforme a região, o movimento abalou a aristocracia como um todo. Nessas lutas, segundo o historiador Georges Lefebvre, "o meio mais certo consistia no incêndio dos castelos e dos seus arquivos ao mesmo tempo". Assim, a notícia da tomada por populares da fortaleza da Bastilha e do Palácio de Versalhes, em julho de 1789, correria de aldeia em aldeia, gerando o Grande Medo (em melhor tradução, o Grande Pânico) que, se trazia o pânico aos senhores feudais, reforçava os ânimos da insurreição camponesa. Não foram poucas as vezes, diz ainda o grande historiador, que os "senhores recusavam-se a se desfazer de seus pergaminhos – e os camponeses incendiavam o castelo e enforcavam os seus donos".

A fome e a carestia da vida estavam na base desses movimentos, e também um pouco das ideias do grande filósofo do século das Luzes, Jean-Jacques Rousseau (1712-1778), para quem "os frutos são de todos e a terra não pertence a ninguém".

Os Marcos do Processo

Obedecer às leis, isso não é claro...

SAINT-JUST (1767-1794)

A crise do Antigo Regime e a eclosão da Revolução deveram-se em larga medida à conjugação de uma série de fatores como miséria, fome, desemprego, carestia, novas concepções de sociedade, de cultura e de política e um significativo aumento populacional – além das más colheitas de 1788, o que elevou brutalmente o preço do pão em julho de 1789.

A nobreza reage à crise, ensaiando reformas e provocando uma série de conflitos que desembocam na convocação dos Estados Gerais (1788) e, estes, na Revolução.

As más colheitas geraram a crise de alimentos, cuja falta era logo sentida nas mesas dos *sans-culottes* e das classes populares. O Terceiro Estado opõe-se à Coroa e proclama a Assembleia Nacional. Esta, com o apoio de parte dos representantes do clero e de deputados reformistas da nobreza, passa à Assembleia Nacional Constituinte (9 de julho de 1789). A Bastilha, prisão do Estado, é tomada a 14 de julho de 1789. A 4 de agosto, a Constituinte, assustada, abole os privilégios feudais e, a 26 de agosto, proclama a Declaração dos Direitos do Homem e do Cidadão. A revolução popular ganha as ruas (julho a outubro); o Grande Medo se dissemina pela França. A 5 de outubro, o rei Luís XVI é obrigado a voltar de Versalhes para Paris, sob pressão popular: tornara-se, em verdade, um prisioneiro da Assembleia.

No período da Monarquia Constitucional (1791-1792), o regime divide-se entre os monarquistas (que preservam o poder do rei, independente) e a maioria dos representantes à Constituinte, que defendem o papel dos cidadãos na fiscalização e controle do governo. A Constituição liberal de 1791, obra maior da Assembleia Nacional Constituinte, define a monarquia constitucional. Mas a guerra com a Prússia, a agitação popular que atemoriza os deputados da Assembleia e a fracassada tentativa de fuga de Luís XVI agravam a situação, levando o regime ao colapso (21 de setembro de 1792).

Em 1792, a Convenção (1792-1795) estabelece a República, num grave quadro de guerra externa. O movimento divide-se política e ideologicamente entre Girondinos (liberais mais ligados às províncias, e preocupados com a guerra) e Montanheses (sustentados pelos *sans-culottes* de Paris, e querendo prosseguir na guerra externa e na revolução interna). Luís XVI é guilhotinado a 21 de janeiro de 1793. Instaura-se o "despotismo da liberdade".

Os jacobinos dominam a Convenção. De junho de 1793 a julho de 1794, a Revolução se aprofunda, liderada por Robespierre e pelos "montanheses" jacobinos, dirigindo-se ao mesmo tempo contra a invasão estrangeira e os levantes contrarrevolucionários. Era o Grande Terror. Entretanto, perdendo apoio popular, Robespierre, Saint-Just e companheiros foram guilhotinados, a 28 de julho (10 do Termidor): tratava-se da Reação Termidoriana que vence na Convenção.

No Diretório (1795-1799), eliminados ou marginalizados os radicais, a revolução se "estabiliza", tornando-se "um país governado por proprietários". A Constituição do ano III, que define a democracia burguesa, representou uma espécie de meio-termo do processo revolucionário. Contidas as forças estrangeiras (Prússia, Holanda e Espanha), o exército – que abafou o perigo de uma reação dos realistas – passou a ocupar o papel desempenhado pelos jacobinos e *sans-culottes*, iniciando a montagem da Grande Nação com a criação de "repúblicas irmãs" em torno da França.

Em 1796, o Clube igualitarista do Panteão é fechado em Paris por Bonaparte e fracassa a Conjuração dos Iguais, de Graco Babeuf, última tentativa socializante da República. No ano seguinte, Napoleão vence os austríacos na Itália. Nesse período cresce seu prestígio, enquanto os republicanos moderados criam o Círculo Constitucional, reunindo Sieyès, Talleyrand, Benjamin Constant, Marie-Joseph Chénier, o general Jourdan, Madame de Staël. Em 1798, a burguesia moderada enfrenta ainda uma vitória eleitoral dos jacobinos.

Em 1799, a Assembleia foi dissolvida e o Diretório substituído por três cônsules provisórios: Napoleão, Sieyès e Ducos. Era o golpe de 18 brumário, que dava início ao Consulado. "A Revolução acabou", pontuaram os Cônsules. Pouco tempo depois, em 1804, a Primeira República chegava ao fim.

Da Revolução ao "Novo Pacto Social"

Numa população total de 26 milhões de habitantes no fim do Antigo Regime, a massa de trabalhadores urbanos era das mais atingidas pelas crises de subsistência, sobretudo a de trigo para o pão cotidiano. Já em Paris, com uma população estimada em seiscentos mil habitantes, cerca de 160 mil eram mendigos.

As más colheitas provocadas pelo inverno de 1788 puseram em movimento essa população pauperizada que vai à Bastilha e, depois, à praça da Revolução quando a guilhotina começa a fazer rolar cabeças. Da mesma forma que a crise econômica do inverno de 1792-93 novamente impulsionará o povo miúdo, os despossuídos, os danados, os *enragés* da Revolução. A burguesia Girondina – armadores, banqueiros, negociantes ligados ao comércio colonial e internacional – torna-se então o alvo inimigo da massa *sans-culotte*, composta de populares "que não vestiam as calças justas da nobreza" (o culote). Um de seus líderes, o ultrarradical vigário e panfletário Jacques Roux, escreveu: "Se temos representantes infiéis, está aí a guilhotina para puni-los. Se não querem, se não podem salvar o povo, digamos a este que se vingue de seu inimigo".

No Terceiro Estado (o Povo) – composto por artesãos, camponeses e burguesia – estavam as principais forças sociais populares que se puseram em movimento contra o Antigo Regime. Nas cidades, os trabalhadores artesãos – que ainda não correspondiam à imagem do proletariado industrial moderno – aproximavam-se por suas concepções de vida à pequena burguesia e possuíam uma certa capacidade de crítica e de mobilização. As lideranças burguesas mais avançadas neles se apoiaram para derrubar os privilégios da nobreza – particularmente os de nascimento – e para conquistar o poder político. O privilégio do dinheiro tomou o lugar do de nascimento... Como escreveu Leo Huberman, "*Liberdade, Igualdade, Fraternidade* foi uma frase popular gritada por todos os revolucionários, mas coube principalmente à burguesia desfrutar".

Esse é o momento mais fundo da Revolução. Em seguida, porém, esmagado o movimento popular, após a queda dos jacobinos, os girondinos remanescentes, os republicanos moderados e parcela da aristocracia do Antigo Regime se reconciliaram, sob o manto de Napoleão. Constituiriam o regime dos "notáveis", com Talleyrand, Luciano Bonaparte, Fouché, Berthollet, Laplace, Monge, Destutt de Tracy e outros, consolidando "esse novo pacto social" (*Décade*, 30 Frimário; 21 de dezembro de 1799).

III.

De Historiografia e de História.

> Em cada país permanece uma matriz da História, e essa matriz dominante marca a consciência coletiva de cada sociedade.
>
> MARC FERRO, 1981

"La Révolution Française? Çà n'existe pas" (A Revolução Francesa? Isso não existe), pontificou o historiador Fernand Braudel ao jovem professor Albert Marius Soboul no fim dos anos de 1940, que o procurara em busca de alguma orientação para seus estudos sobre a Grande Revolução. Claro, o discípulo de Lucien Febvre e já um dos mentores do grupo dos *Annales* sugeria sarcasticamente ao jovem entusiasta dos trabalhos do velho *père* Georges Lefebvre – o discípulo do socialista Jean Jaurès que escrevera para a coleção Peuples et civilisations dois fulgurantes e alentados volumes sobre *La Révolution française* e *Napoléon* – a necessidade de se romper com a tradição daquilo que imaginava tratar-se de uma medíocre história *événementièlle* (ou seja, uma história factual). Não se descarte na apreciação contida em mais essa tirada braudeliana a surda disputa entre duas escolas: a liberal avançada e polifacetada da rue de Varennes (a VIe Séction da École Pratique des Hautes Études, hoje École des Hautes Études en Sciences Sociales, sede também dos *Annales,* no boulevard Raspail) e a marxizante e republicanista neo-jacobina centrada na Sorbonne – onde desde 1891 instalara-se a cátedra de História da Revolução Francesa, sob a regência do professor Alphonse Aulard, depois a Société d'Études Robespierristes criada por Mathiez, responsável pelos clássicos *Annales historiques de la Révolution française* e, finalmente, o Institut d'Histoire de la Révolution Française, criado em 1937 por Lefebvre...

Em verdade, trata-se de duas vertentes ou famílias de pensamento: a da revista dos *Annales* (Economies, Sociétés, Civilisations), de Marc Bloch, Lucien Febvre, e depois Braudel, e a dos *Annales Historiques de la Révolution française*, de Albert Mathiez (1914-1982), depois dirigida por Soboul, Godechot, Vovelle. A esta segunda "família" pertenceu Jacques Godechot, o autor de *La Grande Nation*, discípulo de Mathiez.

Muitas águas passaram sob as pontes do Sena, do Garonne, do Ródano – mas o fato é que a resposta desencorajadora de Braudel a Soboul continha um recado à (suposta) história factual ou mecanicista por vêzes cultivada seja pela tradição comemorativista-republicanista, seja pela marxista dogmática. O autor do *La Mediterranée* sugeria – sem a gentileza de seu mestre Febvre – a necessidade de se atentar para a respiração das estruturas sociais, econômicas e civilizacionais na *longue durée* – informado que estava das pesquisas de seu colega Ernest Labrousse, também um discreto socialista ("eu apenas quantifico o que Marx descobriu [...]", blagueava). Recorrendo a sofisticadas técnicas de quantificação, propunha ele uma nova e desmistificadora periodização para a história da França nos séculos XVIII e parte do XIX. Afinal, Labrousse-Braudel já sabiam que o 14 de julho não fôra apenas o dia da tomada da Bastilha, mas também o dia que o preço do pão esteve mais alto na França durante todo o século XVIII... Mais generoso, Labrousse, do alto de sua ascendência intelectual, percebia que seus colegas sucessores de Jaurès (o autor de uma notável *História Socialista da Revolução Francesa*), Mathiez e Lefebvre sabiam pensar e manejar *estruturas históricas* (ver na bibliografia obras desses historiadores acessíveis ao leitor de língua portuguesa).

Soboul – cuja extensa e inovadora obra foi, juntamente com a do professor Godechot, reiteradamente utilizada neste livro – militante do Partido Comunista Francês, *orphelin de la Nation* (ou seja, órfão da Nação) e de tradição camponesa de Nîmes, desenvolveu sua trajetória intelectual fora dos *Annales* e da constelação de Braudel. Mas no fim dos anos de 1950 surgiu com sua tese notável *Les Sans-culottes parisiens en l'an II*, revelando as características da organização e das formas de pensamento do mundo do trabalho em Paris no momento mais crítico da Revolução. Tese profundamente heterodoxa se consideradas as limitações do que era o pensamento marxista da década de 1940/50, mas genuinamente marxista pela metodologia empregada. Não se trata aqui de arrolar sua constante e densa produção – sobre o ano I; sobre Saint-Just, Robespierre, Danton, Couthon; sobre os soldados do ano II; sobre a Primeira República; nem seu trabalho de edição de documentos, ou elaboração de manuais de *haute vulgarisation* –, mas de indicar ao leitor brasileiro a existência, em língua portuguesa, de três livros de Soboul: *História da Revolução Francesa*, *A Revolução Francesa* e *Camponeses, Sans-culottes, Jacobinos*, além de artigos (ver bibliografia no fim deste volume), entre os quais "Descrição e Medida em História Social", publicado na *L'Information historique* (1966) e traduzido na *Revista de História* da USP, n. 75 – um acerto de contas com o marxismo e com os *Annales*. Na apreciação de Godechot, Soboul, "embora marxista desde a juventude, protestava com veemência quando o tratavam como historiador marxista. Ele se proclamava fiel à historiografia revolucionária clássica"[5]. "Clássica", ou seja, a linhagem de Michelet, Mignet, Jaurès, Mathiez, Lefebvre.

---

5. "bien que marxiste depuis sa prime jeunesse, protestait avec véhémence lorqu'on le tratait d'historien marxiste. Il se proclamait fidèle à l'historiographie révolutionnaire 'classique'", em L'histoire de la Révolution française.

Na obra de Godechot o leitor poderá encontrar um manancial riquíssimo de informações atualizadas: em português, ressaltam seus volumes *As Revoluções* e *Europa e América no Tempo de Napoleão*, contendo o estado atual das questões, linhas de pesquisa e fontes a respeito dos principais temas revolucionários (e contrarrevolucionários) do período de 1788 a 1815. Em sua extensa e variada produção, cobrindo desde a história do Atlântico, a articulação das "repúblicas irmãs", a revolução colonial até as *petites histoires* de espionagem, destaque-se uma importante coletânea de escritos vários de sua autoria chamada *Regards sur l'époque revolutionnaire*, que seus ex-estudantes editaram, contendo estudos sobre a França revolucionária e sobre a revolução fora da França (inclusive sobre Portugal e a Revolução, sobre as instituições napoleônicas exportadas e sobre Robespierre e a América). E para consulta sistemática, um preciso instrumento de trabalho, também largamente utilizado para a confecção deste livro: *La Révolution française. Chronologie commentée 1787-1799*, já traduzido em português, contendo minuciosa periodização e um instigante pequeno dicionário biográfico dos personagens citados com cerca de quatrocentos nomes.

A análise historiográfica – sabem os historiadores profissionais – constitui o mais difícil campo do conhecimento. "Que é um problema histórico? É a história do problema", dizia sempre Lucien Febvre. Além disso, a crítica historiográfica pressupõe a crítica ideológica, a reflexão sobre as fontes, a experiência interdisciplinar, certos cuidados com os usos da História.

O historiador da *Grande Nation*, dentro de uma tradição que remonta à linhagem jacobina, enfrentou, em várias épocas de sua vida, a tarefa de oferecer o estado atual das pesquisas e discussões. Em primeiro lugar, nos *Annales historiques de la Révolution française*, dos quais foi um dos diretores, onde escrevia regularmente, e na *Révue historique* (Paris), em que publica a cada três ou quatro anos um substancioso Bulletin Bibliographique; a partir de 1955 e durante muitos anos Jacques Godechot foi seu redator. Em segundo, publicou-se em português seu balanço "As Grandes Correntes da Historiografia da Revolução Francesa de 1789 aos Nossos Dias" na *Revista de História* da USP, n. 80. E, finalmente, o mais extenso, atualizado e polêmico estudo historiográfico, "L'Histoire de la Révolution française", em *Historiens et Géographes* – em que indica os centros de pesquisa, institutos, comissões, museus; as grandes correntes de interpretação; os manuais e guias, as grandes sínteses; os estudos parciais sobre relações internacionais, vida política e institucional, social, das ideias e mentalidades, militar etc; e biografias. Nesse estudo, Godechot apresentou, ao discutir as grandes sínteses, sua perspectiva crítica: "As grandes sínteses, publicadas nos últimos doze anos em verdade não trazem fatos novos. Mas se destacam essencialmente pelas diversas interpretações que dão à Revolução". E, de Soboul a Chaunu, a Cobban e Furet-Richet, e a Hampson, Cobb e Régine Robin, Godechot alinha restrições ou qualidades – fazendo notar, todavia, que foi nos estudos monográficos que surgiram inovações. Nesse balanço, refere-se mais diretamente à obra de François Furet e Denis Richet[6], interpretação "revisionista", segundo pensa. Negando as lutas de classes, para eles a Revolução teria sido articulada por uma elite intelectual saída das "luzes" e formada de burgueses e privilegiados: "Depois, ela 'derrapou', enredada nas reivindicações desordenadas do campesinato, e da plebe das cidades; ela retornou aos seus objetivos primitivos com a estabilização revolucionária"[7].

Na apreciação crítica de Godechot, esse tipo de interpretação pode levar a considerar que o Terror não se deveu às circunstâncias históricas, e que toda revolução implica Terror. Assim foi na URSS, assim na França..., e as sociedades dos jacobinos prefiguram o partido único, o partido comunista... Retomando a velha interpretação de Augustin Cochin, autor entre outros livros de *Les Sociétés de pensée et la democratie*, Godechot nota que aderem "às alas dos historiadores mais hostis à Revolução"[8]. Os argumentos de Furet podem ser encontrados em sua coletânea de ensaios *Penser la Révolution française*, também traduzido em português.

A polêmica continua acesa, por vezes áspera, nas páginas dos *Annales historiques de la Révolution française*, ou em torno de discussões de filmes como *Danton* de Wajda, *La Nuit de Varennes* (Casanova e a Revolução) de Ettore Scola e *Marat/Sade* de Peter Weiss. Ou ainda na agressão brutal a artistas por parte de jovens *skinheads* – os novos *muscadins!* – durante manifestações teatrais, num bairro de Paris, justamente no ano do Bicentenário. Prova eloquente de que a Revolução está – e continua – viva.

"Somos filhos da Revolução Francesa", proclamava, por sua vez, o então secretário do Partido Comunista Italiano, Achille Occhetto, para quem as palavras do dirigente soviético Mikhail Gorbachev na ONU em 1987 mereciam meditação:

É ingênuo cogitar de resolver os problemas de hoje com os métodos do passado. As duas revoluções, a de 1789 e a de 1917, mudaram o curso dos eventos humanos com o seu excepcional impacto. Mas quem se inspira apenas em uma ou em outra não

---

6. François Furet e Denis Richet, *Révolution*, Paris, Lachette, 1965, 2v.; e, em um volume pela Fayard, 1973. V. a entrevista de Furet a Aspásia Camargo em *Estudos Históricos*, Rio de Janeiro, n. 1, 1988.
7. Jacques Godechot, L'histoire de la Révolution française, *Historiens et Géographes*, p. 718.
8. Idem, p. 719.

dispõe de soluções para o dia de hoje, porque as duas não estão mais em condição de exaurir as problemáticas do presente[9].

Occhetto recolocava corretamente a discussão: somos, com efeito, herdeiros da Revolução Francesa. Herdeiros dos direitos que ela proclamou, filhos da primeira experiência democrática. Mas os revolucionários, eles sim, eram herdeiros do despotismo. E hoje...?

Da História das Mentalidades

> [...] *a história social só adquire o seu completo sentido e dimensão se penetra nas mentalidades próprias dos diversos grupos sociais, se desemboca na história da psicologia coletiva.*
> ALBERT SOBOUL, 1974

Finalmente, um breve comentário historiográfico ao leitor interessado em percorrer, para além desta síntese histórica, algumas das inesgotáveis veredas do pensamento contemporâneo sobre a Revolução Francesa. Em *Encounters in History*, Pieter Geyl, antigo professor da Universidade de Utrecht, examina os "French Historians for and against the Revolution". Para a análise dos mitos sobre a Revolução, consulte-se Alice Gérard, *La Révolution française. Mythes et interpretations. 1789-1970*. A aplicação de técnicas da linguística nos estudos da Revolução foi testada com sucesso por Régine Robin, *Histoire et linguistique*. Polêmico, o livro de Jacques Solé, *La Révolution en questions*, foi construído e pontuado por muitas perguntas ("uma revolução popular?", "uma derrapagem inevitável?", "uma revolução cultural?") – e algumas respostas.

Mais inovadores, os estudos de Michel Vovelle, *Ideologias e Mentalidades*, e *La Mentalité révolutionnaire. Société et mentalités sous la Révolution française* oferecem, além de bibliografia geral sobre a Revolução e orientação de leitura para temas específicos, novas perspectivas metodológicas no campo das ideologias culturais. Para conhecer melhor as ideias desse estudioso das mentalidades – "a história que relativizou o olhar histórico e que se constrói sobre traços, vestígios de mensagens quase indecifráveis", com o intuito de "conhecer os hábitos das grandes massas populares" – e que hoje observa apreensivo "uma espécie de consolidação da direita"[10], leia-se ainda: "La Révolution française et son écho", apresentado em Budapeste, em julho 1987, no 7ème Congrès International des Lumières, e publicado na revista *Estudos Avançados* da USP, 1989; e "L'Historiographie de

---

9. Entrevista a Ferdinando Adornato, *Isto É/Senhor*, n. 1014, 22-2-89.
10. V. entrevista no *Jornal do Brasil*, 19-9-87.

la Révolution française à la veille du bicentennaire" traduzido para o português e publicado em *Estudos Avançados*, da USP, n. 1.

No dias atuais, a clivagem ideológica e histórica que separa e contrapõe as duas famílias historiográficas sobre (e a partir das) Revoluções Francesas, clivagem não superada mas, ao contrário, aprofundada no correr dos colóquios, seminários, congressos, livros, atos públicos e publicações em geral etc. está documentada em dois monumentos historiográficos. Em verdade, trata-se de dois importantes dicionários que reúnem equipes de adeptos de cada uma das linhas de interpretação. O primeiro é o *Dicionário Crítico da Revolução Francesa*, coordenado por François Furet e Mona Ozouf, e o segundo o *Dictionnaire historique de la Révolution française*, organizado pelos sucessores de Albert Soboul (ver bibliografia). Alinhamo-nos com a segunda vertente, a da tradição jacobina.

Albert Soboul.
"Recordo meu velho amigo e camarada Albert ("Marius") Soboul, titular da cátedra de história da Revolução Francesa na Sorbonne, espigado e de aspecto solene, vestido com o terno escuro e gravata dos acadêmicos eminentes, caminhando em 1968 lado a lado com rapazes que poderiam ser seus filhos, gritando palavras de ordem das quais ele, como membro legal do Partido Comunista francês, discordava profundamente. Mas como poderia alguém da tradição da Revolução e da República não 'descendre dans la rue' em uma ocasião como aquela?". (Eric J. Hobsbawm, Tempos Interessantes, *Companhia das Letras, 2002, p. 275.*)

Michel Vovelle.
"Por que ainda somos robespierristas? Ora, o tema da corrupção política é permanente!"

Jacques Godechot.
"As tendências conservadoras eram tais no corpo docente – nos mestres filiados aos partidos de esquerda inclusive – e na administração ministerial que apenas um choque brutal, como o de maio de 1968, poderia precipitar mutações verdadeiras".

Eric Hobsbawm.
"Não houve uma escola de pensamento ou de políticos especificamente rousseauniana, exceto Robespierre e os jacobinos do Ano II. Mas a França forneceu o vocabulário e os temas da política liberal e radical-democrática para a maior parte do mundo".

Nota Explicativa
à Segunda Edição

Este livro foi escrito no clima das celebrações do segundo Centenário da Revolução Francesa. Ou melhor, da primeira Revolução, de 1789. Da segunda, mais importante e profunda, a de 1793, pouco se falou ou comemorou, por óbvias razões, pois em 1793, no período da Convenção republicana (1792-1795), levou-se à prática um projeto igualitarista revolucionário (junho de 1793 a julho de 1794) visando à implantação de uma ordem democrática na França, ainda em processo de unificação territorial. Projeto que incluía até mesmo a libertação de suas colônias, situado muito além do horizonte liberal de 1789. Considerado demasiado revolucionário, em relação aos valores do Antigo Regime, foi coarctado.

Procurei aqui transmitir um pouco da experiência adquirida no convívio, espaçado mas intenso, com historiadores da magnitude e generosidade de Albert Soboul e Jacques Godechot, nos idos de 1967 a 1985, em Toulouse, Paris e São Paulo. Inesquecível o convívio com Godechot, o severo *doyen rouge*, em Toulouse, nos anos de 1967-1968, quando, em meio aos conflitos daqueles anos, ficou ao lado dos estudantes e professores progressistas[1], fazendo notar que o movimento

---

1. O professor e historiador Godechot escreveu um importante ensaio, 1968 à la Faculté des lettres de Toulouse, em que descreve e comenta os episódios daquele movimento de renovação de ideias, de costumes e de abertura institucional. Era ele o austero diretor (o *Doyen*) da Faculdade, defendendo a abertura da universidade, pois era membro do Comitê Nacional das universidades francesas do Ministério da Educação, em Paris. Nesse estudo aponta que a "França foi tocada pelo movimento estudantil

estudantil expunha questões mais graves e profundas de todo sistema educacional.

Julguei meu dever ecoar ideias de revolução, teses e hipóteses, sentimentos e percepções que me marcaram tanto a partir desse convívio muito além de bibliográfico. *Fraternité*, conceito revolucionário que Soboul e Godechot, como Barradas e Mauro, punham em prática comigo e meus colegas da USP, eis a palavra que fica.

Albert Soboul e Jacques Godechot, descendendo da mesma linhagem jacobina e socializante que vem de Jaurès a Mathiez e Georges Lefebvre (a quem Albert chamava de "*père* Lefebvre"), representam bem duas vertentes importantes – embora diferenciadas – do pensamento contemporâneo com raízes na Revolução Francesa. Uma que compreende a revolução em sua profundidade (na qual se situa a obra de Soboul, estudioso da *sans-culotterie*, do campesinato, das classes sociais e do mundo do trabalho em geral); e outra que interpreta o movimento revolucionário em sua abrangência (Godechot, analista da Revolução Atlântica, da *Grande Nation*, das relações internacionais, da difusão das ideias, da imprensa). Uma outra vertente, de enorme sucesso em 1989, neoconservadora e ambígua, foi mobilizada por François Furet, que viu a época do aprofundamento da Revolução como um desvio da História, uma "derrapagem". No Brasil, seus principais adeptos engrossam os quadros do chamado neoliberalismo (termo completamente equivocado, pois seus simpatizantes não sendo *neo* nem *liberais*, tampouco poderiam ser considerados simpáticos...).

Traço comum a Godechot e Soboul: ambos gostavam bastante da cidade de São Paulo, onde estiveram em breves e sucessivas missões universitárias junto ao Departamento de História da FFLCH/ USP, a nosso convite. Apresentado à Pauliceia por seu fiel discípulo Frédéric Mauro, incentivador incansável dos estudos de História do Brasil na França, Godechot, com sua postura austera, marcado pelo senso de rigor, e Soboul, com a lhaneza das gentes do Midi e firmeza de posições, deixaram lembranças profundas em momentos difíceis aqui vividos sob a última ditadura[2]. Soboul em particular, tendo par-

após o Brasil, o Japão, os Países Baixos, a Dinamarca, a Suíça, a Alemanha, os Estados Unidos, a Itália, a Espanha, a Tunísia, o México, a Bélgica etc.". Recorde-se que Godechot esteve em São Paulo em agosto de 1967, e chegou a falar aos estudantes da USP em assembleia no Conjunto Residencial (CRUSP). Tal estudo, que localiza o Brasil no rastilho do movimento estudantil internacional, encontra-se arquivado na diretoria da Faculté des lettres de Toulouse.

2. Para a vinda dos dois mestres fanceses, dentre muitos outros, não poderia deixar de mencionar o decidido apoio do então diretor de nossa Faculdade de Filosofia da USP, o saudoso Eurípides Simões de Paula, responsável, dentre muitas iniciativas, pela tradução para o português da *História Geral das Civilizações*, dirigida pelo venerável Maurice Crouzet, pai e avô de outros dois grandes historiadores: de François e de nosso crítico interlocutor Denis Crouzet.

ticipado da banca examinadora de meu doutorado na USP, em 1970, num momento em que Caio Prado Júnior (que deveria ter participado do exame) estava preso a poucos metros do *campus*, tornou-se grande amigo nosso. Firme em suas intervenções no Tribunal Russell, com notável senso de *mission universitaire* (de que andamos faltos), o historiador denunciou as arbitrariedades e a violência da ditadura no Brasil e na América Latina.

A ditadura não logrou atrapalhar os momentos de amizade e lazer de Albert Marius em São Paulo, em animadas rodas de discussão e libação, que incluíam Gigi, Ulpiano B. de Menezes, Amélia e Gabriel Cohn, Evaldo, Fernando Novais, István Jancsó, Emília Viotti, Raquel Glezer, Ana Maria Camargo e Sílvia Basseto e os saudosos Joaquim Barradas (exilado antissalazarista), Francisco Iglésias, Nilo Odália, Vítor Ramos, Margarida e Octavio Ianni, dentre muitos outros[3].

* * *

Hoje, este livro volta-se mais para os professores, jornalistas, promotores públicos, juízes, advogados, cientistas e outros profissionais que vêm se empenhando na construção de uma *nova* sociedade civil neste país que, na apreciação de Eric Hobsbawm, em *Era dos Extremos*, constitui "um monumento à irresponsabilidade social". País que, repetia-nos um desolado Caio Prado Júnior, poucos anos antes de sua morte, "permanece sendo muito atrasado".

A nova edição sofreu uns poucos reparos, apresentando algumas novas ilustrações e um comentário, à moda de posfácio, de Francisco Iglésias, que tanto marcou minha trajetória. Com efeito, ao historiador mineiro, que participou da referida banca examinadora ao lado de Soboul e José Honório Rodrigues, o pensamento historiográfico crítico brasileiro dos anos de 1960-1980 deve muito, pois Iglésias não sucumbiu aos sucessivos modismos e manias do economicismo, do pseudomarxismo mecanicista, do demografismo, do quantitativismo, do estruturalismo, da autodenominada História Nova, e assim por diante. Arguindo nosso estudo sobre a grande insurreição nordestina de 1817 *(Nordeste 1817. Estruturas e Argumentos)*, em que ideias de revolução irradiadas da

---

3. Uma visão crítica mais atual, extremamente polêmica e renovada, pode ser encontrada na obra de Olivier Bétourné e Aglaia I. Hartig, *Penser l'histotire de la Révolution. Deux siècles de passion française*, em que examinam as "guerras frias" entre as "escolas", incluindo a Sorbonne, a escola da revista *Annales*, personalidades complexas como François Furet e Denis Richet, Claude Mazauric, os jacobinos Soboul e Godechot, o notável e quase sempre esquecido Ernest Labrousse e, mais recente, o jacobino suave, mas combativo, Michel Vovelle, ex-coordenador dos festejos do Bicentenário de 1989.

França, dos EUA e da Inglaterra estiveram presentes, Iglésias soube captar com sensibilidade as várias dimensões da história das ideologias e mentalidades – o que não era nada óbvio na época – que se produziram naquele contexto revolucionário em que se articulava a Independência. Contexto no qual se forjaram as principais *matrizes e formas de pensamento* definidoras do Brasil contemporâneo no momento de sua fundação[4], temática que vimos pesquisando para nosso livro *Idéia de Brasil (1815-1850). Sociedade, cultura e mentalidades*.

No exterior, na França em especial, houve uma avalancha de títulos novos, revelando a pujança da historiografia daquele país. Muito se produziu em todas as especialidades e várias obras clássicas foram reeditadas, como *Napoléon*, de Georges Lefebvre. Livro polêmico, revelador dos bastidores da historiografia sobre a Revolução, foi escrito por Olivier Bétourné e Aglaia I. Hartig, *Penser l'histoire de la Révolution. Deux siècles de passion française*, em que apresentam, com acuidade, as tradições historiográficas em confronto, com destaque para Soboul, Godechot, o grupo da revista *Annales*, além de Furet e outros. E também sinalizando a "vida e morte da universidade", e a "guerra fria" entre todos.

Mencione-se, ainda, a atividade febril de Claude Mazauric, que coordenou a edição das obras completas de Maximilien Robespierre. Pois, a despeito das "derrapagens", a historiografia da revolução continua se adensando, como se percebe pela leitura da cuidadosa biografia de Soboul escrita por seu fiel discípulo e amigo Mazauric, intitulada *Un historien en son temps, Albert Soboul, 1914–1982. Essai de biographie intellectuelle et morale*. Sobre Godechot, a tradicional revista *Annales historiques de la Révolution française*, dedicou um número especial, "Hommage à Jacques Godechot (1907–1989)", com artigos de Michel Vovelle, Claude Petitfrére, Georges Fournier, Jean-René Suratteau e Marc Bouloiseau. Nesse mesmo número, vejam-se estudos sobre Albert Mathiez (1874-1932), o fundador da revista e professor da Sorbonne, e sobre o revolucionário Robespierre.

A última entrevista de *doyen* Godechot foi concedida, pouco antes de seu falecimento, a Olivier Bétourné, em Toulouse, a 17 de junho de 1989, e publicada no *Bulletin d'histoire de la Révolution française*[5], a quem agradeço a informação.

Não haveria muito a acrescentar à bibliografia que se produziu no Brasil após as celebrações dos duzentos anos da Revolução de 1789. Para ilustrar, mencionem-se, entretanto, estudos que, a nosso

---

4. A síntese de nosso livro, em preparo, já foi apresentada em *Viagem Incompleta. A Experiência Brasileira (1500-2000)*, v. I, p. 197-238.
5. P. 77, 1992-1993.

ver, guardam especial interesse no amplo território da História da cultura e das mentalidades. Com efeito, de autoria de Yan de Almeida Prado, publicou-se, em 1989, *O Artista Debret e o Brasil*, em que aprofunda seu ensaio preliminar sobre Debret, de 1973, abrindo um novo campo de pesquisas sobre a célebre Missão Francesa de 1816. Um artigo denso e estimulante de Eduardo Portella, "Voltaire, a Paixão da Razão", apareceu em 1994, na revista *Tempo Brasileiro* (118-119: 37-44, jul.-dez. 1994), publicação por ele dirigida que sempre repercutiu de modo crítico o que de melhor se produz na França e em outros países cultos.

Mais sistemático, revelador e bem escrito é o estudo de István Jancsó, *Na Bahia, contra o Império. História do Ensaio de Sedição de 1798*, em que aprofunda as pesquisas de Luís Henrique Dias Tavares, Katia de Queirós Mattoso, Kenneth Maxwell e as minhas, publicadas, estas, em *Atitudes de Inovação no Brasil*, com prefácio de Vitorino Magalhães Godinho. De Katia de Queirós Mattoso, uma das precursoras dos estudos das ideias francesas na Bahia, mais recente é seu livro *Da Revolução dos Alfaiates à Riqueza dos Baianos no Século XIX: itinerário de uma historiadora*, que revela um pouco de seu percurso intelectual.

Destaque-se, ainda, toda a obra crítica de Eliane Robert Moraes, em particular as *Lições de Sade: ensaios sobre a imaginação libertina*. E, também recente, a publicação erudita e cuidadosa, *Büchner. Na Pena e na Cena*, com tradução, notas e organização de J. Guinsburg e Ingrid D. Koudela.

Para a compreensão de alguns desdobramentos ideológicos e culturais da presença francesa no Brasil nos séculos XIX e XX, mencione-se o conjunto de estudos organizados por Leyla Perrone-Moisés, *Do Positivismo à Desconstrução. Idéias Francesas na América*. E, finalmente, para o exame do conservadorismo *afrancesado* dos juristas brasileiros da primeira metade do século XIX, *Os Juristas na Formação do Estado-nação Brasileiro*, trilogia por mim coordenada para a Escola de Direito da FGV-SP, Coleção Juristas Brasileiros (da qual já foi publicado o v. I: *Século XVI a 1850*), com estudos acurados de Gabriela Nunes Ferreira, Natasha Schmitt Caccia e Diego Ambrosini.

* * *

Enfim, somos filhos da Revolução Francesa? Claro que sim, a despeito do ceticismo e da ironia de Raymundo Faoro, para quem as ideias mais generosas da Revolução se desfizeram na travessia do Atlântico, ou pouco se enraizaram entre nós. Poder-se-ia acrescentar que "os donos do poder" e os ditos liberais da terra quase sempre se utilizaram das ideias da *contra*-Revolução Francesa. Ou, na melhor das hipóteses, de suas expressões mais brandas (Siéyès, Benjamin Constant, De Bonald, De Maistre), suavizadoras das brutais contradições econômico-sociais persistentes em nossas vidas imperial e republicana, remanescentes do período colonial.

Mais precisamente, somos herdeiros das Revoluções Francesas de 1789, e sobretudo de 1793 – nada obstante continuarem *mandando* na história da República brasileira uns poucos "reformistas ilustrados" (com a pose, mas sem a cultura dos enciclopedistas ou, sequer, mais tarde, a dos girondinos) –, dos "monarquistas constitucionais" de nossa direita coronelística, dos "girondinos" astutos do capital financeiro, representados no poder legislativo por esses elementos dos "centrões". São estes "conciliadores" e "fisiológicos" da vida político-partidária que cimentam o sistema ideológico da cultura (dita) brasileira. São estes os descendentes diretos do *marais* (pântano) que se formou à sombra da Revolução, e sobretudo durante a Contra-Revolução francesa, que desembocaria na *República do Diretório* (1795-1799).

Nessa perspectiva, o estudo das Revoluções Francesas merece atenção, pois o modelo em vigência em nosso país ainda é o da República do Diretório (1785-1799), "a República dos Proprietários" de 1795, que parece continuar inspirando aqueles setores da vida pública brasileira marcados pelo oportunismo e pela Conciliação a qualquer preço. Desnecessário dar nomes; basta abrir os jornais.

Mas fiquemos com o que a Grande Revolução nos deixou de melhor[6], de positivo. Pois, naquele contexto de radicalizações e tentativas de rupturas com o passado, de enfrentamento e combate às remanescências do Antigo Regime colonialista, absolutista e corrupto, forjaram-se *matrizes de pensamento*, de comportamento ético e de ação que hoje continuam nos inspirando. Necessitamos de suas lições mais do que nunca, dada a devastadora crise de consciência histórica, o desencanto e a banalização de tudo, que vem se aprofundando nestes primórdios do século XXI.

As ideias de democracia moderna, de sociedade civil, reforma, revolução, contrarrevolução, lutas de classes (e de estamentos, classes e castas), de direita e de esquerda, de Felicidade ("Bonheur", antiga ideia revolucionária), que vêm sendo apagadas ou destorcidas de nossa memória coletiva, tiveram aí, entre 1789 e 1794, sua definição

---

6. Para o leitor interessado em aprofundar ou atualizar seus conhecimentos sobre a Grande Revolução, recomenda-se o acesso às publicações organizadas pela Société des études robespierristes, como aos sumários, o índice de autores, o índice temático e de periódicos resenhados nos AHRF de 1988 a 1999, coordenado por Claude Cocquard. O endereço da Société des études robespierristes é: 17, rue de la Sorbonne. 75231 Paris CEDEX 05.

primeira, naquele momento em que se desenhava nossa contemporaneidade. Vale a pena retomá-las, pois "fidelidade e renovação não são incompatíveis", como sempre lembra nosso amigo provençal Michel Vovelle, historiador das mentalidades e ex-professor titular da Sorbonne, na boa tradição de Albert Mathiez, Georges Lefebvre e Albert Soboul[7].

Rever os principais passos da Revolução (e, também da Contra-Revolução, pontuava Godechot, autor de obra clássica sobre o tema), o que diziam e como agiam seus principais personagens, permite-nos reencontrar nossa própria contemporaneidade perdida. Ou melhor, inatingida. Dessa História com H maiúsculo ficam muitas lições, inclusive a do jovem Saint-Just, fiel amigo de Robespierre que, no calor daqueles anos de 1793-1794, alertava para o fato de que, a cada passo na construção da sociedade civil, deveriam ser tomadas medidas para que o processo revolucionário não recuasse... Em suma, para que a História não voltasse para trás, como tantas vezes observamos na sofrida História do Brasil, corroborando o diagnóstico maldito do jurista-historiador Faoro.

Acompanhar os passos e as ideias daqueles revolucionários faz-nos reacender nossa crença na força das utopias, e na possibilidade de articulação de uma nova sociedade civil (deveras) democrática neste país. Ainda que tarde.

AGRADECIMENTOS

Devo agradecimentos a Adriana Lopez, que leu e repassou carinhosamente os originais em 1988-1989 e participou de inúmeras conversas com Godechot, Vovelle, Marc Ferro, Ken Maxwell, Kátia Mattoso e Jacqueline Dreyfuss. A minhas filhas Carolina, Julia e Tereza, cidadãs queridas, pela paciência sorridente e amiga ao longo destes anos. Ao professor e editor Jacó Guinsburg, "jacobino"

---

7. Vovelle, aposentado da Sorbonne, vive em Aix-en-Provence, sua cidade. Além de professor titular da Cadeira de História da Revolução Francesa da Universidade de Paris IV, Sorbonne, foi presidente do Institut d'histoire de la Révolution française, da Société des Études Robespierristes e diretor da tradicional revista *Annales historiques de la Révolution française,* fundada por Albert Mathiez em 1907 (sigla: AHRF, cujo n. 281, de julho-setembro de 1990, por ele organizado, é dedicado a Godechot, falecido no ano anterior). Dentre os livros mais recentes de Vovelle, em português, citem-se: *Jacobinos e Jacobinismo*; *Imagens e Imaginário na História*; e o conjunto de estudos por ele organizado, *O Homem do Iluminismo*, com a participação de Roger Chartier, Dominique Godineau, Dominique Julia, Daniel Arasse, dentre outros. Importante para situá-lo historiográfica e ideologicamente é seu artigo Porquoi nous sommes encore robespierristes (AHRF, n. 274, out.-dez. 1988). Alguns de seus artigos podem ser acessados pela internet na revista *Estudos Avançados* (www.iea.usp.br).

paulistano, acurado tradutor para o português da obra de Diderot, responsável por esta nova edição, e que teve a gentileza de editar, num longínquo 1972, *Nordeste 1817*, obra em que propus uma metodologia para a História das Ideologias e Mentalidades nos estudos dos movimentos sociais e culturais no Brasil. Na editora Perspectiva, agradeço ainda a atenção de Fany Kon, diretora editorial e amiga, e a Marcio Honorio de Godoy pela preparação desta nova edição. Estendo ainda este reconhecimento a Sergio Kon pelo tratamento das ilustrações e a Ricardo Neves por ter coordenado o trabalho da equipe da editora.

Uma palavra de agradecimento também aos professores e aos meus alunos que, no Departamento de História e nos antigos departamentos de Ciências Sociais e de Letras da FFLCH/USP, e fora deles (Ouro Preto, Assis, Recife, Salvador, Nova York, Urbana-Champaign, Austin, Londres e alhures), compartilharam minhas incursões na História Contemporânea, disciplina pouco apreciada então no Departamento de História (não pelos alunos...). Ao saudoso Warren Dean, que me recebeu com seus alunos em Nova York, em 1969, e ao Joseph Love, em Urbana-Champaign, dois autênticos e raros jacobinos norte-americanos, e também a Paulo Sérgio Pinheiro, Fausto Castilho e Michael Hall, "enragés" permanentes. A Richard Graham e a Leslie Bethell, os convites para lecionar como visiting scholar da Universidade do Texas (Austin) nos anos difíceis de 1975-1976 e da Universidade de Londres, em 1978. Em Londres, pude conhecer e discutir minhas teses com Eric J. Hosbsbawm, reencontrar Charles R. Boxer e meu amigo Kenneth Maxwell; e, em Lisboa, conferir ideias de revolução, contrarrevolução e cultura com meu mestre Vitorino Magalhães Godinho, "jacobino" radical e incompreendido... Em São Paulo, devo reconhecimento aos meus amigos Dalmo de Abreu Dallari, Antônio Angarita, Fernando Leça e Cláudio Lembo, com os quais pude discutir ideias de revolução, sobretudo, as do abade Grégoire, jansenista e presidente da Convenção Republicana. A José Goldemberg, com quem, quando de seu reitorado, dirigi o Instituto de Estudos Avançados da USP (1986) e discuti alguns traços do jacobinismo durante a Revolução Francesa e nos dias atuais... Missão que teria sido impossível sem o apoio de A. Bosi, Edgard de Barros, Eunice Durham, Claudia Toni, Ruth Cardoso, G. Malnic, Otávio Frias Filho, José Paulo Paes, J. Marcovitch, Boaventura de Sousa Santos, Mino Carta e de meu amigo "girondino" Geraldo F. Forbes. E a Edla van Steen e ao "jacobino" Sábato Magaldi, presentes nestas incursões.

Em Paris, aos meus amigos Denis e Elizabeth Pavan-Crouzet e Luís Felipe de Alencastro, com quem pude comemorar meus quarenta anos de docência, em conferência na Sorbonne, em dezembro de 2005, sobre ideias de revolução no mundo colonial. E, não menos importantes, aos "doces jacobinos" Michel e Zèzinha Laban, Dionísio e Rea Toledo.

Tempos deveras interessantes aqueles. Diria Hobsbawm, estudioso de Revoluções e de bandidos...

Carlos Guilherme Mota
Serro Azul, Campos do Serrano,
maio de 2007

O Palácio de Versalles, símbolo do poder. 6182 acres de terra Antigo Regime (hoje 2036), 2143 janelas, 67 escadas, 1252 chaminés, 60 variedades de mármore, 188 apartamentos, staff da cozinha com 386 pessoas, estábulo para 2400 cavalos e 200 diligências etc.

1. Crise e Colapso do Antigo Regime

ESGOTAMENTO DE UMA ÉPOCA. O QUADRO GERAL

"O Antigo Regime não morreu por acidente", escreveu Michel Vovelle em 1972, em seu belo livro sobre a queda da monarquia dos Luíses.

Com efeito, o conjunto de fatores que interferiram no processo que levou à derrocada do regime absolutista na França vem sendo reanalisado pelas diversas correntes da historiografia da Revolução, e um certo consenso se estabelece: trata-se, em síntese, do colapso de todo um complexo feudal – entendido amplamente como o conjunto de instituições econômico-sociais e jurídico-políticas baseado numa forma particular de propriedade, em que se utilizava a servidão e o pagamento de direitos feudais e senhoriais. Os próprios juristas revolucionários da Constituinte, aliás, denominavam muito precisamente tal sistema de *complexum feudale*, referindo-se, sobretudo, à "sujeição privada de um indivíduo a outro"[1].

Em 1789, a população da França girava em torno de 28 milhões de habitantes, tendo alcançado a cifra de 29 milhões em 1800. (As perdas durante as guerras do período revolucionário foram de 1.300. mil pessoas, numa média de sessenta mil por ano; nesse número não estão incluídos os quinhentos mil mortos na guerra da contrarrevo-

---

1. Michel Vovelle, *La Chute de la monarchie (1787-1792)*, p. 9.

lução da Vendeia.). A cidade de Paris, contudo, passou de 650 mil habitantes em 1789 a 580 mil em 1806.

Os camponeses – segmento majoritário – representavam 85% da população à época da Revolução, mas não tiveram participação direta na preparação da queda do Antigo Regime. Entretanto, se na crise política pré-revolucionária e até a primavera de 1789 eles pouco contavam, as más colheitas de 1788 conferiu-lhes um papel de relevo, pois a ordem pública passou a ser atacada não só nas cidades, mas também nos campos. A sociedade camponesa secularmente estruturada sofreu então um forte abalo, apesar da diversidade do mundo rural. Examinando o importante papel dos camponeses na Revolução Francesa (um de seus traços mais originais), o historiador Soboul concluiu que em 1789 sua grande maioria "era desde há muito constituída de homens livres; a servidão apenas subsistia em algumas regiões, Nivernais e Franco-Condado especialmente". Não obstante, Soboul indica a persistência das relações feudais de produção dominando nos campos, por meio das obrigações senhoriais e dos dízimos eclesiásticos – daí o ódio multissecular dos camponeses à aristocracia. O anacronismo da sociedade de Ordens do Antigo Regime se acentuava a cada passo.

Com efeito, do ponto de vista jurídico-político, a sociedade francesa do Antigo Regime estava dividida em Ordens, ou Estados: Clero, Nobreza e Terceiro Estado. Tais Ordens, cuja origem remonta à Idade Média, não coincidiam com as *classes* sociais, pois no interior de cada Ordem conflitavam grupos antagônicos. As contradições eram imensas: por exemplo, os camponeses, submetidos a tributos arbitrários eram, por vezes, proprietários da terra em que trabalhavam.

Nas cidades, artesãos e pequenos comerciantes engrossavam as classes populares e o crescimento da burguesia aumentava com a produção industrial estimulada pelo comércio marítimo. E todas essas classes, frações de classes e segmentos de condição variada inchavam o Terceiro Estado.

A divisão jurídica não dava conta dos antagonismos dos diversos projetos econômico-sociais e políticos no interior de cada Ordem ou Estado. E as crises econômicas aprofundavam os conflitos entre a sociedade em ebulição e o Estado centralista absolutista. Examinemos esse quadro mais de perto, para se compreender a natureza da crise.

ECONOMIA: PROSPERIDADE E REVOLUÇÃO

Do ponto de vista da economia, sabe-se que, visto em seu conjunto, o século XVIII foi marcado pela prosperidade. As pesquisas exaustivas de Ernest Labrousse sobre as flutuações econômicas, com ênfase nos preços de gêneros alimentícios e salários, demonstraram que o "esplendor do reinado de Luís XV" corresponde ao apogeu econômico no fim dos anos de 1760 e no começo dos anos de 1770. O "declínio de Luís XVI" ocorre depois de 1778 – período de contração, depois regressão que desemboca em 1787 numa crise cíclica que produz miséria e levantes.

Essas pesquisas, de extrema precisão, indicam que o 14 de julho não foi apenas o dia da Queda da Bastilha, mas o dia em que os preços estiveram mais altos na França no século XVIII. E, note-se, tais altas de preços de gêneros alimentícios quase não penalizam os estratos abastados, mas a massa popular. Além disso, recorde-se que, no Antigo Regime, os salários flutuavam em sentido inverso ao dos preços[2].

No campo, a introdução lenta de novas culturas como a batata e a adoção tardia de métodos copiados aos ingleses para a seleção de raças de carneiros e bovinos, esbarrava no tradicionalismo. Ou no imediatismo, pois o camponês se concentrava na produção de cereais, sobretudo para a feitura do pão. Tal fato expunha a população a crises amplas e intermitentes de subsistência, como ocorreu em 1709-10 (o Grande Inverno), 1719-20, 1750-52 e 1771-73 – com elevação dos preços. Além disso o camponês, carregado de tributos fosse ou não proprietário da terra, trabalhava também por vezes na indústria artesanal. O trabalho têxtil doméstico no campo era controlado por grandes negociantes que forneciam a matéria-prima e cuidavam da comercialização do produto. O capital comercial dominava assim a indústria rural e escapava ao controle das corporações das cidades que controlavam o artesanato. Já as manufaturas, que empregavam centenas de operários em Reims, Sedan, Oberkampf etc, estavam acima das regulamentações corporativistas urbanas e representavam um avanço na divisão do trabalho – embrião da grande indústria.

Mas, em conjunto, a indústria francesa era atrasada, se comparada à da Inglaterra da Revolução Industrial. Em 1789, na ilha funcionavam vinte mil lançadeiras volantes (*jennies*); na França, apenas sete mil. Daí o tratado de comércio franco-inglês (refiro-me ao Tratado de Eden, 1786, que diminui nos dois países as tarifas alfandegárias) ter beneficiado a Inglaterra, produtora de tecidos e de objetos de ferro em maior quantidade e melhor preço que a França. Os industriais

---

2. Albert Soboul, *História da Revolução Francesa*, p. 18-19 e 41-44. Cf. Ernest Labrousse, *Fluctuaciones económicas e historia social*, especialmente p. 120-145, sobre o movimento cíclico do preço dos cereais (trigo, aveia, centeio e cevada). V. também o célebre estudo "Tres fechas en la historia de Francia moderna" (1789, 1830 e 1848), p. 461-478. Para uma visão de conjunto da história econômica e social da França no Antigo Regime, v., de Fernand Braudel e Ernest Labrousse (coords.), *Historie économique et sociale de la France* (t. II: Des derniers temps de l'âge seigneurial aux préludes de l'âge industriel, 1660-1789).

franceses, como é óbvio, reagiram violentamente contra a Inglaterra e contra o governo francês que firmou o tratado selando a hegemonia inglesa. Inaugura-se então uma longa fase de desencontros entre a França e a Inglaterra, com desdobramentos que deixariam fundas marcas na fisionomia do mundo contemporâneo.

O comércio interno esbarrava nas más condições das vias de comunicação e nas aduanas internas. Não por acaso o intendente de comércio Vincent de Gournay lançou em 1758 a fórmula famosa "laissez faire, laissez passer", senha do liberalismo econômico, que ganhou tantos adeptos como Quesnay, o autor do *Tableau economique*, sobretudo na agricultura. Mas as comunicações eram péssimas: viagens por diligência de Paris a Lyon levavam cinco dias, e onze dias de Paris a Marselha. Canais eram utilizados como vias de navegação, permitindo transporte mais rápido de mercadorias, sobretudo nas províncias do Norte.

O comércio colonial animava a costa do Atlântico, onde os portos do Havre, Nantes e Bordéus mantinham conexões com portos da Mancha e, sobretudo, com as Antilhas. Nessas cidades prosperava uma burguesia com fortes interesses na exploração colonial: muitos de seus líderes engrossarão o "partido" da Gironda, como se verá. A França incluía em seu sistema colonial a rica ilha de Saint-Domingue (em que se localiza o atual Haiti) e praticava o comércio triangular com a África: vendia armas e tecidos no Senegal, onde comprava escravos negros e os revendia no Haiti, de onde trazia açúcar, café, algodão e índigo. Já o porto de Marselha voltava-se para o comércio com os árabes.

Um esboço de sistema de crédito e de seguros de carregamentos de navios estimulava tal comércio, sobretudo de banqueiros suíços em Paris. Em 1776 instala-se o primeiro grande banco em Paris – mas Londres e Amsterdã permanecem como os principais centros financeiros do mundo. A Bolsa de Valores ativa o circuito financeiro de uma burguesia restrita e fragilizada pela Guerra da América (a Guerra dos Sete Anos contra a Inglaterra) e pela crise financeira que ela gerou.

Nessa época, em que decolava a economia já industrial inglesa, o desemprego representava um tormento na França. Quadro sombrio, quando se constata que, em 1789, três milhões de pessoas viviam da assistência pública ou privada.

As intempéries de 1788, as consequentes más colheitas, a subida dos preços, o empobrecimento geral, os pesados impostos, tudo prenunciava o colapso que se avizinhava.

À SOMBRA DAS ORDENS

A sociedade do Antigo Regime era extremamente arcaica. De base camponesa, a maior parte da população vivia, segundo o historiador Godechot, em aldeias de menos de mil habitantes. A péssimas estradas do reino não ultrapassavam os 48 mil quilômetros e nelas, muitas vezes, os assaltos e a vagabundagem compunham o cenário do viajante. A história também se faz com indivíduos obscuros que, se escapam à observação do historiador convencional, nem sempre conseguem fugir da polícia: afinal, arquivos judiciários permitiram a Richard Cobb conhecer as biografias de um certo número de marginais e bandidos que, durante a Revolução, aderiram ao terrorismo ou dela tornaram-se adversários. Ou decididamente eram apenas "bandidos, como os membros do famoso bando de Orgères, implantados nos confins de Beauce, composto de prostitutas, de loucos, de doentes"[3].

Além da grande massa camponesa (85% da população, que inclue "proprietários", meeiros, braçais etc e mais de 1.500.000 servos da gleba) a burguesia alcançava 14% da população francesa e a nobreza apenas 1%. A burguesia compunha-se de negociantes, comerciantes, ricos proprietários rurais vivendo da renda de suas terras, profissionais liberais etc. Em conjunto ela era menos rica que a nobreza, "mas certos negociantes ou grandes fabricantes são muito ricos, e não há absolutamente burgueses pobres", informa Godechot. Já a nobreza, percentualmente insignificante, possuía a maior parte da riqueza nacional, "aliás muito desigualmente distribuída. Havia nobres muito ricos, outros quase pobres", segundo o mesmo historiador.

A ascensão social era permitida à burguesia, em tese. Mas esbarrava nas rígidas prescrições da *sociedade de Ordens*, em que a nobreza possuía o monopólio de certos empregos, o direito de não pagar impostos diretos, e fornecia os principais quadros para a Igreja: em 1789, todos os bispos eram nobres! E, após 1775, só poderiam ser oficiais da marinha e do exército pessoas com as quatro ascendências enraizadas na nobreza... Portanto, a burguesia permanecia excluída dos altos postos do Reino, inclusive da alta hierarquia da Igreja.

O clero constituía a primeira Ordem do Reino. O catolicismo, religião oficial, penetrava a vida pública. Impusera-se violentamente na França desde a Idade Média, soterrando as manifestações "heréticas" e os particularismos regionais – como a dos cátaros, no sul da França –, associando-se à formação do Estado moderno. Nas violentas lutas religiosas dos séculos XVI e XVII, os protestantes foram dizimados ou expulsos e não por acaso ministros todo-poderosos dos Luíses foram os Cardeais de Richelieu e Mazarino.

Hierarquicamente bem organizado, o clero contava com 130 mil membros. Distribuídos em dois ramos principais, o clero regular abrigava sessenta mil monges e religiosas e cerca de setenta mil padres seculares, espalhados pelas 135 dioceses do reino. A Assembleia do Clero se reunia a cada cinco anos, quando discutia seus problemas e votava um tributo espontâneo ao Estado, visto estar o clero isento de imposto.

---

3. Jacques Godechot, L'Histoire de la Révolution française, *Historiens et Géographes*, p. 729.

A Igreja *galicana* (de Gália) mantinha relativa autonomia em relação ao Papa e ao rei, e possuía seus tribunais próprios, privilégios fiscais e características particulares com acentuada diferenciação social entre seus membros. Predominava o alto clero, com seus altos prelados e cônegos responsáveis pelos *chapîtres*[4] mais ricos, além dos superiores de conventos abastados. Compunha-se de cerca de três mil membros de extração nobre, cujo comportamento extremamente variado sugere a diversidade ideológica (e teológica) da Primeira Ordem. Mencione-se, a título de ilustração (nos dois principais sentidos da palavra...), o ceticismo do arcebispo de Toulouse, Loménie de Brienne, em contraposição ao virtuoso Juigné, de Paris.

Mas, em conjunto, a preocupação temporal predominava. Na prática, alguns dos prelados pouco apareciam em suas dioceses, preferindo a vida dos grandes centros, de Paris sobretudo.

O baixo clero constituía a base e a maioria da Primeira Ordem. Provinha do Terceiro Estado, em geral do setor camponês. Cultivando vida austera e virtuosa, os padres do baixo clero criticavam os mosteiros – núcleos que se aproveitavam do trabalho do campesinato e viviam em luxúria – e aspiravam maior participação na condução dos assuntos eclesiásticos. Muitos deles foram agentes combativos da Revolução, como Jacques Roux, antigo professor no seminário de Angoulême, será conhecido depois como o Predicador dos *sansculottes*, e conduzirá Luís XVI ao cadafalso.

Em conjunto, o Clero era uma potência, inclusive fundiária e imobiliária. Não só arrecadava milhões de libras de suas propriedades como se beneficiava do dízimo das colheitas, além de ser isento de imposto. Mas exercia forte poder cultural através dos cerca de seiscentos colégios em que mantinha 75 mil estudantes em todos os graus. E não se subestime o papel de congregações que administravam instituições de assistência aos pobres e doentes.

A contradição residia na desproporção entre o pequeno poder do baixo clero no interior da Primeira Ordem e sua imensa atuação social, ideológica, política e espiritual. No fim do século XVIII, os católicos tinham posição dominante e exclusiva na França. Os protestantes (cerca de seiscentos) eram perseguidos: o edito de tolerância de 1787 autorizava o culto protestante, "desde que não prejudicasse a ordem pública". Mas os judeus (cerca de cinquenta mil) continuavam submetidos a regulamentos vexatórios e, exceto os do sudoeste, todos os outros eram considerados estrangeiros.

Finalmente, vale considerar que a velha disputa iniciada em meados do século XVII entre os jesuítas e os jansenistas culmina com a expulsão dos primeiros em 1764. De modo geral, no século XVIII o número de ordenações diminui. A Maçonaria, sociedade secreta in-

---

4. Local onde se efetuam assembleias de cônegos, de frades.

troduzida na França pelos ingleses em 1725, critica todas as religiões e difunde as "luzes", e a fé na religião católica diminui sensivelmente.

A NOBREZA: DA REAÇÃO ARISTOCRÁTICA CONTRA A MONARQUIA

A nobreza – a segunda Ordem do Reino – compunha-se de cerca de 350 mil pessoas, pouco mais de 1% da população. Era o estamento dominante: detinha a propriedade imobiliária (em certas províncias, até 60% das terras), possuía privilégios como a isenção do imposto da talha e da corveia, direito de porte de espada, monopólio do acesso aos postos mais altos da magistratura, do exército, da marinha e da Igreja. Sua relativa homogeneidade era assegurada por meio de casamentos inter-familiares.

Mas, como notou Soboul, se os nobres que possuíam feudo exerciam sobre os camponeses direitos feudais, podia-se também "ser nobre sem possuir feudo, ou ser plebeu e possuir um feudo nobre", pois "toda conexão desaparecera entre nobreza e sistema feudal"[5]. Ou seja, nem todos os nobres eram proprietários de senhorios, e vice-versa. No total, conclui, "a nobreza detinha cerca de 1/5 das terras do reino".

A nobreza perdera terreno para a monarquia dos Capetos com a Guerra das Frondas em meados do século XVII, e os Luíses recuperaram direitos da Coroa, como o de cobrar impostos, cunhar moedas, administrar a justiça e manter o exército. A nobreza compunha-se apenas das cerca de quatro mil pessoas que viviam na Corte de Versalhes. E se as unia somente a defesa de seus privilégios, tampouco era classe homogênea. Aliás, seja do ponto de vista sociológico, econômico ou histórico não constituía uma classe; antes, mais propriamente, um estamento. No interior da Segunda Ordem distinguiam-se duas espécies de nobres, distintos pela origem e pelo grau de riqueza que possuíam: os nobres *de espada*, cultivadores de sua ancestralidade, das lutas nas cruzadas, de suas raízes e privilégios, enfim, e os nobres *togados*, provenientes da burguesia enriquecida e nobilitada desde o século XVI por meio da prestação de serviços à Coroa e reconhecida por títulos concedidos pelo rei.

A aristocracia, propriamente dita, concentrava-se na Corte e diferenciava-se daquela "plebe nobiliária" das províncias, que se estiolava em seus castelos decadentes e, com a crise, apertavam seus súditos no pagamento dos direitos feudais. Tal aristocracia constitui a nobreza de sangue, mantendo a tradição do casamento endógeno, sempre através de príncipes oriundos de uma casa real. Era o estamento dominante, que partilhava os cargos, conduzia os Conselhos e mantinha a vida faustosa. Recebiam, na Corte, suas rendas feudais e eventuais

---

5. A. Soboul, *História da Revolução Francesa*, p. 23.

pensões do rei. Muitos porém mantinham negócios, como o duque de Orléans com suas manufaturas têxteis em Orléans, ou os Noailles e os Ségur, donos de grandes plantações em Saint-Domingue.

UM MODELO DE EXCLUSÃO SOCIAL

A origem, o nascimento, o nome eram definidores do *status*, e o modelo de exclusão social do Ancien Régime era por eles administrado. A maior parte da nobreza estava dispersa pelas províncias, mas a regra geral era a mesma em toda parte: os filhos mais velhos ocupavam os principais cargos nos Parlements, na magistratura, no exército e na administração local.

A reação aristocrática no sentido de "recapturar o Estado" – para usarmos a expressão do historiador Hobsbawm – acelera a crise do regime, e foi essa "reação feudal que realmente acendeu a centelha que fez explodir o barril de pólvora da França"[6]. Não só tomou medidas de monopolização mais drásticas, bloqueando o acesso de membros da burguesia aos altos postos, mas apertou as regras do sistema senhorial. A aristocracia restaurou antigos direitos em desuso e, utilizando-se dos editos de *triagem*, os senhores atribuíram-se o terço dos bens das comunidades camponesas. As associações com a burguesia ocorreram no setor industrial ou no emprego de novos empreendimentos agrícolas.

Nessa corrida ao dinheiro uma fração da alta nobreza reaproxima-se da burguesia, com quem partilhava, em certa medida, as aspirações políticas. Mas a massa da nobreza provincial e da nobreza da Corte não tinha em vista senão a afirmação mais nítida de seus privilégios[7].

O confronto está, assim, definido: a nobreza, apesar de composta de setores heterogêneos, recusa-se, em conjunto, a qualquer tentativa do rei para tirar o Estado da bancarrota, de submetê-la ao pagamento de impostos fundiários. Os senhores liberais – a nobreza dos Parlements – atacavam a monarquia; a nobreza da província opõe-se ao absolutismo. E o rei, em princípio solidário com a nobreza, vê seu poder abalado pela aristocracia.

O TERCEIRO ESTADO: DE NADA A TUDO

O Terceiro Estado do Reino era uma ordem mas, em conjunto, não constituía uma classe. Formou-se de plebeus, ou seja, daqueles membros da sociedade que não eram nem clérigos nem nobres. Eram os *laboratores*. De início, os burgueses dela participam e, a partir de 1484, os plebeus do campo passaram a eleger deputados do Terceiro Estado.

6. Eric J. Hobsbawm, *A Era das Revoluções 1789-1848*, p. 74.
7. A. Soboul, *História da Revolução Francesa*, p. 26.

Se o filósofo Voltaire definia, em 1756, as Ordens como "nações dentro da nação", já o abade Sieyès desafiava, em 1789, no seu célebre e radical *Que é o Terceiro Estado?*: "Quem ousaria dizer que o Terceiro Estado não possui tudo quanto necessita para formar uma nação completa? [...] Nada se pode fazer sem ele, tudo se fará infinitamente melhor sem os outros".

Numa estimativa ampla, o Terceiro Estado possuía 24 milhões de súditos do rei. Compunha-se de várias classes sociais, incluindo uma minoria de burgueses e artesãos e uma maioria camponesa.

A burguesia afirma-se economicamente no século XVIII, provocando a reação da aristocracia. Ainda segundo Soboul, a burguesia, "classe preponderante do Terceiro Estado, dirigiu a Revolução e dela tirou proveito".

Seu poderio e sua cultura conferiam-lhe o primeiro lugar de fato, mas não de direito, na sociedade. Nada obstante, não constituía classe homogênea, distinguindo-se nela vários grupos: o dos burgueses *rentiers*, que viviam de imóveis ou de lucros capitalizados, sem negócio ou indústria, uma fração de classe "passiva". Mais ativo era o grupo da grande burguesia dos negócios, "vivendo diretamente do lucro, ala avançada da burguesia". Abaixo dela, o grupo da burguesia dedicada às profissões liberais, categoria complexa e variada. E o grupo artesanal e lojista, composto da pequena e média burguesias, com um pé ainda no sistema tradicional de produção e de trocas.

Todavia, no Terceiro Estado, os artesãos, avessos à organização capitalista da produção e adeptos da regulamentação, divergiam da burguesia de negócios no tocante à liberdade econômica. Era a alta burguesia que dominava o mundo dos negócios e a crise financeira do Estado a beneficiava. Os grupos financeiros, com agentes por vezes de origem estrangeira (como o ministro habilíssimo de Luís XVI, o suíço Jacques Necker, o pai da Madame de Staël), atuam no comércio colonial, financiam a guerra (ou antes: investem comercialmente na guerra), misturando suas atividades de comerciantes, banqueiros, armadores e políticos. A burguesia financeira, em particular, estava no cerne de uma verdadeira "aristocracia burguesa", por vezes associada pelo casamento à nobreza, aos banqueiros, à alta burocracia e aos fornecedores do exército. Abaixo da grande burguesia parisiense, atuava a pequena burguesia das profissões liberais (10 a 20% dos efetivos da burguesia), do comércio interno e da administração oficial. Possuindo muitas vezes propriedades arrendadas no campo, esse segmento da população vai aderir à revolução.

Nota-se pois que a classe burguesa abrigava em seu seio interesses que eram por vezes antagônicos. Também a pequena burguesia artesanal e lojista vivia do lucro e também essa categoria possuía diversos grupos de interesses em seu interior, que se diferenciavam segundo a parte do capital e do trabalho investidos. Assim, os interesses do negociante-artesão (para quem a alta da renda correspondia à alta dos preços) eram opostos aos dos do artesão dependente (que vivia essencialmente do salário), pois estes eram esmagados pelo abismo crescente entre a curva dos preços e a dos salários. Como conclui Soboul,

os artesãos dependentes sofreram então a baixa geral da renda que caracterizou as classes populares urbanas no fim do Antigo Regime. A crise mobilizou os diversos grupos do artesanato que fornecia os quadros dos revolucionários (sans-culottes) espalhados pela cidade. Mas a diversidade de interesses os impediu de formular um programa social coerente. Daí certas peripécias da história da Revolução, particularmente do ano II (1794)[8].

No Terceiro Estado, abaixo dessas frações da classe burguesa, viviam as classes populares numa riquíssima variedade. Nas cidades, abrangiam desde os artesãos, dedicados à produção e venda de alimentos (pão, inclusive), de lojistas, ou como companheiros das corporações, trabalhando em oficinas ou a domicílio, na lã ou na seda. O regime corporativo estava em crise, é verdade, e lutas se travavam em alguns setores para o estabelecimento de um salário mínimo.

A manufatura iniciava a concentração de trabalhadores em suas oficinas, mas ainda não tinha expressão no conjunto da economia francesa, exceto em algumas poucas fábricas (Rouen, Reims, Sedan) ou em forjas (Creusot). Muitos vinham do campo, expulsos pela crise da agricultura.

A condição de vida dos trabalhadores mereceu do poder central atenção específica, ao menos desde 1766, quando Turgot (autor das *Réfléctions sur la formation et la distribution des richesses*) estabeleceu que os salários dos trabalhadores poderiam ser inferiores às necessidades de sua conservação e reprodução. De fato, o salário (e seu poder aquisitivo) era essencial nas flutuações da conjuntura econômica, e suas repercussões no custo de vida: segundo Labrousse, este aumentou em 45% no período de 1771-1789, e 62% nos anos de 1785-1789. Para o século XVIII, em média a metade da receita popular era gasta no pão. Às vésperas de 1789, chegou a 58% e em 1789 atinge a 88%, restando 12% do orçamento familiar para todos os outros gastos! Daí concluir-se que "a fome mobilizou os *sans-culottes*".

Finalmente, no Terceiro Estado localizava-se também o campesinato, majoritário numericamente, que trabalhava suas terras ou alugava seus serviços. Do ponto de vista jurídico, distinguiam-se duas categorias: servos e camponeses livres. No fim do século XVIII, ocorre uma proletarização das camadas inferiores do campesinato, como decorrência da reação senhorial e do aumento dos tributos feudais e da Coroa. A criação desse proletariado rural tornará mais sensível e vulnerável o mundo camponês às altas de preços. Mas os camponeses proprietários, abolidos os direitos feudais após a Revolução, passaram a temer a massa rural.

8. Idem, p. 394-395. V. também p. 41-44 e 359-376.

Arcando com os tributos impostos pela monarquia e pela aristocracia, o campesinato possuía certa unidade. Com efeito, o pagamento de impostos à Coroa (talha, corveia, capitação, vigésimos, gavela), ao clero (dízimos) e à nobreza (de caça e pesca, peagem, corveias pessoais, de moinho etc.) dava-lhe consciência de seus interesses mais gerais. No processo revolucionário, porém, os camponeses proprietários tomarão medidas para isolar a massa rural composta de trabalhadores em regime de parceria ou proletários, estabelecendo um censo para verificar os que não pagavam impostos e excluí-los da vida política. Aboliram-se, com a Revolução, direitos feudais e os privilégios do Antigo Regime; entretanto, em seu lugar instauraram-se os direitos dos proprietários, classe ampliada com a venda dos bens nacionais.

A grande propriedade agrícola foi, assim, mantida: "a revolução incluiu os camponeses proprietários no partido da ordem"[9].

O COLAPSO DO REGIME

A "prosperidade" do século XVIII custou caro ao regime dos Luíses. A Guerra de Sucessão da Áustria (1740-1748) e a Guerra dos Sete Anos (1756-1763) demandaram financiamento e portanto aumento de impostos. Impostos novos incidiram sobre os setores privilegiados, mas deveriam ser apreciados nas cortes de justiça dos *parlements*, controlados por esses mesmos setores. Após a morte do todo-poderoso Luís XIV em 1715, os direitos dos parlamentos são revitalizados, passando eles a se oporem aos aumentos de impostos. Surgem os parlamentares como "os pais do povo", e sua oposição enfraquece a monarquia. A crise é violenta: em 1771, o governo, irritado com a oposição do importante Parlement de Paris, exila 130 de seus membros.

Não se trata, portanto, tão somente de uma crise social, mas também institucional. A monarquia revela-se incapaz de se reformar. "Cada vez que um ministro reformista pretendia modernizar o Estado, a aristocracia se levantava na defesa de seus privilégios. A revolta da aristocracia precedeu a Revolução e contribuiu, desde antes de 1789, para abalar a monarquia"[10].

Na conjunção de fatores que levam ao colapso, pesou não somente o caráter frágil de Luís XVI, os custos do Estado e as limitações de recursos para mantê-lo, mas a reação dos particularismos provinciais (quarenta *gouvernements*, 34 *generalités*, 135 dioceses, treze *parlements* em Paris, Toulouse etc, e quatro conselhos soberanos). Poderes, aliás, cujos limites se sobrepunham e se chocavam: o Sul e o Norte, por exemplo, não se regiam pelas mesmas leis e a administração municipal variava de cidade a cidade. A diversidade

9. Idem, p. 63.
10. Idem, p. 91.

não permitia caracterizar a unidade como *nacional*: o Antigo Regime caracterizava-se pelas diferenças regionais de língua, de moeda, de pesos e medidas, de leis (por exemplo, os *pays d'Etats* pagavam menos impostos que os *pays d'Election*) e de costumes.

No Antigo Regime, como se recorda, os *pays d'États* compreendiam as regiões que conservaram (diversamente dos *pays d'Élection*) o direito de estipular os impostos em assembleias periódicas, cuidando ainda da administração de seu território. Em quase todas as províncias houve *États*, mas a instituição se deteriorou, caindo em desuso em muitas regiões, apesar dos protestos dos Parlements, sendo extinta a 4 de agosto de 1789.

Sobre tal diversidade e contra o poder dos Parlements – defensores dos interesses regionais e liberdades das províncias – a monarquia procurou impor a burocracia dos *Intendentes*, num esforço de articular um Estado mais coerente centralizado pelo Rei.

Mas a França permanecia como "um agregado inconstituído de povos desunidos", segundo o conde de Mirabeau (1749-1791), nobre *déclassé* e um dos resistentes e mais populares membros do Terceiro Estado na reunião dos Estados Gerais, depois um traidor da República. Daí cada tentativa de reforma da monarquia patrocinada por Luís XVI chocar-se contra as autonomias e particularismos provinciais sustentado pelos Parlements.

O reformismo tomara conta da França com sinalizações conflitantes. A monarquia, propondo uma nova repartição de impostos; a nobreza, os privilegiados, uma reforma política, que beneficiasse seu crescente domínio da administração central e nas províncias. A nobreza revitaliza alguns de seus mecanismos de exploração. Nasce a profissão dos *feudistas* – especialistas em direito feudal, como o depois revolucionário Graco Babeuf, na Picardia – que procuravam recuperar e levar à prática direitos feudais em desuso, em detrimento do campesinato.

A monarquia, esgotadas suas tentativas de reforma (sobretudo de 1774-76), vê-se derrotada pelos Parlements. Nada obstante, a França assina com os Estados Unidos da América (independentes desde 4 de julho de 1776) um tratado de aliança que envolve a monarquia francesa na guerra contra a Inglaterra. O novo diretor geral das finanças desde 1777, o banqueiro suíço e protestante

Conde de Mirabeau, nobre declassé.

Necker, simpático à causa dos insurgentes da América, procura novas formas de financiamento dessa guerra naval e distante: não aumentou os impostos, mas recorreu a empréstimos, tornando-se com isso muito popular... e simpático aos banqueiros internacionais. Como escreveu Hobsbawm, ironicamente: "A vitória [da França] contra a Inglaterra foi obtida ao custo da bancarrota final, e assim a revolução americana pôde proclamar-se a causa direta da Revolução Francesa"[11].

Efetivamente, nesse ano, embora proibido pelo rei, o marquês de La Fayette, então com vinte anos, embarca para os Estados Unidos, tornando-se assessor do general Washington no exército do novo país, ao lado de outros estrangeiros revolucionários como o italiano Mazzei, o polonês Kosciuszko e o prussiano Steuben.

As chances de vitória da França sobre a Inglaterra eram grandes nessa disputa, constituindo uma boa revanche em relação à Guerra dos Sete Anos (1756-1763). Ademais, a atuação do embaixador Benjamin Franklin em Paris ajudou a "liberalizar" os setores "esclarecidos" da nobreza francesa. Em 1778, a França assina com os Estados Unidos um tratado militar e comercial. Em 1779 a Espanha junta-se à França contra a Inglaterra, seguida em 1780 pela Província Unida dos Países Baixos. Nesse ano, o governo francês envia aos Estados Unidos uma força militar de seis mil homens comandados pelo general Rochambeau, que desembarca no verão de 1780 em Newport, ao sul de Boston.

A 19 de outubro de 1781 o exército britânico, comandado por Cornwallis, capitula em Yorktown frente às tropas de Rochambeau e as milícias de Washington. A esse ato, que define a vitória dos revolucionários, esteve presente La Fayette. Pelo tratado de Versalhes de 3 de setembro de 1793 a França reconhece a independência dos Estados Unidos, cujo território abrangia desde os Grandes Lagos, ao norte, até os rios Mississipi-Missouri, a oeste.

O tacanho reformismo da Coroa não compensava todavia os gastos do Reino, que excediam a renda em pelo menos 20%, ainda segundo o historiador inglês Hobsbawm. No imaginário popular, a Corte de Versalhes esbanjava a fortuna da nação, embora representasse "apenas" 6% de seus gastos em 1788... Mais vultosos eram os gastos da guerra, da marinha e da diplomacia, que engoliam 1/4 do orçamento do Estado. Ainda mais grave era o fato de metade desse orçamento ser consumido pelo serviço da dívida existente.

"A guerra e a dívida – a guerra americana e sua dívida – partiram a espinha da monarquia", conclui o autor de *A Era das Revoluções*.

As duas brechas no Antigo Regime que abriram o caminho da Revolução foram, primeiramente, a crise econômica e social e o impasse político sob o governo de Luís XVI. A aristocracia não quis pagar os

11. E. J. Hobsbawm, op. cit., p. 76.

custos dessa crise caso seus privilégios não fossem ampliados. Tal oposição levou o rei a convocar para o dia 22 de fevereiro de 1787 uma Assembleia dos Notáveis, escolhidos entre as figuras de primeira grandeza do Reino. A segunda brecha: o anúncio, já a 8 de agosto de 1788, da convocação dos Estados Gerais, antiga reunião de tradição feudal das três Ordens do Reino que não se realizava desde 1614, marcada para 1º de março de 1789.

A aristocracia tentava com isso assumir as rédeas do Estado, mas subestimou as forças sociais e políticas que se avolumavam no interior do Terceiro Estado. E não percebeu que as outras duas Ordens – o Clero e a Nobreza – não eram homogêneas.

DE NECKER, O "GÊNIO DOS EXPEDIENTES" A BRIENNE, O ARCEBISPO ILUSTRADO. A REAÇÃO DOS "NOTÁVEIS"

O reformismo da Coroa teve seu expoente no banqueiro Necker, o "gênio dos expedientes" e pai da escritora Madame de Stael, que projetou a criação de assembleias provinciais e de municipalidades em toda a França, encarregadas da fixação de impostos. Porém, em cada tentativa de aplicação tropeçava com a burguesia do Terceiro Estado, desejosa de participar da gestão da coisa pública. Em maio de 1781, Necker é demitido, deixando atrás de si a nobreza furiosa, pois trouxe à luz o *Compterendu au Roi* – a primeira vez que o orçamento do Reino foi publicado fazendo nele constar as pensões reais aos cortesãos. Um escândalo.

Calonne, ex-Intendente da Coroa, torna-se, em 1783, ministro das Finanças, assumindo o posto sob o impacto da publicação do *Compterendu*. Para cobrir o *déficit*, tomou mais empréstimos e gastou muito mais, forjando a imagem falsa de um Estado rico. Em 1786, começara a pagar as dívidas do Estado mas, para prosseguir, viu-se obrigado a reformar as finanças, decidindo apresentar a Luís XVI um plano em que estabelecia a igualdade perante os impostos – e, portanto, a abolição dos privilégios fiscais da nobreza e do clero. Nessa conjuntura crítica, Luís pensa que as medidas reformistas desse peso seriam aprovadas ao arrepio dos Estados Gerais, porém desde que apresentadas a uma Assembleia de Notáveis e assim legitimadas...

Os Notáveis se reuniram a 22 de fevereiro num clima já francamente revolucionário. Os jornais condensaram e divulgaram as ideias efervescentes de reforma e de revolução no país e também nos Estados Unidos, na Bélgica, na Holanda e na Suíça (Genebra).

A Assembleia reunia Notáveis escolhidos a dedo, não representantes do povo: sete príncipes de sangue, 36 duques e pares ou marechais de França, 33 presidentes ou procuradores gerais dos Parlements, onze prelados, doze conselheiros de Estado, apenas 12 deputados dos *pays d'Etats*, 25 prefeitos das principais cidades.

A imprensa francesa de oposição – produzida na Inglaterra e nos Países Baixos – ridicularizou essa reunião de "notáveis", mostrando-os submissos à Coroa. Como reação, afirmam eles sua independência rejeitando as reformas de Calonne.("Voyez Calonne...", ironizava o Conde d'Artois).

A 8 de abril de 1787, Luís XVI o demite e nomeia o chefe da oposição dos Notáveis, o arcebispo ilustrado de Toulouse Loménie de Brienne. O marquês de La Fayette, também Notável e "herói dos Dois Mundos", aspirando ser o Washington de uma república da ordem, adverte que a crise só poderia ser resolvida com a audiência dos Estados Gerais.

Em maio, Brienne voltou à carga, substituindo os antigos impostos por uma "subvenção territorial", à qual a nobreza e o clero contribuiriam proporcionalmente às suas riquezas. Criou ainda Assembleias provinciais e municipais. Mas os Notáveis revelaram-se intransigentes, adotando a posição de La Fayette: só os Estados Gerais poderiam aprovar novos impostos.

A 25 de maio Brienne obtém de Luís XVI a dissolução da Assembleia dos Notáveis, pensando poder passar sua reforma por meio de leis ordinárias, que deveriam entretanto ser aprovadas pelos Parlements, em geral oposicionistas.

O Parlamento de Paris é o primeiro a negar, em junho de 1787, a aprovação dos editos que criavam a subvenção territorial e a igualdade perante os novos impostos. Nessa medida, criava-se um impasse para o rei, sem meios para cobrir o *déficit* (meses depois, aliás, nos levantes populares da capital, a rainha Maria Antonieta será chamada de "Madame Deficit"...). Os conflitos aumentam, pois o Parlamento de Paris aceita apenas o edito de criação das Assembleias provinciais e municipais nas províncias em que inexistiam. Mais: nas Assembleias provinciais, os representantes do Terceiro Estado começavam a lutar pela igualdade numérica com a Nobreza e o Clero reunidos, e *os votos deveriam ser por cabeça e não por Ordem*. Tal fato irritou os privilegiados e provocou forte agitação popular nas províncias.

A 16 de julho, o Parlamento de Paris nega mais uma vez a criação de um "imposto perpétuo". No mês seguinte, é intimado a, em presença do rei, registrar a subvenção territorial. A 7 de agosto, o Parlamento recusa-se definitivamente a acatar a determinação real e, como desafio, inicia uma investigação sobre o ex-ministro Calonne, que se refugia na Inglaterra.

A PRIMEIRA FRATURA NO REGIME

O arcebispo Brienne, em resposta, exila o Parlamento de Paris em Troyes, cuja população recebe os parlamentares efusivamente. Os outros Parlements de província se solidarizam com o de Paris. Está caracterizada a primeira fratura séria na frágil unidade do regime.

No fim de agosto, levantes ocorrem em Paris. O *éclairé* Brienne renegocia com o Parlamento de Paris seu retorno, suspendendo a subvenção territorial e anunciando para o longínquo 1792 a convenção dos Estados Gerais. Os exilados são entusiasticamente recebidos em Paris em manifestações que assumem caráter sedicioso. Nas províncias, ocorre o mesmo com a volta dos parlamentares punidos.

Mas o problema financeiro da Coroa se agrava, pois, abandonada a ideia da subvenção territorial, Brienne vê-se obrigado a... retomar a política de empréstimos. A 19 de novembro, o representante de Luís XVI tenta a aprovação pelo Parlamento de Paris de um empréstimo vultoso, convocando-o para uma inesperada Audiência Real. O Parlamento reage, exigindo a convocação dos Estados Gerais para 1789. O conflito torna-se direto: Luís XVI promete antecipar a convocação *in abstrato*, mas ordena que o empréstimo seja aprovado. Em sessão, ocorre o célebre diálogo:

– É ilegal, adverte o Duque de Orléans.
– É legal pois eu assim quero, rebate Luís XVI, mandando que o empréstimo fosse registrado de imediato.

O Parlamento cancela o registro logo após a retirada do rei. Brienne manda prender dois líderes da oposição (Sabatier e Fréteau) e Luís XVI exila o duque de Orléans em suas propriedades.

No início de 1788, o Parlamento revê o direito real de prender arbitrariamente súditos por tempo indeterminado e sujeitos a torturas, declarando que "a liberdade individual é um direito natural".

A 3 de maio, o Parlamento de Paris formula a Declaração das Leis Fundamentais do Reino (base da futura Declaração dos Direitos do Homem, da Constituinte revolucionária), em que, além de condenar as prisões arbitrárias e defender a inamovibilidade dos magistrados, define que só os Estados Gerais podem votar novos impostos e que os costumes provinciais serão mantidos. A 5 de maio, Brienne manda prender mais dois parlamentares (Monsabert e d'Eprémesnil), considerados os autores do documento; mas o Parlamento resiste, só entregando-os após trinta horas de conflito.

O regime, posto em causa, aperta o cerco, tomando duras medidas administrativas de esvaziamento político dos Parlements: o *Garde des Sceaux* (Guarda dos Selos) Lamoignon reduz o poder judiciário dos Parlements com o edito de 8 de maio, criando 45 grandes *bailliages* (bailios) e – mais importante – uma Corte Plenária para assumirem as funções mais decisivas – sobretudo o registro dos atos de Luís XVI. Pelo mesmo edito, as cortes de justiça senhorial são também esvaziadas e a tortura oficial abolida.

À forte resistência dos Parlements de Grenoble, Toulouse, Dijon, Rennes, Pau e Besançon a Coroa responde com suspensão ou exílio de seus membros.

OS EPISÓDIOS DE GRENOBLE

Em Grenoble, no mês de junho de 1788, dá-se o início da queda do regime. No dia 7 daquele mês, a população exaltada re-empossa os parlamentares no Palácio da Justiça, contra o Intendente e os soldados do rei. Estes tentam desalojá-los, mas são atacados por populares que, do alto das casas, atiravam-lhes telhas (este episódio ficou conhecido como Jornada das Telhas). Enfim, os parlamentares deixam a cidade a 12 de junho. Quarenta e oito horas após, reúnem-se na prefeitura de Grenoble 54 membros do Terceiro Estado, 33 nobres e nove eclesiásticos.

Os representantes das três ordens, liderados pelo juiz Mounier e pelo brilhante advogado e historiador Barnave (que será nada obstante guilhotinado, por ter sido conselheiro de Maria Antonieta), votam a reunião urgente dos Estados Gerais do Reino, a reintegração dos direitos dos Parlements e a convocação dos Estados (ou ordens) provinciais do Dauphiné.

Nesta última convocação, estipulam a reunião com um número de representantes do Terceiro Estado igual ao da Nobreza e Clero somados. Iniciava-se, assim, a ruptura institucional decisiva do regime.

O Conselho do rei solicita publicamente a 5 de julho sugestões de "pessoas instruídas", por escrito, sobre a convocação dos Estados Gerais, recebendo centenas de documentos, muitos dos quais contendo críticas violentas ao regime e à política de Luís XVI. Dado o caráter da solicitação, essas críticas escapavam à censura do regime, inaugurando-se, *de facto*, a liberdade de imprensa.

Em Vizille, perto de Grenoble, reúne-se, a 24 de julho, no castelo do industrial Périer, uma assembleia das três Ordens do Dauphiné. Decide-se então convocar os *États* da província (com o 3º Estado duplicado), exigir a reunião dos Estados Gerais do Reino (também com o 3º Estado duplicado) e recusar o pagamento de impostos (que somente poderiam ser votados pelos Estados Gerais).

A nobreza, armada e contrária às reformas de Brienne, obriga a Coroa a capitular. A 8 de agosto, Luís XVI anula a criação da Corte Plenária e anuncia a convocação dos Estados Gerais para 1º de maio de 1789. A 24 de agosto, demite o arcebispo Brienne, convocando Necker para substituí-lo, em todas as funções que correspondem plenamente ao posto (econômicas, financeiras, de administração de províncias etc).

COMO O REGIME DESMORONOU: A PRÉ-REVOLUÇÃO

De agosto de 1788 a 5 de maio de 1789 – dia da sessão de abertura dos Estados Gerais em Versalhes, presidida por Luís XVI – vive-se um clima pré-revolucionário na França.

Com o hábil ministro Necker, reconhece-se aos Parlements seus antigos poderes. A popularidade dos parlamentares contrários aos novos impostos é alta, e algumas manifestações organizadas para celebrar o retorno desses "pais do povo" tomaram o caráter de rebeldia contra o governo.

As discussões sobre a reunião dos Estados Gerais polarizam a opinião, envolvendo personalidades como La Fayette, Condorcet, Sieyès, Mirabeau – que se reúnem no Clube dos 30 –, ou o duque de Orléans que reúne outro grupo de opinião no seu Clube de Valois. Ou, ainda, figuras mais radicais, como Brissot e o Abade Grégoire, na Société des Amis Noirs. As sociedades maçônicas se multiplicam e, num total de seiscentas lojas para toda a França, destacam-se 65 só na cidade de Paris.

A discussão sobre a ligação entre Estado e Igreja, base da monarquia, torna-se intensa, pois muitos dos "patriotas" (o termo começa a circular, a exemplo dos Estados Unidos, Holanda etc) defendem a razão de um novo Estado que seja expressão dos direitos individuais. Algumas dessas lojas – como a Société des Neuf Soers – abrigaram filósofos como Voltaire, um dos críticos da "infame" Igreja. Aliás, o termo "filósofo" passa a ter conotação nova no transcorrer do século XVIII. Como escreveu Hannah More em 1790, "A filosofia enquanto Descrença [...] ultimamente teve o prazer de se autodenominar"[12].

Da mesma forma, palavras como Reforma, Revolução, Estado e Reação ganharam novos usos e sentidos. Ou simplesmente foram inventadas – como Ideologia, ao que parece pelo filósofo racionalista Destutt de Tracy em 1796, modificada mais tarde em seu sentido por Napoleão Bonaparte, quando atacou os princípios da "difusa metafísica" da Ilustração como "ideologia"...

Os grandes centros políticos e culturais que possuíam Parlement, universidade, academias, *cafés*, *sociétés de lecture* e *salons de madames* amantes da cultura ilustrada adensavam a produção e a crítica de novas ideias. Assim em Paris (a rue Saint-Jacques, em particular), Lyon, Toulouse, Rouen, Bordeaux, Dijon, Lille, Nancy, Grenoble fermentavam-se hipóteses sobre saídas para a crise da sociedade, do regime e da cultura. Panfletos, libelos, jornais, literatura de divulgação alimentavam as indagações e popularizavam ideias de pensadores e cientistas de sólida formação. Obras como as do abade Raynal (*Histoire philosophique des deux Indes*), conhecido no Brasil pelos inconfidentes de Minas ("de cór", pelo cônego Luís Vieira da Silva), lançavam corajosamente

---

12. Citada por Raymond Williams, *Keywords*, p. 198.

Abade Sieyès. A Revolução se inicia e se encerra com ele.

A Cité, por volta de 1780. O tacanho reformismo da Coroa não compensava os gastos do Reino, que excediam a renda de 20%. A Corte consumia 6% dos gastos; a marinha, o exército e a diplomacia, 20% do orçamento do Estado, que era consumido em mais da metade pelo serviço da dívida...

Sessão de abertura dos Estados Gerais, em 5 de maio de 1789.

O juramento do "Jeu de Paume", em 20 de junho de 1789, desenho de J.-L. David. Sobre a mesa, o decano astrônomo Bailly, presidente da Assembleia; junto à mesa, sentado, de chapéu nas mãos, Sieyès; de pé, na cadeira, Dubois Crancé e, logo abaixo, Robespierre. Em primeiro plano, Mirabeau e Barnave.

Luís XVI, condenado à morte, a caminho da guilhotina

as bases de novas formas de pensamento ao criticarem a Inquisição e a própria colonização – peças chaves do Antigo Regime.

Certas sociedades maçônicas, como a "des Neufs Soeurs", realizaram a ponte ideológica e política entre a nobreza liberal e a burguesia progressista (aqui, o sentido é preciso: "ligada à ideia de Progresso"), reunindo entre seus membros personalidades atuantes como Danton, Brissot e Sieyès.

Como informam os historiadores Tudesq e Rudel, em seu livro *1789-1848*, a nobreza liberal entrou ao lado dos burgueses em massa nessas lojas, que não admitiam a presença de artesãos. "Mais deísta que cristã, mais liberal que igualitária, racionalista mas também mística, a franco-maçonaria contribuiria à difusão nas altas classes do espírito crítico de uma concepção laica do Estado, em contradição absoluta com os fundamentos da monarquia francesa"[13]. Com efeito, num momento em que ainda não existiam partidos, essas agremiações facilitavam a formação de novos "blocos de poder" permitindo, na gestação das forças políticas e do encaminhamento da transição, a convivência entre os "estamentos pretéritos e as classes futuras" (para usarmos a expressão cara a Marx). Que a Revolução iria adensar e separar.

Mas a análise dos dois historiadores aponta ainda um tipo de agremiação "à inglesa" que se inaugura em Paris, os *clubs*, como o mencionado Club de Valois (presidido pelo Duque de Orléans e com sede no Palais-Royal) e a Société des Trente, frequentada por nobres liberais como La Fayette, o monsenhor Talleyrand, até o advogado e grande burguês Target.

Algumas ideias básicas gestadas nesse clima político e cultural adquirem notoriedade nas obras de Voltaire e Rousseau – que estão nas bases da Reforma e da Revolução no Antigo Regime.

DAS IDEIAS

A vida intelectual desse período – considerada em sentido amplo – constitui um dos capítulos mais ricos e, por isso mesmo, complexos da história das ideologias culturais. Não se trata aqui portanto de retraçar a "influência" internacional das ideias na Revolução Francesa, ou do "reflexo" das condições econômico sociais no mundo das ideias, até porque tais noções (de influência e de reflexo) não constituem conceitos sustentáveis. A rigor, não ajudam a explicar nada.

"As ideias", escrevia Caio Prado Júnior em sua obra fundamental *Formação do Brasil Contemporâneo*,

são matéria que nunca falta: há-as sempre de todos os naipes e gostos. E se paramos nelas sem procurar diretamente os fatos que as inspiram, ficamos na impossibilidade de explicar por que, de um momento para outro, uma destas ideias, e não outra qualquer,

---

13. A. J. Tudesq e J. Rudel, *1789-1848*, p. 28.

ganha impulso, se alastra e vence e acaba se realizando. As ideias, por si, não fazem nada; e para o historiador não devem servir senão de sinais, expressões ou sintomas aparentes de uma realidade que vai por baixo dos fatos concretos, e que as provoca[14].

Um historiador marxista sofisticado, como se pode perceber.

No caso das Revoluções francesas, no plural, diga-se que já no seu início o controverso conde de Mirabeau afirmara que "a nação francesa fôra preparada para a revolução mais pelo sentimento de seus próprios males do que pelo progresso das Luzes [...]". Tema permanente, irresolvido, polêmico: se na historiografia contemporânea Daniel Mornet, o autor conhecido das *Origines intelectuelles de la Révolution française*, demonstra que a revolução já se realizara nos espíritos antes de estar concretizada na prática, para outros, como Tudesq-Rudel, "o movimento filosófico, com exceção de algumas grandes cidades, não exerceu nenhuma influência sensível na redação dos *Cahiers de doléances*", uma das melhores documentações da época, em que o Terceiro Estado reclamava a transformação da sociedade do Antigo Regime[15].

Efetivamente, filósofos como Rousseau inspiraram revolucionários como Robespierre, assim como Voltaire era uma das leituras de Napoleão (e, no Brasil, de José Bonifácio). Além disso, é demonstrável a popularidade de Rousseau junto ao "menu peuple", e profundas as marcas que deixou no jacobinismo. Neste caso, a aplicação da tese do *Contrato Social* ("Quereis dar consistência ao Estado? Aproximai tanto quanto possível os extremos; não suporteis nem gente opulenta nem mendigos") pela facção de Robespierre.

Quanto à *sans-culotterie*, é expressiva uma representação de 1793, no período da Convenção, de um certo Tobie, intitulada *Ensaio sobre os Meios de Melhorar a Sorte da Classe Indigente da Sociedade*, em que é citado o "filósofo genebrino", defensor do Estado social "em que todos tenham alguma coisa e nenhum deles tenha nada a mais". O conflito entre o "milionário arrogante" e o "humilde diarista" não poderia persistir "por muito tempo dentro da nova ordem de coisas". Exemplos que demonstram a difusão de certos conceitos-chaves podem ser colhidos nos estudos de Soboul, como "Classes Populares e Rousseauismo"[16]: entre tais conceitos os de Estado, trabalho, sociedade, ordem, classe. E também as ideias de felicidade e prazer: se, em 1793, para o girondino Vergniaud a "igualdade para o homem social é apenas a dos direitos", para o jacobino Lepeletier urgia "fazer desaparecer a desigualdade na fruição: que seja assegurado a todos os franceses uma existência feliz". (E aqui, fruição não se tratava apenas daquela difundida pela popular Filosofia de Alcova). Em suma, ambos rousseauistas,... porém distintos[17].

14. Caio Prado Júnior, *Formação do Brasil Contemporâneo*, p. 357-358.
15. Cf. A. J. Tudesq e J. Rudel, op. cit., p. 36.
16. A. Soboul, *Camponeses, Sans-culottes, Jacobinos*.
17. Idem, p. 206.

Exemplos da difusão do rousseauismo poderiam se multiplicar, alcançando o rústico mundo do trabalho até mesmo no Brasil, distante colônia portuguesa, da qual aliás gente como Réstif de la Bretonne possuía alguma informação[18].

DAS LUZES

A Ilustração, embora restrita, trouxe uma nova fé para contestar o Antigo Regime: *a fé no progresso* (palavra-chave do século XVIII). E com o "progresso" vêm junto outras ideias, como a de otimismo, de reforma, de mudança, de diferença, de conflito. Coroando o "século das luzes", a ideia de *Felicidade*, tão bem estudada por Robert Mauzi, a ser buscada na própria Terra dos homens [...].

Em suas manifestações mais brandas, a Ilustração defendeu um reformismo esclarecido. Os "déspotas esclarecidos" nem sempre visaram à derrocada do Antigo Regime, mas a uma "reforma sem revolução". Reforma lenta e gradual, sem mudar o regime. A verdade torna-se obra humana, e não extra-humana. E mais: a legitimidade dos conhecimentos seria dada pela evidência, pela demonstração e não pela autoridade. Isso contrastava com os critérios de autoridade e legitimidade do Estado absolutista, de direito divino, realista e colonialista. À noção de "saber acabado" contrapunha-se a de "problema" – que pode ser racionalmente resolvido. À noção de "mistério" – cultivada na Idade Média – contrapunha-se a de "luz", de esclarecimento, de ilustração, abolindo-se a superstição e a ignorância.

Uma nova concepção de legitimidade e uma nova escala de valores emergem historicamente, plasmadas ao longo dos séculos XVII e XVIII. A sociedade se move, descobre que não é fixa, assim como descobrira que os astros não estão fixos no universo. Nos planos político e social surgem as ideias de liberdade (liberal, liberalismo, *laissez-faire*) e de igualdade (e de desigualdade, base para uma revolução mais profunda, tema preferido de Rousseau).

O ENCICLOPEDISMO

No século XVIII, a razão cartesiana se humaniza, e Descartes é sacralizado pelos revolucionários, ingressando no Panteão. O pensamento se torna mais prático e se reforça a crença na ciência moderna. Como as pesquisas sobre as questões da natureza e as do espírito se separaram, essa nova razão procura reunificá-las num mesmo projeto, a que se chamou

---

18. V. Sergio Paulo Rouanet, *O Espectador Noturno*. "O Brasil pertence aos portugueses. Existem nesse país republicanos denominados paulistas, que não são outra coisa senão portugueses revoltados contra os governadores. Entre os selvagens brasileiros, só os maridos assumem a função de parteiros, o que se chama terminar [*parachever*] a criança", p. 16.

"enciclopedismo" (do grupo da *Enciclopédia*, ou seja, da *Encyclopédie*, ou melhor, *Dictionnaire raisonné des sciences, des arts et des métiers*).

A *Enciclopédia* reuniu estudos e comentários críticos (*raisonnés*: racionais, de razão), em todos os campos do conhecimento, baseados na ideia de progresso da humanidade pela razão (racionalismo). O coordenador, inicialmente, foi Denis Diderot (1713-1784), que se associou ao matemático D'Alembert (1717-1783) e outros intelectuais e pesquisadores, para elaborarem os artigos dentro de uma certa unidade de perspectiva. Grupo muito crítico, seu coordenador Diderot já fora preso em 1749 por seis meses, ao escrever *Pensamentos Filosóficos* e *Carta sobre os Cegos para Uso dos que Enxergam*.

O primeiro volume da *Enciclopédia* foi publicado em 1751. D'Alembert, o autor do prefácio, recebeu a mais violenta repulsa dos jesuítas e do pensamento oficial. De 1753 a 1757 publicaram-se mais cinco volumes. As polêmicas foram tão fortes que, em 1758, D'Alembert e seu grupo abandonaram a iniciativa. O papa condenou o materialismo contido nos verbetes. A publicação dos volumes restantes (mais dez volumes) deveu-se à proteção de uma mulher altamente ilustrada e progressista (inclusive nos costumes) para seu tempo, a madame de Pompadour.

No campo da filosofia, os enciclopedistas foram contundentes contra o absolutismo. No verbete "Autoridade Política" lê-se: "Nenhum homem recebeu da natureza o direito de comandar os outros". A cada passo invoca-se a razão. No verbete sobre "História", de autoria de Voltaire, a sociedade se harmonizaria ao longo da história em função do equilíbrio dado pela razão. A crítica à religião e ao obscurantismo, a crença no progresso e na razão, o otimismo com relação ao futuro, a liberdade de pensamento, a preocupação com as técnicas, a importância dada à experimentação como método científico, tudo isso unia os enciclopedistas.

Os verbetes, diferenciados, traziam ao pensamento do Antigo Regime uma renovação conceitual. Helvetius (1715-1771) propunha bases para o materialismo; d'Holbach (1725-1789), a crítica ao cristianismo; Buffon (1707-1788), a renovação da história natural; Turgot (1727-1781) e Quesnay (1694-1774), a revisão da economia política; Voltaire (1694-1778), uma nova perspectiva de história. E muitos outros, como Rousseau, Condillac e Montesquieu estimulam essa nova postura.

ROUSSEAU (1712-1778) E OS JACOBINOS DO ANO II

Jean-Jacques foi o mais importante filósofo da Ilustração. Suas ideias foram decisivas para a Revolução ao propor a soberania popular como base da vida nacional.

Filho de mãe protestante, Jean-Jacques leu muito, estudou latim, retórica, literatura. Carente de recursos, viu-se obrigado a parar de estudar, tornando-se sensível à desigualdade social (seu ensaio *Discurso sobre a Origem da Desigualdade entre os Homens* é de

1755). Nele apontou: "O verdadeiro fundador da sociedade civil foi o primeiro que, tendo cercado um terreno, lembrou-se de dizer 'isto é meu' e encontrou pessoas suficientemente simples para acreditar [...]". Pensador radical, Rosseau advertiu: "Os frutos são de todos e a terra não pertence a ninguém".

Colaborou na *Enciclopédia* e escreveu obras de teoria política (*Do Contrato Social*) e de educação (*Emílio*), em 1762. A duas obras provocaram a decretação da prisão de Rousseau, fugindo ele então da França para Neuchâtel. Em 1765, segue para a Inglaterra, para junto do filósofo David Hume. Em 1767, volta à França, onde morre em 1778, no mesmo ano que Voltaire. A avaliação de Hobsbawm, embora longa é precisa:

O mais importante pensador (ou melhor, gênio intuitivo) deste primeiro grupo de radicais pequeno burgueses já estava morto em 1789: Jean-Jacques Rousseau. Indeciso entre o individualismo puro e a convicção de que o homem só é ele mesmo em comunidade, entre o ideal de um Estado baseado na razão e no receio da razão frente ao "sentimento", entre o reconhecimento de que o progresso era inevitável e a certeza de que destruiria a harmonia do primitivo homem "natural", ele expressava seu próprio dilema social tanto quanto o das classes, que não podiam aceitar as promessas liberais dos donos das fábricas nem as certezas socialistas dos proletários. As opiniões daquele homem neurótico e desagradável, mas também grandioso, não nos devem preocupar detalhadamente, pois não houve uma escola de pensamento especificamente rousseauniana nem de políticos tais, exceto Robespierre e os jacobinos do Ano II. [...]. As recentes modas acadêmicas alimentam uma tendência para interpretá-lo profundamente mal. Têm ridicularizado a tradição que o agrupa junto a Voltaire e aos enciclopedistas como um pioneiro do iluminismo e da Revolução, já que foi seu crítico.

Mas os que foram influenciados por ele então consideravam-no parte do iluminismo, e os que reimprimiram suas obras em pequenas oficinas radicais no princípio do século XIX automaticamente o colocaram ao lado de Voltaire, d'Holbach e outros.

Valorizando o intelecto, Rousseau propõe, entretanto, uma nova ética, não individual, particularista, mas coletivista, universal. Em sua concepção de sociedade, todos se organizam em função do "bem comum". O espírito, livre de pressões, pode chegar metodicamente a isto: "Cada um unindo-se a todos, obedece, porém, apenas a si mesmo, e permanece livre".

Esse é o cerne de sua perspectiva democrática. Observa ainda Hobsbawm, com alguma ironia:

Os críticos liberais recentes lhe têm atacado como o precursor do 'totalitarismo' de esquerda. Mas, de fato ele não exerceu nenhuma influência sobre a principal tradição do comunismo moderno e do marxismo[19].

19. E. Hobsbawm, op. cit., p. 270-271. A melhor visão de conjunto sobre a ideologia secular, as artes e a ciência desse período encontra-se nos capítulos respectivos de *A Era das Revoluções*. Rico de informações, o artigo de Soboul "De Voltaire a Diderot ou 'Qu'est-ce qu'un philosophe?'" (*Anais de História*, Assis, FFCL, ano II, 1970) fornece dados sobre Voltaire, D'Alembert, Buffon, Rousseau, Condorcet, Diderot; suas relações, o mecenato privado, tiragens de livros, a propriedade literária (reconhecida em 1777), a formação de um público. E em sua tese *Les sans-culottes parisiens en l'an II*,

VOLTAIRE OU ROUSSEAU?

Em qualquer hipótese, o século XVIII foi o grande momento dos "philosophes" e da "alta Ilustração". A filosofia adquiriu prestígio, trouxe a razão para o centro das discussões... e para dentro das lojas maçônicas.

Na vertente de Voltaire, o jovem filósofo e matemático marquês de Condorcet, nobre da Picardia e autor proibido pela Coroa, membro da Academia Francesa, editou suas obras completas e deixou uma posição definitiva sobre a Educação – ou como se dizia, a "instrução pública". Quando já era membro do governo revolucionário, fixou o novo rumo na tribuna da Assembleia, de 20 e 21 de abril de 1792:

> Trata-se de desenvolver pelo ensino todas as faculdades e todos os talentos e, por meio dele, estabelecer entre os cidadãos uma igualdade de fato [...]. A sociedade deve favorecer rigorosamente o progresso da razão pública e colocar a instrução ao alcance de todos os cidadãos.

Na vertente de Rousseau, o padre Mably, autor de *Dos Direitos e Deveres do Cidadão*, divulga a ideia de uma Assembleia Nacional soberana – que muito inspiraria a atuação dos Constituintes. Seus escritos, como os de Raynal, Volney e Rousseau atravessaram o Atlântico e incandesceram a imaginação e as utopias dos revolucionários da América do Sul e do Caribe – inclusive o dos deserdados das "baixas esferas".

DA "BAIXA ILUSTRAÇÃO"

Costuma-se afirmar que à Revolução não correspondeu um surto cultural imediato: somente teriam havido trabalhos significativos duas décadas depois. O romance de Choderlos de Laclos, *As Ligações Perigosas*, e a peça de Beaumarchais, *O Casamento de Fígaro* apenas traduziriam o inquietante espírito de *fin de siècle*... As mais significativas lembranças do período revolucionário seriam as canções patrióticas, alguns "panfletos tediosos e os discursos intermináveis". Em síntese: nesses dez anos, cerca de mil peças de teatro, mas quase todas sem mérito. O tema, entretanto, merece uma nova consideração.

com 1.164 páginas, uma enormidade de dados arrolados sobre as sociedades populares, os jornais e as 48 seções de Paris. Dentre os jornais, encontram-se desde os *Affiches de la Commune* (de Jacques Roux) ao *Journal de la Montagne* e o *Vieux Cordelier*; sobre as sociedades, há inúmeros dados sobre as 93 listadas. Suas denominações são extremamente sugestivas: Ami du peuple (Section Marat), Amis de Jean-Jacques Rousseau (Section Châlier), Amis-de-la-liberté-et-de-l'égalité (Section de l'Indivisibilité), Bonnet-Rouge (Section des Champs Elysées), Amis-de-la-vertu, Halle-au-Blé, Société Populaire des Sans-culottes des Deux Sexes, des Hommes Libres, Homme-Armé, Indigentes, Invalides, Lepeletier, Jeunes Patriotes, Montagnards-Jemmapiens, Muséum, des Citoyennes, du Théâtre-Français, des Gobelins, des Vertus-Républicaines.

Deixando de lado a atualidade redescoberta nas últimas décadas de Laclos e a importância, em 1784, da crítica social à nobreza no Fígaro de Beaumarchais, novos estudos fazem notar que a vida intelectual francesa no século XVIII era bem mais complexa. E fascinante. Imperava uma concepção corporativista de cultura no mundo da "república das letras", e a ele se opunha o submundo boêmio – como desvendou o historiador Robert Darnton em seu estimulante livro *Boemia Literária e Revolução*.

No *Ancien Régime*, o privilégio e o monopólio definiam – como em tudo – as regras da "república das letras". Os livros, os jornais, a Comédie Française, a Académie de Musique, a Académie Royale de Peinture et de Sculpture beneficiavam-se do monopólio. E também os sábios da Corte, que recebiam suas bolsas. Fora dele, desenvolvia-se uma "legião de subliteratos", como assinala Darnton, as "fezes da literatura".

Perscrutando o mundo intelectual, o historiador revela os espaços da(s) cultura(s) dos *salons*, dos *cafés*, dos *musées* e *lycées* que prosperaram nos anos setenta daquele século. Descobre onde se reuniam os "philosophes" (no Procope ou no *café* La Régence), ou intelectuais "médios" (no Caveau do Palais-Royal) e os escritores mais modestos nos cafés dos *boulevards*, onde se acotovelavam com as variadas espécies do "submundo"... Os panfletistas que atacam à torto e à direito, chegando até a atemorizar um Voltaire; os ghost-writers; os artistas de teatro frustrados (como Fabre d'Eglantine e Collot d'Herbois), toda essa gente interessante é desvendada, inclusive através dos divertidos arquivos de polícia da monarquia, em que aparecem as fichas de Marat, Chénier e do pornógrafo Delacroix. Acompanhando esses personagens durante a Revolução, e descobrindo as formas de organização do *underground*, Darnton mostra como o mundo cultural foi "virado às avessas" entre 1789 e 1793. É quando emergem Brissot, Carra, Gorsas, Manuel, Mercier, Hébert, Marat, Desmoulins e tantos outros. Destroem-se as academias, dispensam-se os *salons*, revogam-se as pensões e desarticulam-se os agentes comerciais de livros de antes de 1789[20]. Uma nova elite emerge com suas regras próprias, e membros da antiga elite como Bailly, Condorcet e La Harpe não se opõem à destruição do "le monde". "Jornais e teatros brotaram em tal profusão que não seria arriscado falar de uma revolução industrial dentro da revolução cultural".

Uma reconsideração sobre a revolução cultural – ou sobre os modos de produção cultural – no século XVIII e durante o período napoleônico adquiriram força em trabalhos como os de Robert Darnton e de Michel Vovelle (*La Mentalité révolutionnaire*). Mas em certas monografias como as de Sergio Paulo Rouanet (*O Espectador Noturno. A Revolução Francesa através de Rétif de la Bretonne*) e de Michel

---

20. Robert Darnton, *Boemia Literária e Revolução*, p. 47.

Vovelle (*Théodore Désorgues ou la désorganisation. Aix-Paris 1763-1808*) o leitor encontra um novo conceito de biografia por assim dizer cultural – aquela que, a partir do estudo do percurso de um personagem conduz à compreensão da viragem mental num determinado período[21].

DO RETORNO À "ALTA POLÍTICA": NECKER, VOTO POR CABEÇA?

Nesse clima de efervescente crítica social, política e cultural é que o Parlamento de Paris e outros na província exigem que os Estados Gerais sejam convocados dentro das normas de 1614. Perdem assim seu caráter "reformista", causando decepção popular, visto que as três câmaras se reuniriam em separado (voto "por ordem").

Mas o hábil Necker jogava à frente, desejando a duplicação dos deputados do Terceiro Estado e o "voto por cabeça". Popular em vista dos empréstimos novos que lhe permitiam saldar dívidas do Estado e normalizar os pagamentos dos funcionários, convocou uma segunda sessão da Assembleia dos Notáveis para 6 de novembro. A opinião, entretanto, já estava mobilizada em toda a França, estabelecendo-se claramente a clivagem entre "patriotas" e "aristocratas". Os primeiros, defendendo uma só câmara, a duplicação do Terceiro Estado, o voto por cabeça, a igualdade civil. Os segundos, reunindo os opositores às reformas.

A Assembleia dos Notáveis reafirma em Versalhes, no mês seguinte, sua intransigência, no que contradiz Necker. Mas também a família real está dividida. Os dois irmãos de Luís XVI – o conde da Provença, o futuro Luís XVIII, e o conde de Artois, futuro Carlos X – discordam quanto ao critério, mas o primeiro manifesta-se pela duplicação do Terceiro Estado, e o segundo contra o voto por cabeça. Em dezembro, a Assembleia se dissolve, sem apontar solução: a 27 desse mês, o Conselho do Rei aceita finalmente a duplicação do Terceiro Estado, mas omite a questão do voto...

O Conselho decide ainda que a eleição se realizará por bailios (que formará uma circunscrição eleitoral) e que os padres tornam-se elegíveis como deputados do clero – o que permitirá que muitos deles, liberais, se passem para o Terceiro Estado. Em conjunto, serão cerca de 1.200 deputados.

Essa decisão do Conselho do Rei, impressa, ganhou intensa repercussão em toda a França. Até porque deixava dúvidas quanto à forma da votação: por cabeça ou por ordem? E, na penumbra, um personagem do Conselho: Jacques Necker...

---

21. Para o período posterior à Revolução, uma sólida referência ilustra a abertura de novas interpretações: a reedição dos volumes *Considérations sur la Révolution française*, de Madame de Stäel.

1789

O ano revolucionário se inicia com a publicação do regulamento para a eleição dos Estados Gerais. As eleições, calmas, desenrolaram-se dentro de prescrições claras: cada eleitor deveria ter mais de 25 anos e ser inscrito como contribuinte. O Clero e a Nobreza realizariam as suas diretamente nas cidades centrais dos bailios ou dos senescalatos. No Terceiro Estado, exigia-se duas etapas para os camponeses (nas assembleias de paróquias e na do Terceiro Estado nas cidades centrais) e três etapas nas cidades (assembleias de corporação ou não-corporação, de cidade e de bailio ou senescalato). Cada um desses setores deveria produzir um "Cahier de doléance" (Caderno de Queixa), e na cidade central se resumiriam num "Caderno Geral" as queixas de cada Ordem – a serem apresentadas na reunião dos Estados Gerais convocados para 27 de abril em Versalhes.

Nos cadernos do Terceiro Estado, filtrados pela burguesia, apareceram amortecidas as reivindicações do mundo do trabalho, camponeses e trabalhadores urbanos. A fidelidade à Coroa e à religião, a defesa da "bon ordre" e da "honneur de la famille" deram a tônica a esses documentos. Poucos são reformistas. Porém, em alguns do Terceiro Estado surgem críticas contundentes aos privilégios e se propõe a abolição dos direitos senhoriais.

O "QUARTO" ESTADO, ESSE DESCONHECIDO

A efervescência eleitoral e a preparação dos Cahiers animaram farta produção de ensaios, panfletos e declarações, que alargaram a liberdade de imprensa e de opinião naquele período. Citem-se os escritos de personagens que já começavam a se destacar por suas atuações, como Robespierre (*A la Nation arlésienne*), Marat (*Offrande à la Patrie*), Desmoulins (*La Philosophe du peuple français*), Mirabeau (*L'Appel à la Nation provençale*), o abade Sieyès (*Qu'est-ce que le Tiers état?*) e Dufourny de Villiers (*Cahier du Quatrième ordre*). Se no famoso e sempre citado documento de Sieyès condena-se a crítica à sociedade de ordens e ao monopólio ("Eh! ne connaît-on pas les effets du monopole? [...] Ne sait-on pas que tout ouvrage dont on éloigne la libre concurrence sera fait plus chèrement et plus mal?")[22], no de Dufourny aprofunda-se a visão do social.

Além de ostentar um título sarcástico, o Cahier possui por subtítulo Aquele dos Pobres Diaristas, Doentes, Indigentes etc. A Ordem Sagrada dos Desafortunados. Nesse documento tremendo de 32 páginas (impr. in-80), seu revolucionário autor, engenheiro-chefe de

---

22. "Ei! Não se sabe dos efeitos do monopólio?... Não se sabe que toda obra que se distancie da livre concorrência é mais cara e menos bem feita?"

Paris, presidente do distrito dos Mathurins em 1789 e presidente do Diretório do departamento de Paris em 1793, não deixa por menos:

> É deveras necessário distribuir a Nação por ordens? E tais ordens contêm exatamente toda a Nação? [...] Como no Terceiro Estado há fortunas tão grandes como aquelas do alto clero e da alta nobreza, nada seria menos razoável do que classificar os indivíduos como pontífices, gentis-homens e *plebeus*. Com efeito, a razão diz que – ao contrário – necessário se faz confundir todas essas ordens para classificar os que as compõem segundo suas faculdades
> [...] Os pobres de todas as ordens, longe de pagar, teriam direito a amparo. Evidente que tal distribuição, que conduz à equidade [...] é impraticável no estado atual da sociedade, mas é evidente também que toda revolução sobre a *repartição do imposto* será tanto mais justa, tanto mais salutar se ela fixar como resultado:
> 1º Aliviar os pobres;
> 2º Taxar os ricos proporcionalmente às suas faculdades.

Ao fazer uma defesa de um "pacto de sociedade" para abolir a "fome, a miséria e a morte", e ao desafiar o "gênio francês" a descobrir "novas bases morais para uma sociedade melhor organizada" Dufourny não deixa de considerar a todos como "homens, como irmãos, como franceses". A ideia do nacional já se esboça, então, baseada na "fraternité". Pergunta ainda o engenheiro:

> Por que essa classe imensa de diaristas, assalariados, de pessoas não remuneradas, sobre as quais pesam todas as revoluções físicas, todas as revoluções políticas, essa classe que tanta representação tem a fazer, as únicas que não puderam talvez chamar pelo nome muito verdadeiro porém aviltante e proscrito de *doléance* [queixa], é expulsa do seio da Nação? Por que ela não possui representantes próprios?[23]

Nesse Cahier de 25 de abril de 1789 já estão quase todas as perguntas e respostas que a História da Revolução proporia ao pensamento contemporâneo – fixando inclusive, em larga medida, os limites da própria revolução. O uso das ideias de razão e Nação, de representação, igualdade e fraternidade, classe *versus* ordens, de imposto proporcional, seguro social, de monopólio *versus* livre concorrência e – ainda obscuramente formulada – de "revolução" sugerem o desenho da nova sociedade ideal. E, nem tão sutilmente, a denúncia de que esse é o único segmento social que, silenciado de fato, tem razões para se queixar...

Os meses que antecederam a abertura dos Estados Gerais foram turbulentos, com o agravante das intempéries de 1788 (e, depois, de 1789) que provocam a alta dos preços dos cereais – do pão em particular. No fim do inverno e durante a primavera de 1789 assistiu-se na França a um sem-número de levantes violentos em Rennes, Nantes, Cambrai, Manosque, em geral motivados pelo problema da subsistência. Em Marselha, a 23 de março, autoridades reais têm suas casas

---

23. Documentado em A. Soboul, *1789. L'An I de la liberté*, p. 59-61.

pilhadas, chegando-se a criar uma "milícia cidadã" - "prefiguração da Guarda Nacional que será criada em Paris a 13 de julho de 89"[24]. Na Provença, os insurgentes pilham celeiros, conventos e alguns castelos. Há morte de um nobre, em Aups, e em Saint-Maximin a municipalidade é substituída por uma direção de rebeldes.

No mês de abril o Franco-Condado e a Bretanha, além da Provença, também se tornam palco de insurreições, e sobretudo de pilhagens de depósitos de trigo e farinha – assaltos a casas onde se presumia haver estocagem de cereais. A fome aumentava, e a sociedade se exasperava com os especuladores e atravessadores. Ainda em abril e nos meses seguintes, camponeses começam a exigir a abolição dos direitos feudais e a tentar recuperar pela força cereais que haviam pago como tributos feudais.

O LEVANTE DO FAUBOURG SAINT-ANTOINE

Eis quando eclode em Paris o grave episódio do levante do Faubourg Saint-Antoine. Trata-se de um dos mais sangrentos episódios da Revolução Francesa, segundo o historiador Godechot. Deixou cerca de trezentas pessoas mortas e mil feridas, em contraste com o 10 de agosto de 1792 (mil mortos) e 5 de outubro de 1795 (trezentos mortos). "Esse levante inaugura em Paris a violência revolucionária", conclui o autor de *La Grande Nation*.

O episódio possui entretanto uma natureza mais complexa: na fábrica de papéis pintados do imprudente Réveillon ("um trabalhador pode viver bem com 15 *sous* por dia![...]", provocava ele) ocorre uma manifestação motivada pelo rebaixamento de salários, que evolui para motim e pilhagem, e não só da Réveillon como da fábrica de salitre do industrial Henriot. A polícia sufoca o motim a tiros.

Para Soboul, esta é a primeira jornada revolucionária. "Os motivos econômicos e sociais são evidentes; não se trata, aqui, de revolta política. As massas populares não possuíam opiniões precisas acerca dos acontecimentos políticos", comenta o historiador da *sans-culotterie* parisiense.

Na semana seguinte, com a tensão geral agravada por mais esse episódio, abrir-se-ia – finalmente – a reunião dos Estados Gerais.

A ABERTURA DOS ESTADOS GERAIS

Versalhes, 2 de maio de 1789. Os deputados eleitos, em ritual lento, são apresentados ao rei. Mas nem todos os previstos 1.139 estavam lá, faltando ainda eleger alguns – os de Paris, particularmente. Dos 1.139, 291 deveriam ser do Clero (dos quais apenas 47 bispos), 270 da Nobreza e 578 do Terceiro Estado. Além disso, aos deputados

24. Conforme sequência cronológica em *La Révolution française*, de Godechot.

do povo impôs-se que se vestissem austeramente. Apresentados "em bloco" ao rei, não mereceram de sua majestade a mesma distinção que os deputados das duas outras Ordens do Reino. A rigor, foram humilhados. Aliás, também o numeroso baixo clero, separado do alto clero no desfile pelas ruas de Versalhes, teve motivos para irritação.

Dois dias depois dá-se início à grande procissão de abertura dos Estados Gerais, todos vestidos com os trajes característicos de cada Ordem: traje negro simples para o Terceiro Estado, hábito negro com paramentos de ouro para a Nobreza, chapéu emplumado e traje eclesiástico solene para o Clero. Desse modo, Luís XVI impunha sua vontade de manter a distribuição entre as Ordens – ou seja, o voto por Ordem.

A 5 de maio, finalmente, dá-se a sessão de abertura dos Estados Gerais, presidida por Luís XVI. Decepcionante. Discursos medíocres do rei e do áulico Barentin, seu ministro da Justiça. Necker vai direto ao velho assunto que provocara a reunião: o *deficit* do orçamento. Mas ninguém menciona o problema crucial da desigualdade social perante os impostos, nem o critério de votação a ser adotado: afinal, votação por Ordem ou por cabeça?

Em Paris, os jornais fervilham.

A REBELIÃO DOS DEPUTADOS DO TERCEIRO ESTADO

No dia seguinte, teve início a rebelião. Com efeito, ao se reunirem a 6 de maio, os deputados do Terceiro Estado defenderam o princípio de verificação em comum dos poderes das três Ordens.

A nobreza rejeitou e o clero se dividiu. Os deputados do Clero e da Nobreza foram conduzidos a duas salas especiais, e os do Terceiro Estado permaneceram na comum. Passaram então a se autodenominar *les communes*, inspirado nos *Commons* da Inglaterra. No dia seguinte, o *Diário dos Estados Gerais*, de Mirabeau, provoca a reação do governo, que ensaia o restabelecimento da censura, mas habilmente ele muda o título, desmobilizando a iniciativa repressiva. A Nobreza se fecha, declarando-se Câmara autônoma (por 141 votos contra 47) e processando sua verificação de poderes. Já a Ordem do Clero mantém-se rachada (133 isolacionistas contra 114 não), embora sem possibilidade de maioria dos progressistas.

O impasse é total e até o rei Luís XVI se propõe como mediador – no que é repelido pelo Terceiro Estado. A 3 de junho o deputado por Paris e astrônomo Jean Bailly é escolhido como Diretor dos Comuns. O Rei e a Corte entretanto sofrem um abalo a 4 de junho, com a morte do filho mais velho de Luís, que se retira para Versalhes com sua família.

A 10 de junho, os deputados do Terceiro Estado decidem prosseguir sozinhos o ritual de verificação de todos – em suma, constatar a regularidade dos papéis das três Ordens.

Rebeldia total: no plano institucional, com sua dinâmica própria, os impasses são superados com a ousadia. No plano social, a crise econômica acelera a deterioração das condições de vida das massas populares, presentes nessas semanas em levantes e conflitos como os de Rouen, Châteaulin e tantos outros.

Dezenove padres se passam para o Terceiro Estado, entre eles o abade Grégoire, da Lorena, autor da *Regeneração Física e Moral dos Judeus* e uma das maiores figuras da Revolução. Futuro presidente da Assembleia Constituinte, jansenista, muito culto e reorganizador da instrução pública, Grégoire será o chefe da Igreja Constitucional. (A ultradireita o detestava; na Restauração será excluído da vida pública).

A ASSEMBLEIA NACIONAL

A 17 de junho de 1789, sob a presidência do astrônomo Bailly e por proposta de Sieyès, a Câmara do Terceiro Estado se proclama Assembleia Nacional: um xeque-mate é armado contra o rei, pois os insurgentes ameaçam o não-pagamento de impostos e do serviço da dívida pública caso o rei e a aristocracia não aceitem seus projetos.

Finalmente, a 19 de junho o Clero, por 149 a 137 votos, reúne-se ao Terceiro Estado. A Nobreza se fecha em suas posições e reage, aproximando-se de Luís que, por meio de seu ministro Necker, propõe um plano de reformas, reiterando entretanto, o *voto por cabeça* (contra a Nobreza), igualdade nos impostos, abertura das carreiras públicas para todos, estabelecimento de uma Câmara alta e – mais grave ainda – poder executivo do rei com direito de veto. Impasse, novamente...

Mas Luís XVI tenta anular as deliberações do Terceiro Estado e bloqueia o acesso à sala de reuniões. Alguns deputados pensam em se dirigir a Paris, mas acabam todos optando pela ampla sala do "Jeu de Paume" para reunião. Sob a presidência de Bailly, em pé numa mesa, e por inspiração de Mounier (deputado do mesmo Dauphiné, que enfrentara Brienne em julho do ano anterior), os deputados resolvem reafirmar-se como Assembleia Nacional – onde quer que se reúnam – com vistas à elaboração da Constituição do Reino que opere a "regeneração da ordem pública" e a manutenção dos "verdadeiros princípios da monarquia". Prometendo que os membros da Assembleia "jamais se separariam" e se reuniriam "onde quer que as circunstâncias exigissem" para elaborar uma Constituição solidamente fundamentada, quase todos os deputados assinam o documento encabeçado por Bailly.

Foi um "ato pontual, acontecimento curto, inscrito num minuto passageiro", como escreveu Jean Starobinski em seu belo livro *1789, os Emblemas da Razão*. "Ele envolve um porvir e funde energias que, sem ele, se dispersariam", fazendo notar o estudioso dos sistemas de signos que "os anos de 1789 e 1790 se caracterizaram por grandes juramentos – em oposição à festa aristocrática, perdida numa profusão vertiginosa". Uma profusão de juramentos que incluí o de George Washington à Constituição norte-americana a 30 de abril, o do Jeu de Paume, os das Guardas Nacionais e, em 1790, o Juramento da Constituição Civil do Clero e da Festa da Federação de 14 de julho. Além de incontáveis casamentos no altar da pátria, para "conjugar duas fidelidades, a do casal e a do cidadão"[25]. Juramentos como aquele que o líder Domingos José Martins faria na Recife revolucionária de 1817 em seu casamento laico e republicano com a filha do comerciante Bento José da Costa, já com seus cabelos "cortados à romana"...Grandes juramentos, novos contratos, alianças e metáforas.

Aprofundando o impasse, o Conselho do Rei, afinal, rejeita o plano de Necker a 21 de junho. Uma reunião dos Estados Gerais estava programada para o dia 23, mas a Assembleia Nacional se reúne na igreja São Luís. Agora ela já se compõe de mais de 150 membros do Clero e apenas dois nobres, além dos deputados do Terceiro Estado.

A Coroa está sem saída política. Resta a militar: nesse sentido, Luís XVI começa a mobilizar os regimentos suíços estacionados na França, que cercam Versalhes.

A 23 de junho, em sessão real, Luís fecha suas posições, anulando as decisões do Terceiro Estado, definindo o voto por cabeça em matérias de interesse geral e voto por Ordem em matérias "reservadas" (em suma, as antigas prerrogativas). Com os ministros divididos e Necker ausente, o rei em seguida ameaça os deputados, ordenando que se separassem e se reencontrassem no dia seguinte nas salas designadas para cada Ordem. A Nobreza e uma parte do Clero se retiram, mas o Terceiro Estado permanece firme.

O mestre de cerimônias, o marquês de Dreux-Brézé, repete as determinações do rei, mas a voz de Bailly se sobrepõe: "A Nação reunida não pode receber ordens!".

Mirabeau desafia: "Estamos aqui pela vontade do povo e só deixaremos nossos lugares pela força das baionetas!"

As tropas do corpo de Guarda já adentravam no salão para dispersar os sediciosos quando La Fayette, La Rochefoucauld e outros nobres liberais interceptam-lhe o caminho. Luís XVI, sem outro recurso, e não querendo – ou não podendo – ferir a nobreza, balbucia a célebre frase: – Eh bien foutre! Qu'ils restent![26].

A 24 de junho, a maior parte do Clero se passa para o Terceiro Estado, a 25 de junho 47 deputados da Nobreza – inclusive o duque de Orléans – aderem à maioria. No dia 26, em reunião do Conselho Real, Luís reconhece que é impossível resistir aos deputados sediciosos. No dia seguinte, enquanto mobiliza tropas em torno de Versalhes

---

25. Jean Starobinski, *1789. Les Emblèmes de la raison*, p. 65-67.
26. "Então, fodam-se! Que eles fiquem!".

e de Paris, ele – a conselho de Necker – ordena ao Clero e à Nobreza que se juntem ao Terceiro Estado.

As deserções, porém, começam a ocorrer nas tropas reais da Guarda francesa – inclusive nas que reprimiram o motim da fábrica Réveillon. Em certos casos mais públicos, ganham o aplauso da massa. Há prisões de desertores, mas a 30 de junho são libertados à força por populares: hussardos e dragões, encarregados de controlar a situação, aderem também, aos brados de "Vive la Nation!...".

Enquanto isso, o rei continua mobilizando mais tropas (cerca de trinta mil homens) em Paris e Versalhes, "para manter a ordem". A 8 de julho, a Assembleia Nacional, por proposta de Mirabeau, pede ao rei para afastar as tropas estrangeiras da região de Paris.

A Assembleia permanece nesses dias vigilante em relação aos movimentos de tropas e ativa quanto a seu objetivo, a redação de uma Carta Constitucional. Assim, a 7 de julho os deputados nomeiam uma comissão de trinta membros para a elaboração do projeto. A 9 de julho, autoproclama-se Assembleia Constituinte.

Luís XVI.

O 14 de julho. A Assembleia Nacional se proclama Assembleia Nacional Constituinte a 9 de julho de 1789. A 14 de julho, porém, os defensores da Bastilha (82 inválidos e 32 soldados suíços, abrem fogo contra os sitiadores, por ordem do governador. Às dezessete horas, a Bastilha capitula, após a invasão da massa (uma centena de mortos e 73 feridos). O governador Launay, preso, é massacrado no caminho para o Hôtel de Ville (a prefeitura), tendo sua cabeça carregada na ponta de um espeto.

2. O Período da Assembleia Nacional Constituinte

9 de julho de 1789
a 30 de setembro de 1791

NO CAMINHO DA REVOLUÇÃO

Dissimuladamente, Luís XVI trabalhou habilmente no sentido de ganhar tempo, respondendo aos líderes dos "patriotas" (o termo já se consagrara, em oposição aos "aristocratas") que os regimentos suíços e alemães a serviço do rei eram "para proteger a Assembleia". Mas que seriam deslocadas para Soissons.

A Corte, entretanto, dividia-se quanto à fragilidade que o monarca revelara no embate público com os deputados. A partir de então, os boatos adquirem maior dimensão, e o perigo do projetado golpe na Assembleia torna-se iminente.

Mobilizam-se duas forças em confronto: o rei, com as tropas; e os líderes da Assembleia Constituinte, com a massa popular de Paris. A demissão de Necker, figura de grande popularidade, revela a radicalização da Coroa. Substituindo Necker – que foge para a Suíça – pelo barão de Breteuil e nomeando o marechal de Broglie para o comando superior do Exército, detona-se o conflito. Nesse dia, o general La Fayette apresentava à Assembleia o projeto de Declaração de Direitos do Homem que escrevera com o embaixador dos Estados Unidos em Paris, Jefferson, o autor da Declaração de Virgínia.

Às nove horas do dia 12 de julho – segundo Godechot – os boatos da demissão de Necker tomaram conta de Paris.

– É o alarme para uma "noite de São Bartolomeu" dos patriotas, denuncia o jornalista Desmoulins nos jardins do Palais-Royal, dirigindo-se à massa e chamando-a às armas contra o governo.

Agitação e comícios nas ruas da cidade e no jardim da Tulherias, passeatas em que se carregavam os bustos de Necker e do duque de Orléans. Um regimento alemão de cavalaria da tropa ataca a multidão nas Tulherias, com feridos "e talvez um morto" (segundo ainda Godechot). À noite, ordena-se a intervenção das tropas reunidas no Campo de Marte, sob o comando do suíço Besenval, mas... quando chegam às dez horas da noite nos Champs-Elysées, os populares já haviam desaparecido. Há deserções na tropa, fato que, somado à irresolução da Corte, alimenta os ânimos da população disposta a resistir. Em Paris, não se dormiu naquela noite.

Durante a madrugada do dia 13, põe-se fogo em quarenta das 54 barreiras de controle de acesso a Paris, em protesto contra o alto preço dos cereais. Ao amanhecer, populares pilham o convento de São Lázaro onde, pelos boatos, os cereais seriam armazenados.

Lojas e coleções de armas são pilhadas e sucedem-se mais deserções na tropa francesa no correr do dia. Os "eleitores" de Paris – que em 2º grau elegeram os deputados do Terceiro Estado – com o apoio dos banqueiros Delessert e Boscary, criam na prefeitura um "Comitê Permanente" denominado "municipalidade insurrecional", uma mi-

Na noite de 20 de junho de 1791, a família real tenta deixar Paris clandestinamente, com passaportes falsos e vestindo hábitos burgueses, mas é reconhecida e detida em Varennes-en-Argonne.

lícia burguesa de 48 mil homens. Seu símbolo: uma cocarda com as cores azul e branco, as cores de Paris.

Às cinco horas da tarde, um grupo do Comitê Permanente de "eleitores" pede ao governador armas do Hôtel des Invalides, ali guardadas, no que são repelidos. No dia seguinte...

O 14 DE JULHO: A LUTA ARMADA

Começa com a pilhagem do *des Invalides* às oito horas por uma enorme massa – quarenta ou cinquenta mil pessoas, estima Godechot. Os canhões lá existentes não são usados contra os revoltosos.

Não longe daí, sob o comando de Besenval, tropas de infantaria, artilharia e cavalaria se mobilizam no Campo de Marte. Besenval reúne seus comandantes para certificar-se de que os "seus soldados marchariam contra os amotinados". Unanimemente, eles respondem que não. "É o acontecimento capital do dia", sublinha Godechot.

A massa toma o Invalides, apropria-se de trinta mil a quarenta mil fuzis, doze peças de canhão e um morteiro. Para obter as balas e a pólvora, a milícia burguesa, guardas franceses e artesãos do Faubourg

Saint-Antoine dirigem-se ao castelo da Bastilha onde – imagina-se – conseguiriam esse material bélico.

O castelo servia como prisão do Estado, desde os tempos do ministro Richelieu (início do século XVII) e simbolizava o despotismo. Com poucos prisioneiros, era ocupada por 32 guardas suíços e 82 inválidos. Mas – note-se – entre os prisioneiros estavam o mercador Flesselles, o conselheiro de Estado Foulon e seu genro, o intendente Berthier, um repressor duro à "guerra das farinhas", que serão enforcados na Praça da Greve na semana seguinte.

Reunidos na prefeitura, os "eleitores" de Paris enviam, às 10h30, ao governador do castelo, uma delegação para que este forneça a pólvora e as balas para a milícia burguesa. Os delegados são bem recebidos, convidados a almoçar, mas... nada de munição. Às 11h30, outra delegação, dirigida por Thuriot e Ethis de Corny: idêntico resultado.

A essa altura, a massa já começava a se aglomerar na Bastilha, armada de fuzis pilhados no Invalides. Numa frase cheia de sentidos, narra o historiador de Toulouse:

– La foule s'amasse devant la Bastille[1].

Às 13h30, por determinação de Launay, os defensores da Bastilha disparam contra a multidão. Às catorze horas, uma nova delegação dirige-se à Bastilha, com a presença do abade Fauchet. Às quinze horas, uma terceira delegação se encontra com Launay, mas já é muito tarde: o conflito tornara-se total.

Às 15h30, um fato surpreende a todos: Hulin, um sargento da Guarda suíça, surge à frente de 61 soldados franceses e assesta os cinco canhões, que roubara naquela manhã aos Invalides, contra os portões e pontes levadiças da Bastilha.

A Bastilha cai às dezessete horas. A munição é apreendida e a guarnição da fortaleza é conduzida à prefeitura. No caminho Launay é massacrado e sua cabeça cortada. Os acusados de esconderem cereais e armas são enforcados nos postes e a massa desfila suas cabeças em espetos. Muitos dos inválidos também são mortos. Do lado dos revolucionários, registram-se cerca de uma centena de mortos e 73 feridos.

Finalmente, um dado curioso. Às dezoito horas, o rei, em Versalhes, ignorando ainda a tomada da Bastilha, dera ordem para que as tropas deixassem Paris. Mas era tarde demais – para os Bourbons e para a aristocracia, embora não se possa dizer fosse demasiado cedo para os componentes do *Tiers*. A ordem de Luís XVI só chegaria às duas horas da madrugada às mãos do Comitê, na prefeitura, trazida por Dupont de Nemours, o discípulo de Quesnay, que terá papel importante nas reformas financeiras no período da Assembleia Constituinte.

---

1. "A massa se 'amassa' diante da Bastilha". Jacques Godechot, *La Révolution française*, p. 63.

NO(S) DIA(S) SEGUINTE(S)...

15 de julho, pela manhã, o rei não percebendo ainda a extensão do ocorrido, pergunta ao duque de La Rochefoucauld-Liancourt, que lhe falara dos acontecimentos do dia anterior ocorridos em Paris:
– Trata-se de uma revolta?
– Não, *sire*. Não é uma revolta, é uma revolução.

Pouco depois, ainda em Versalhes, Luís comparece à Assembleia Nacional, onde os deputados solicitam o afastamento das tropas e a indicação de Necker para as Finanças.

No começo da tarde, uma delegação da Assembleia em Versalhes se dirige à prefeitura de Paris, trazendo-lhe implicitamente o apoio dos deputados.

No dia 16, a Assembleia, inflamada com os acontecimentos, pede a demissão dos novos ministros e o retorno de Necker. Luís, pressionado, afasta as tropas de Paris.

No dia seguinte, Luís vê-se obrigado a visitar a nova municipalidade, acompanhado por 32 deputados e escoltado por alguns oficiais da Guarda.

> A comitiva passou pela praça de Luís xv, pela rua Saint-Honoré, a rua do Roule, todos os cais até o Hôtel de Ville; o caminho estava bloqueado dos dois lados por uma escolta da Guarda nacional, e ao longo de quase toda a extensão havia três, ou mesmo quatro fileiras de pessoas armadas de fuzis, espadas, lanças, facões, porretes etc.; viam-se mulheres, monges, capuchinhos com o fuzil no ombro",

segundo a memória do astrônomo Jean Sylvain Bailly, um homem já célebre àquela altura, que descreveu esse dia no *Journal des faits qui se sont passés sous mes yeux*[2].

Bailly – o novo prefeito, então com 54 anos – os recebe, mas a massa grita: *Vive la Nation!*, e só esporadicamente, *Vive le Roi!*.

Paris agora é dirigida pela nova municipalidade com uma Guarda nacional, em verdade uma milícia burguesa comandada por La Fayette. Como apontaram Tudesq-Rudel: "Paris dá o tom: a Revolução tomou um caráter 'municipal'".

O embaixador Jefferson escreveu ter visto naquele instante a "cena mais perigosa como jamais vira na América e nos cinco últimos dias". Com isso, comenta, os Estados Gerais puseram-se fora de qualquer ataque e adquiriram carta branca.

O rei perde poderes. Obrigado a aceitar Bailly e La Fayette – e ainda a receber constrangido das mãos do prefeito uma cocarda tricolor – o azul e o vermelho de Paris, o branco dos Bourbons –, nada mais lhe resta senão espetá-la em seu chapéu e balbuciar ("pois ele não tinha o hábito de improvisar", ironiza Godechot) sua aprovação às nomeações do astrônomo e do general.

2. V. documento em *1789*, de Soboul, p. 161-163.

Os deputados do *Tiers* e do baixo clero passam a dirigir os destinos da França. Começa a emigração – a fuga – de setores da aristocracia.

O GRANDE MEDO DE 1789

Em várias cidades, criam-se comitês permanentes para dirigir as novas prefeituras. A transição se fez sem violência em cidades em que os agentes da Coroa cederam o poder sem resistência, como em Tours, Nîmes e Montpellier. Houve cidades, entretanto, como Bordeaux, Caen e Estrasburgo, nas quais a tomada do poder deu-se com assalto e até pilhagem: em Bordeaux, tomou-se a bastilha local; em Estrasburgo, pilhou-se a prefeitura e a tropa não reagiu.

As notícias da capitulação do rei não chegaram de imediato a todas essas cidades, mas quando ocorreram, provocaram forte comoção na aristocracia que, percebendo o clima revolucionário, começa a emigrar, a exemplo do irmão do rei, o conde de Artois, e de Breteuil, Broglie, Polignac. Além do que, todos os intendentes da Coroa abandonam seus postos nas províncias (as denominadas *generalités*).

O levante de Paris repercute nos setores populares que por toda parte vivem a expectativa de reformas. "Patriotas" e milícias burguesas começam então a criar e assumir novas funções, derrubando antigas estruturas administrativas, ou acoplando-se às antigas.

No campo, o levante de Paris também provoca comoção violenta, pois os camponeses acreditavam que os senhores, em reação, recrutariam salteadores para esmagar Paris, num verdadeiro "complô aristocrático". Eram as vésperas da colheita e do recolhimento dos dízimos e dos direitos feudais.

A reação do camponês não é somente contra o proprietário nobre, mas também contra o comerciante, os coletores de impostos e até juízes. Só na região de Mâcon e Beaujolais, 72 castelos são queimados, inclusive com o objetivo de destruir as cartas e os títulos que estipulavam os direitos senhoriais sobre os trabalhadores.

A confusão é generalizada: o pânico se instala em cadeia, confundindo-se aqui uma tropa de carneiros por soldados em marcha (Champagne), ou ali monges mendicantes por bandidos a soldo do senhor para esmagar os camponeses (Ruffec, 28 de julho), e assim por diante.

George Lefebvre, em seu livro clássico de História social e das mentalidades, *O Grande Medo de 1789*, ao explicar as causas e níveis em que ocorreram fenômenos tão complexos entrelaçando pânico, revoltas populares, miséria, banditismo etc., anota:

> Para os contemporâneos perplexos, o Grande Medo apareceu como um mistério, e os que quiseram por todos os meios improvisar daí uma explicação, atribuíram-no a uma conspiração relacionada, de acordo com suas opiniões, ora à aristocracia, ora aos revolucionários. Como os seus benefícios mostraram-se a favor dos revolucionários, foi esta hipótese que manteve adeptos. (p. 21)

O fato é que no campo, pelo menos desde 1788, a atmosfera tornara-se revolucionária. Os camponeses armados e em pânico, põem-se em movimento e passam a exigir a destruição das *chartes* feudais, dos documentos que os mantinham naquela situação iníqua. Em casos de resistência, queimam os castelos e propriedades do senhoriato. O medo e a violência se generalizou. A repressão tornou-se impossível.

O 4 DE AGOSTO: O FIM DE UMA ÉPOCA

A Assembleia, sem saída, decide que os nobres "liberais" fariam a proposta de concessões aos camponeses. Na madrugada de 4 para 5 de agosto, liderados pelo duque de Noailles e pelo duque de Aiguillon, a nobreza e o clero, as províncias e as cidades abrem mão de seus privilégios. Era uma vitória decisiva da Constituinte, pois sossegara o campo e recuperara o prestígio dos revolucionários. Na prática decidira-se pela supressão das isenções fiscais (tornando, em tese, todos iguais perante a lei), dos direitos feudais e dos dízimos mediante indenização, e das corveias sem qualquer compensação.

Marcou-se – com grande repercussão internacional, a começar por Liège, que também se rebela – o fim de uma época. Mas, em verdade, apenas os direitos honoríficos – que nada custavam – foram abolidos. Os outros, reais, custariam algum preço, e o campesinato logo perceberia isso: a concepção burguesa de mundo, segundo a qual nada é de graça, começava a se desenhar na atuação da Constituinte.

Mas a consolidação do espírito da nova época aparece a 26 de agosto na Declaração dos Direitos do Homem e do Cidadão, com seus dezessete artigos e o famoso preâmbulo, que deveria preceder a Constituição. Sem especificar o regime – monarquia ou república – a Declaração se pretende a um só tempo universal (sem especificação regional ou nacional) e particular (no sentido de fundar as bases doutrinárias do direito individual).

A Declaração define a soberania da Nação como a instância máxima da nova escala de valores. A lei passa a ser a formalização da "vontade geral" (Rousseau). Mas o "direito de propriedade" inscreve-se entre os "direitos naturais imprescritíveis", o mesmo não ocorrendo com a igualdade... Os "homens nascem iguais" perante a lei, os impostos e os empregos. Tudo muito bem. Mas quem faz a lei? Essa questão seria a pedra-de-toque das lutas, das teorias e das frustrações posteriores. Das diferenças, enfim.

Concretamente, assinala-se na Declaração a necessidade da divisão de poderes para a garantia da ordem pública. O direito expresso de resistência à opressão se refere à "legalização", à legitimação da própria revolução de 14 de julho.

A repercussão da Declaração pode ser acompanhada de suas sucessivas traduções para outras línguas (desde 1789 até hoje), inclusive provocando que o Congresso norte-americano incluísse na Constituição de 1787 uma emenda à guisa de declaração, fixando rígidos princípios.

Finalmente, a Declaração deixa na sombra outros princípios, como a liberdade de associação, de culto, de domicílio, de ensino ou de indústria e comércio. E não inclui uma Declaração dos Deveres, como desejaria o rigoroso abade Grégoire.

AS FORÇAS DA CONSTITUINTE: TENDÊNCIAS

A Assembleia Constituinte não se comportava como um bloco coeso, e a própria Declaração sinaliza bem os limites da Revolução naquele momento. Note-se que a República não fora proclamada..., nem o rei sancionara a abolição dos direitos feudais. Há tentativas de deputados no sentido de adotar o modelo inglês de duas câmaras, à inglesa, o rei exercendo o direito de veto. Com efeito, a 11 de setembro, concede-se ao rei tal direito, porém durante duas legislaturas consecutivas (ou seja, quatro anos).

Na Corte, o astucioso Necker que retomara em triunfo suas funções de chefe do Conselho do Rei, não consegue apoio concreto (subscrição de dotações de particulares para o Estado), ou seja, empréstimos. Não podendo recolher impostos, perde força rapidamente.

Nesse momento, na Assembleia já se distinguem grupos ou facções, não se podendo entretanto defini-los como partidos no sentido contemporâneo: a facção dos Aristocratas, à extrema-direita, representados por personalidades como o abade Maury, 43 anos, membro da Academia Francesa e defensor dos privilégios do clero na reunião dos Estados Gerais. Defendiam a monarquia absoluta, associando-se à pequena nobreza da província, em que se sobressaía o orador Cazalès, 31 anos, filho de um conselheiro do Parlamento de Toulouse e defensor dos privilégios da nobreza nos Estados Gerais. E contando com o apoio de Luís XVI, cuja capacidade de opor uma resistência passiva aos acontecimentos revolucionários era imbatível, além da aliança natural com a Europa "branca", realista e aristocrática.

A outra facção era o partido nacional ou patriota, onde se vislumbravam as tendências seguintes:

À direita moderada, Mounier e Lally-Tollendal organizavam os "anglômanos", ou adeptos da monarquia "temperada", baseada na Câmara alta e no veto do rei. Eles seriam os defensores da "Revolução dos Notáveis". Mounier, adepto ao sistema bicameral, após as jornadas de outubro, se demite, volta para Grenoble, exilando-se meses depois.

À esquerda, afirmavam-se os Constitucionais, deputados defensores da Constituição, liderados por burgueses como Le Chapelier e Bailly, e contando com personalidades como os abades Sieyès e Talleyrand e o popular e moderado marquês de La Fayette. La Fayette de fato faz as pontes entre o rei e a Assembleia, o rei e o povo e, em parte, entre a Assembleia e o povo. Uma subfacção mais à esquerda, o Triunvirato, era composto pelo advogado Barnave, grande orador de Grenoble, por Charles de Lameth, que também lutara na América (tinha seu prestígio eclipsado por La Fayette) e Du Port, antigo conselheiro do Parlement de Paris. Críticos do bicameralismo acabaram por aderir ao "poder real forte" em 1791.

E, à extrema-esquerda, a facção radical de Robespierre, Pétion de Villeneuve (que será eleito prefeito de Paris em 1791 e primeiro presidente da Convenção republicana; ligou-se depois aos girondinos e, sendo proscrito, suicidou-se perto de Bordeaux) e do abade Grégoire, firmes democratas defensores do sufrágio universal e leitores de Rousseau.

Já o nobre antiaristocrático Mirabeau, personagem corajoso e ambíguo, patriota, genericamente "à gauche" e adepto de um poder executivo forte desejava construir um regime monárquico de tipo novo. Orador eloquente, enquadra-se mal em qualquer tentativa de classificação: morreria em 1791 talvez envenenado (o que não era raro na época), acusado de estar – como estava aliás – secretamente a serviço da Corte.

AS JORNADAS DE OUTUBRO

A crise econômica e social entretanto não fora debelada. A imprensa denunciava o não-sancionamento por Luís XVI dos decretos de agosto. A fome continuava, a evasão de capitais ampliava-se com os emigrados que deixavam a França, a indústria de luxo e o comércio se ressentiam, a taxa de desemprego aumentava.

Em Paris, paralelamente a uma Câmara Municipal ineficiente, atuavam sessenta distritos cujas assembleias organizadas à base de associações administravam cada bairro. O Palais-Royal era o centro nervoso da vida e militância política. Os publicistas – termo da época – atuavam na imprensa, destacando-se Jean-Paul Marat, que em setembro lança o jornal *L'Ami du peuple*, e Camile Desmoulins, ex--colega de Robespierre no Colégio Louis-le-Grand. Este, um advogado sem clientes, pois era gago.

Contra os cortesãos e o rei, que adiava o sancionamento dos decretos de agosto, Marat mobiliza o povo – deputados de esquerda, jornalistas parisienses, intelectuais da "baixa Ilustração", patriotas, militantes dos distritos – concentrando as forças da Revolução em Versalhes. A ideia era a de assegurar a Revolução, trazendo o rei para Paris, tirando-o do controle dos aristocratas e colocando-o sob a vigilância da Nação.

No fim de setembro (dia 22, 1789), a Assembleia finalmente vota o artigo da Constituição que define o regime e a forma de governo: decidiu-se pelo regime monárquico, "sendo o poder executivo delegado ao rei para ser exercido sob sua autoridade por seus ministros".

Mas eis que ocorre o incidente do banquete da Guarda real, em Versalhes, a 1º de outubro. Oficiais da Guarda do rei oferecem um banquete em homenagem ao regimento de Flandres, durante o qual, em presença da rainha, embalados por música e vinho, os oficiais pisoteiam a cocarda tricolor e ostentam a cocarda negra, cor de Maria Antonieta, "a Austríaca". A imprensa parisiense fervilha, noticiando o golpe iminente. Além disso, a fome grassa.

Com cerca de sete mil mulheres à frente, a massa parisiense se desloca a Versalhes em 5 de outubro, com o combatente de 14 de julho Maillard (e seu tambor) à frente, para exigir medidas contra a fome em Paris e obrigar o rei a assinar os decretos revolucionários de agosto e a Declaração dos Direitos. Um grupo é recebido na Assembleia Nacional; atendido depois pelo rei, que lhes promete resolver seus problemas.

A massa em alvoroço, entretanto, não se satisfaz. Um grupo enfurecido e esfomeado luta com a Guarda real de plantão e consegue penetrar na antecâmara da rainha. Mas a Guarda nacional, 20.000 homens sob o comando de La Fayette, deslocara-se na véspera para Versalhes conseguindo evacuar o palácio. Para evitar um massacre, o rei, a rainha e o delfim aparecem na sacada em companhia de La Fayette, onde o povo, ultrapassado o impasse, aclama o rei mas o obriga a mudar-se para Paris.

À PARIS: OS PRIMEIROS PASSOS DA CONSTITUINTE

A Assembleia se declara inseparável do rei. A comitiva põe-se em marcha às treze horas em direção a Paris, com a Guarda nacional puxando o cortejo, seguida de carroções de trigo e farinha, vigiados pelas mulheres, logo depois pela tropa e pela carruagem com a família real (La Fayette à porta) e, por fim, os deputados da Assembleia e a multidão. Todos escoltados pela Guarda nacional. Detalhe macabro: as cabeças dos Guardas reais mortos pela manhã acompanhavam o cortejo, espetadas em grandes lanças.

O rei, instalado nas Tulherias, está vigiado pelo povo de Paris. Preso, em realidade. A Assembleia e o Arcebispado também se transferem para a capital. A "revolução dos notáveis" fracassara: a 10 de outubro a Assembleia determina que Luís XVI passe a ser denominado de "Rei dos Franceses", em lugar de "Rei da França". A emigração de nobres recebe um novo impulso, a revolução popular um novo alento – inclusive com as notícias que chegam da Bélgica onde os deputados também avançam na instauração dos direitos fundamentais e, pouco depois na proclamação da independência e deposição de José II.

A ideia determinante entretanto é a de *regeneração*, o povo associado ao rei. Comenta Soboul que até o jornalista patriota Desmoulins se embalou nesse sonho e poucos resistiram a esse otimismo ingênuo, como Marat, que no n. 7 do *L'Ami du peuple* advertia:

> O pobre povo não morrerá mais de fome [...]. Mas essa felicidade se desvanecerá logo como um sonho se não fixarmos em nosso meio a residência da família real até que a Constituição esteja completamente consagrada. *L'Ami du peuple* participa da alegria de seus caros concidadãos, mas não se entregará ao sono [...][3].

Marat entende pois Luís XVI como refém, como aliado que era da aristocracia europeia e, em especial, do rei da Espanha Carlos IV, também Bourbon.

A partir de então, e até sua última sessão a 30 de setembro de 1791, a Assembleia Nacional passa a definir seu espaço em cada iniciativa. Desde julho de 1789 até setembro de 1791, a Constituinte dominará a cena política europeia. Sua obra: a liquidação final do Antigo Regime e a montagem do novo Estado francês, definido na Constituição de 1791. Uma obra de conciliação, afiançada por personalidades como La Fayette (homem de dois mundos e dois regimes), concluindo a passagem para a Monarquia Constitucional.

Mas também abrindo rupturas irreversíveis. Com apoio popular contra a monarquia absolutista e atenta à contrarrevolução, frações da classe burguesa consolidam sua força a 22 de outubro, decidindo dar o direito de voto apenas a "cidadãos ativos" – ou seja, aos que pagam uma certa contribuição direta, variável para cada região. Mais: deveriam ser maiores de 25 anos, e com um ano ao menos de residência. No campo, a maioria era "ativa", mas nas cidades os "passivos" alcançavam até 60% da população masculina.

OS AGENTES DA REVOLUÇÃO

Nessa época, muda-se de Versalhes para Paris o clube dos deputados bretões em Versalhes, instalando-se no Convento dos dominicanos (jacobinos) à rua Saint-Honoré. Ainda em outubro, na distante Córsega, um grupo de patriotas organiza, após um levante, a Guarda nacional em Ajaccio: é o grupo de um jovem tenente da artilharia, Napoleão Bonaparte... A França – metropolitana e colonial – começa a ferver.

As diversas forças – inclusive as da contrarrevolução – tomam corpo e buscam identidade. Não há segmento da sociedade francesa

---

3. Em *História da Revolução Francesa*, de Albert Soboul, p. 135. Consulte-se também a obra de Jean-Claude Hallé, *Histoire de la Révolution française*, especialmente as p. 197 e s.

que não se organize: nos clubes, na maçonaria, na Guarda nacional, no clero, todos procuram ganhar expressão pública. Portanto, na modelagem do "Nouveau Régime", não se imagine que era apenas na Assembleia que se decidia o grande jogo político. A tessitura do cotidiano, a vida urbana, ganhava nova dimensão nos bairros centrais de Paris, sobretudo no "Quartier des Cordeliers" – à volta da hoje *place Danton*, da rue de l'Ecole de Médicine e da rue de l'Odeon –, por onde circulavam comerciantes, sapateiros, o açougueiro Legendre, empregadas, jornalistas, poetas, advogados, alguns negros... Gente como Danton (com trinta anos em 1789), ou o pintor David (41 anos), ou o poeta e colaborador de Danton, Fabre d'Eglantine (39 anos) – que será guilhotinado em 1794 por suspeição em negociatas com a Companhia da Índias e de quem Robespierre (31 anos em 1789) diria ser "possuidor de muitos talentos e nenhuma alma"... Nessas ruas circulavam pessoas como o impressor Guillaume Brune, futuro marechal da França, nomeado por Napoleão. Ou a depois célebre revolucionária Théroigne de Méricourt (27 anos em 1789) – a "Amazona da Liberdade" – famosa por sua vida libertina e por atividades como líder de manifestações de mulheres em outubro de 1789 e junho de 1792, tendo sido açoitada publicamente por "tricoteuses robespierristes" e terminado seus dias na loucura.

Tais forças abrangem aproximadamente três milhões de *citoyens*: atuam nas quarenta mil *municipalités*, na Guarda nacional, na imprensa, nos clubes e estão presentes – muitas vezes à testa – nas "levées en masse". Em Paris, além das 65 lojas maçônicas já mencionadas, sociedades ou clubes, como o dos deputados bretões, começam a adquirir vulto, fazendo as pontes entre a massa e a Assembleia.

O clube do grupo bretão da Sociedade dos Amigos da Constituição, aberto a todos os patriotas e passando a ser conhecido como o Clube dos Jacobinos (no convento dominicano), instala-se em Paris em outubro de 1789. Aos deputados bretões se associam Robespierre, Sieyès, Barnave, Brissot, David, o escritor Condorcet. Neste, o recrutamento efetuava-se entre os cidadãos "actifs", ou seja, a taxa de participação custava caro, determinando uma apertada seleção social.

Em abril de 1790, forma-se o popular Clube dos Cordeliers no bairro das "Écoles" e o advogado Danton é sua figura mais proeminente, além do médico suíço Marat, do açougueiro Legendre e do jornalista Hébert. Em junho e julho de 1791, os "Cordeliers" de Paris proporiam o estabelecimento da República, juntamente com os jacobinos de Montpellier. Ainda em julho, os jacobinos de Paris se dividem quanto ao regime: a imensa maioria conservadora de seus deputados sai, para criar então o clube dos "Feuillants" (esse o nome do convento dos religiosos fueldenses; note-se que as ordens estavam suprimidas, os conventos eram livres e os bens do Clero tinham sido secularizados). Mais moderado, o grupo denominado Société de 1789, organiza-se em torno de figuras como La Fayette, Bailly, Sieyès, Talleyrand – que darão corpo ao Clube dos Feuillants.

É quando, a 24 de julho, Robespierre e uns poucos deputados "de gauche" reorganizam o Clube dos Jacobinos de Paris, ao qual a maioria dos das províncias permanecem fiéis. Os jacobinos ampliam-se nas províncias, alcançando, em 1790, cerca de 150 clubes e vários jornais.

A REAÇÃO

Os contrarrevolucionários, por seu lado, articulam-se desde os primeiros dias da Revolução. A fuga em 1789 do conde de Artois, irmão do rei, dera a medida da gravidade da situação. Em 1790 os contrarrevolucionários lograriam, por inspiração do Bourbon, reunir cerca de vinte mil inimigos da Revolução em Jalès (Ardèche), proclamando nulas as decisões da Constituinte. A defesa dos privilégios aliás não é exclusiva desse segmento da aristocracia: também os bispos e os membros afastados dos Parlements (a 3 de novembro de 1789) engrossavam a reação. No Midi, há reação contra protestantes e revolucionários, em Paris a aristocracia prega a violência, animada por Rivarol – mas a coesão é débil. A exemplo de Necker (em 1781), a Assembleia reaquece a ira popular contra a nobreza e o alto clero, ao publicar, a 1º de abril de 1790, o *Livro Vermelho das Pensões* que os cortesãos recebiam.

A Contra-Revolução seria nutrida ainda por padres "refratários" que não aceitaram o novo regime, aliás, majoritariamente. Com efeito, a Constituição Civil do Clero declarava os padres "funcionários públicos" e leais "à nação, à lei e ao rei" – abrindo o cisma na Igreja da França. E, no plano do publicismo, o duro ataque em 1790 do irlandês Edmund Burke, o autor das *Reflexões sobre a Revolução Francesa*, publicadas na Inglaterra e editadas em alemão, francês e italiano – obra que mereceria do inglês Thomas Paine uma resposta-defesa da Revolução, em seu *Os Direitos do Homem* (1791-92). Paine, perseguido pelo governo inglês, foge para a França, sendo proclamado *citoyen* francês.

A OBRA DA CONSTITUINTE

Não se esgotou na formulação de princípios gerais. Ao construir o novo regime, modelou o Estado nacional francês e desenhou a problemática da cidadania contemporânea.

No bojo da Constituinte a Revolução adquire contornos precisos ao definir, paulatina e inescapavelmente, em longas e tensas sessões de violentos debates e votações, seus princípios. Princípios formulados a partir de práticas sociais concretas, de intensas e violentas lutas e – o que mais importa – a partir de conflitos explícitos. Misturam-se, desse modo, as obras política, social, econômica, jurídica e internacional.

Mas o resultado é admirável, concreto, pois o crescendo político possui traduções nos outros planos. Assim é que, uma vez transferido com a família real a Paris, Luís XVI torna-se prisioneiro da Assembleia e, nas duas vezes em que tentou sair da Tulherias – para Saint-Cloud e a fuga de Varennes – a demonstração de força foi eloquente. Num primeiro momento, a Assembleia afirma-se "inseparável do rei" – que deverá jurar suas decisões. Ou seja, legitimar a Constituição. Além disso, ao declará-lo (a dez de outubro de 1789) o "rei dos franceses", elimina sua vinculação exclusiva com a aristocracia e com os cortesãos. De fato, após definir o poder aos "cidadãos ativos" (em 22 de outubro de 1789), a Assembleia esvazia gradualmente o poder dos Parlements até suprimi-los, criando uma nova divisão administrativa homogeneizadora para a França, os "Departamentos", administrados por um conselho geral eleito, com o poder central administrado por um procurador geral síndico, igualmente eleito (em 22 de dezembro de 1789), havendo ainda uma "municipalité" em cada cidade, burgo, paróquia ou comunidade (cerca de quarenta mil então), com eleições em todos os níveis.

Dada a grave situação econômica, a Constituinte decretava ainda que os bens do clero seriam usados para a Nação cobrir seu *deficit* público. Tais bens tornam-se bens nacionais, através de *assignats* – ou seja, dinheiro emitido por uma Caixa criada para receber o produto dos bens do clero (rapidamente depreciado por circunstâncias várias).

A supressão das ordens religiosas e a proibição dos votos monásticos abria um outro horizonte para a vida civil. A 13 de fevereiro de 1790, a Assembleia decreta que as leis e decretos por ela produzidos deveriam ser lidos e comentados pelos padres nas Igrejas, que se transformam em centros de debate político.

A Constituição Civil do Clero foi uma das obras mais radicais da Constituinte pois, sem ouvir o Papa, os deputados votaram as condições de subsistência do clero (desprovido dos dízimos e dos lucros que auferia) e reduziram o número de bispos e arcebispos. Os bispos e padres passam a ser eleitos por cidadãos "ativos" – inclusive por não-católicos. Mais: serão pagos pelo Estado. Sua fidelidade, agora, passa a ser à Constituição, à lei, à Nação e ao rei.

Abre-se aí o cisma de Paris com a Igreja de Pio VI, e a separação entre os que juraram a Constituição, os "jurados"(apenas sete em 83), e os "refratários" (majoritários).

Atos revolucionários definem as novas concepções do Estado nascente que a burguesia impunha, associada a frações da Nobreza esclarecida (Talleyrand, Condorcet, La Fayette, Sieyès e tantos outros). O "direito dos povos disporem de sí próprios" (30 de novembro de 1789); o direito de cidadania aos judeus, pelo qual o abade Grégoire tanto lutou; os direitos – em tese – dos negros nas colônias (todavia, só os filhos de negros livres poderiam participar das assembleias coloniais), contra o voto do realista Dupont de Nemours ("mais vale um princípio do que as colônias!"), a Declaração de Paz ao Mundo ("A Nação francesa [...] jamais empregará suas forças contra a liberdade de nenhum povo") etc.

A velha ordem estamental é abalada, entretanto, já nos decretos de 19 de junho de 1789, que abolem a nobreza hereditária e as ordens de cavalaria na França. E no de 2 de março de 1791, por proposta do deputado Allarde, estabelece-se a liberdade total do artesanato e da indústria – segundo Godechot, trata-se do "triunfo do liberalismo econômico no interior da França" embora ressalvando que as aduanas são mantidas.

Mas a obra burguesa máxima reside na votação da lei de Le Chapelier, de 14 de junho de 1791, consolidando a eliminação das corporações e reafirmando a proibição (anterior a 1789) de associações de trabalhadores e de greves: aboliam-se as prescrições feudais, mas se assegurava a subordinação do trabalho ao capital.

A Constituinte é mais ambígua entretanto quanto às colônias. Em 1789, reconhece o direito dos povos de disporem de si próprios, mas em 1790, por proposição de Barnave, deixa que as assembleias coloniais votem o tema da escravidão. Ora, os brancos se entendem, e o resultado era previsto: mas o fato é que, dessa forma, as colônias continuavam agregadas ao império francês.

Já em 1791, a Assembleia aprova o sistema do "exclusivo": comércio só com a metrópole, nada desprezível, pois alimentava a burguesia portuária de Nantes, Bordéus, La Rochelle etc, que negociava com café, açúcar, algodão e anil das Antilhas, além de escravos negros da África. Um número, apenas, para se avaliar o vulto dos negócios: já em 1768, o comércio de Bordéus fornecia às Antilhas um quarto da importação de escravos fornecidos por traficantes franceses...[4].

Não por acaso, essa burguesia pujante forneceu as lideranças para os adeptos mais ferrenhos da monarquia temperada e dos girondinos na Convenção. A região da Gironda... ah! a Gironda e os girondinos...

O ano de 1791, entretanto, iria assistir ao início da Revolução no império colonial francês. A 22 de agosto, em Saint-Domingue (hoje Haiti), os escravos deram início ao movimento de libertação, provocando a fuga dos brancos para os Estados Unidos. O mundo colonial francês, uma das bases do Antigo Regime, começava a ruir. Da crise, que abrangia o sistema como um todo, passava-se à Revolução, nos dois lados do Atlântico.

O ENCAMINHAMENTO POLÍTICO

La Fayette, embora para Tudesq-Rudel tenha sido o "sempre enfatuado" árbitro das situações, perseguido pela "indigência de seu

4. Cf. A. Soboul, *História da Revolução Francesa*, p. 36.

pensamento", em verdade esteve na encruzilhada dos acontecimentos que conduziram à monarquia constitucional. Chefe da Federação e comandante da Guarda nacional de Paris, militar respeitado, nobre liberal, preside a festa de 14 de julho de 1790 – a Festa da Federação – no Campo de Marte, em que Luís XVI presta juramento à Nação, na missa celebrada por Talleyrand – "o homem das mil máscaras", o mesmo Talleyrand que propusera a colocação dos bens do clero à disposição da nação.

Aquele era um passo decisivo rumo à constitucionalização da monarquia, num momento em que ainda muitos oficiais estavam presos ao absolutismo e o próprio Luís XVI ainda acreditava poder, com o apoio da Europa aristocrática e absolutista, impor suas regras aos deputados iracundos e ao povo sedicioso. O fato é que à festa de 14 de julho compareceram as 48 seções parisienses além de catorze mil representantes das províncias – sem distinção – para assistirem à missa em presença de trezentos padres com lenços tricolores, mais deputados, ministros e cerca de vinte mil pessoas. Missa da solenidade em que o rei juraria uma Constituição inacabada – sempre com um olho na reação, no Exterior, em seu irmão – o conde de Artois – ou na contrarrevolução do general Bouillé, ou na fuga...

Mas a demissão de Necker a 4 de setembro de 1790 e a morte de Mirabeau a 2 de abril de 1791 cortam os laços de Luís com a política dominante.

A Assembleia se radicaliza – o deputado Robespierre, de uma família da pequena nobreza togada de Arras, propõe, a 16 de maio, que os deputados não poderão se candidatar à próxima Assembleia Legislativa – pretendendo com isso afastar do jogo político La Fayette, Barnave e Lameth (o "triunvirato"), acusados de traidores por se conciliarem com o monarca. A conscrição livre de Guardas nacionais – os "voluntários nacionais" – passa a ser estimulada por decreto de junho. O exército revolucionário se amplia, sobretudo a infantaria. A Revolução monta suas bases – e a Contra-Revolução também, sobretudo em Coblenz, centro de aristocratas franceses emigrados.

IDEIAS DE REPÚBLICA

A tentativa de fuga da família real, em junho de 1791, organizada pelo jovem Fersen, coronel de um regimento francês, embora fosse suíço, e suposto amante de Maria Antonieta, deixa a população e a Assembleia em estado de guerra. A população desarmara a escolta de Luís XVI – disfarçado de *valet de chambre* (camareiro). Os patriotas percebem a dimensão do episódio, inclusive porque o conde da Provença – irmão de Luís XVI e futuro Luís XVIII – lograra fugir.

O general La Fayette, comandante da Guarda Nacional, na Festa da Federação, em 14 de julho de 1790.

Théroigne de Méricourt, uma das líderes revolucionárias da marcha de 5 de outubro de 1789 a Versalhes, à frente de quinze mil pessoas, a maioria mulheres. Atacada e humilhada, terminou seus dias na penumbra da loucura, em 1817 (abaixo).

Em Paris, a 24 de junho, uma petição dirigida à Assembleia com trinta mil assinaturas propõe a República. No dia seguinte, ocorre o ato forte: os deputados votam a suspensão do rei. Sua queda e sua morte não tardarão:

– Louis doit mourir, dirá Robespierre.

– Não se trata de julgá-lo mas de combatê-lo... Não se pode reinar inocentemente, comentará Saint-Just, o Arcanjo do Terror, na Convenção, a 13 de novembro de 1792.

A Contra-Revolução se arma, mas a Assembleia também se aparelha, notando que a oficialidade se inclina para a reação. Em contrapartida, motins na armada e levantes no exército ocorrem, sobretudo por problemas de soldo. O padrão revolucionário de recrutamento é mais aberto: por decreto, a Assembleia organiza, a 3 de julho, 26 mil voluntários nacionais, agrupados em companhias independentes, cujos oficiais e suboficiais são "eleitos" pela tropa. A mobilização torna-se forte: a 22 de julho o número de voluntários é de 97 mil e chega a 101 mil no mês seguinte. É a Nação em armas.

O CONFRONTO DE JULHO: "VAMOS CONCLUIR OU RECOMEÇAR A REVOLUÇÃO?"

Os Cordeliers elaboram, a 15 de julho, uma petição pela República, conduzem-na ao altar da Pátria erigido no Campo de Marte para as festas do segundo ano da Revolução. Há uma grande concentração de massa, que provoca temor na Assembleia: o prefeito Bailly impõe a lei marcial, autorizando atirar sobre a multidão. Não se movendo do lugar, a massa desafia.

O general La Fayette manda atirar, e a Guarda nacional deixa, nesse massacre, cerca de cinquenta mortos no Campo de Marte. O resultado para a ala moderada da Revolução foi desastroso: Bailly e La Fayette tornam-se inimigos da Revolução. A burguesia demonstrava nesse fuzilamento sua disposição de "congelar" a Revolução nesse ponto, criando até a ficção de que o rei fora "raptado", e absolvendo-o, sob a liderança de Barnave.

– Vamos concluir a Revolução, ou vamos recomeçá-la?, interpelam os jacobinos, desafiadoramente.

A Assembleia bloqueava o caminho à democracia. Lá, dois grupos se antagonizam: monarquistas e republicanos. O fosso entre moderados e revolucionários se aprofunda. Robespierre – que defendia a punição de Luís XVI pela tentativa de fuga – começa a reorganizar o Clube dos Jacobinos, abandonado pela grande maioria dos deputados que a ele pertenciam e que, amolecendo suas posições, passam para os moderados Feuillants – em sua maior parte da alta burguesia e nobreza, fiéis ao rei e à Constituição, ou seja, à Monarquia. Vencera a política do compromisso, com hegemonia da burguesia censitária.

A CONSTITUIÇÃO DE 1791 (DO HOMEM E DO CIDADÃO)

A 3 de setembro encerram-se os trabalhos sobre a Constituição, e a 13 o rei a aceita, jurando-a no dia seguinte. Moderada, a Constituição de 1791, precedida pela Declaração dos Direitos do Homem e do Cidadão (distinção curiosa), restaura os poderes do rei, facultando-lhe a escolha dos ministros fora da Assembleia, e prescrevendo uma Câmara única.

A eleição é *censitária* – os eleitores devem pagar uma certa quantia de impostos para terem o direito de votar – e o escrutínio em dois graus. No primeiro, os cidadãos ativos são eleitores, no segundo, só os mais ricos dentre eles elegerão os deputados, conselheiros e os juízes.

O resultado era cristalino, para a burguesia censitária, que dominava a Assembleia: somente sua relação com a realeza poderia conter a força da Contra-Revolução da Nobreza e, por outro lado, afrontar o vigor da revolta popular.

Estaria a Revolução acabada, como desejava a burguesia constituinte? Ledo engano. Esse equilíbrio era absolutamente instável, e a guerra já se desenhava nos horizontes – cultivada inclusive por setores da própria burguesia...

3. O Período da Assembleia Legislativa

1º de outubro de 1791
a 20 de setembro de 1792

AS TRÊS GUERRAS

No curto período da Assembleia Legislativa, a Revolução burguesa é atropelada pela Revolução democrática popular. No período da Constituinte, a Assembleia conseguira armar-se, tendo às suas ordens cerca de cem mil homens armados, mobilizados na Guarda nacional. Contra as tropas reais, contra a aristocracia e sem o apoio da massa popular. Mas a guerra externa obrigaria a apelar à mobilização do povo. O povo, entretanto, como observou Soboul, após destruir o privilégio do nascimento, não suportaria por muito tempo o do dinheiro.

Assim, a burguesia censitária, atenazada entre a reação aristocrática coordenada por Luís XVI e a massa popular, jogaria a França na guerra – a Corte e a facção de Brissot contra Robespierre e seu grupo. A guerra, porém, teve efeito inverso: deu novo impulso ao movimento popular, provocou a queda de Luís XVI e a derrubada da burguesia no poder.

Na verdade, ocorreram três guerras a um só tempo: guerra da Nação contra a Europa do Ancien Régime; guerra do Terceiro Estado contra a aristocracia; e guerra da massa popular contra a burguesia censitária. Vejamos.

O QUE ERA A ASSEMBLEIA NACIONAL LEGISLATIVA?

A Assembleia tornara-se a expressão do regime representativo. Nessa Monarquia Constitucional, obra da Revolução burguesa, o rei não era mais delegado de Deus na terra e o reino não era mais sua propriedade; seus honorários eram fixados pela Constituição, sua Casa Militar transformara-se numa Guarda Constitucional e poderia ser demitido de suas funções pela Assembleia em casos de recusa de juramento, de saída do reino (caso da fuga de Varennes) e de culpa de traição.

Contra o voto de Robespierre e dos democratas, a separação dos poderes foi adotada. O Executivo incumbia ao rei, que escolheria seis ministros de fora da Assembleia à qual deveriam prestar contas no fim da gestão. Reunia assim muitos poderes, inclusive o de nomear altos funcionários, diplomatas e declarar guerra – neste caso, com a aprovação da Assembleia Nacional. Mais: possuía o direito de veto suspensivo aos decretos da Assembleia durante duas legislaturas (quatro anos, portanto).

Na Assembleia Nacional, com 745 deputados eleitos por dois anos, as funções tornaram-se mais precisas que na Constituinte e as tendências políticas mais nítidas. Dentre as funções principais, ressaltavam a de fazer as leis da Nação, definir os impostos e controlar as finanças públicas. Não poderia ser dissolvida pelo rei, pois os deputados possuíam total imunidade parlamentar.

Como se analisou anteriormente, o sufrágio universal não foi adotado, pois a Constituinte dividiu os cidadãos segundo capacidades eleitorais diferenciadas (ativos, passivos, eleitores e elegíveis). Robespierre e o abade Grégoire lutaram contra essa discriminação, sem sucesso, mas tornaram-se populares. Nessa medida, a burguesia, os artesãos proprietários e os proprietários camponeses deslocaram os postos da aristocracia dominante do Antigo Regime.

Na nova Assembleia, entretanto, se descobria, como denunciou Robespierre, que Luís XVI polarizava um "partido poderoso e de grandes inteligências em nosso meio... e nada obstante todos ostentam a mesma máscara de patriotismo". Sua crescente popularidade em todo o território francês aumenta com a denúncia de ministros, sobretudo do triunvirato (Barnave, Duport, La Fayette) em suas concessões aos monarquistas. Antes, a 15 de julho, chegara a desaconselhar no Clube dos Jacobinos a manifestação popular prevista para o Campo de Marte, que acabou no massacre ordenado por La Fayette...

Agora, tratava-se de punir os responsáveis.

TENDÊNCIAS E PARTIDOS

Nesse clima, a luta política interna e externa acelera a definição dos "partidos" na Assembleia Nacional. No plano externo, a

Contrarrevolução ganhara alento com a declaração de Pillnitz (agosto de 1791), quando o rei da Prússia proclama o apoio dos monarcas europeus para o restabelecimento dos poderes de Luís XVI, pouco antes dele jurar a Constituição de 1791.

Tratava-se agora de uma Assembleia com novos homens, pois Robespierre propusera, na Constituinte, a proibição à reeleição para a Legislativa. Ocorre que a perseguição antirrepublicanista marcou as eleições primárias e os democratas, inibidos durante a campanha, não lograram grande número de representantes nas províncias, onde a burguesia opulenta se beneficiou do sistema censitário. Em Paris, mais livre, o movimento popular impôs mais deputados revolucionários.

Na nova Assembleia, onde predominavam deputados jovens e desconhecidos, de extração burguesa em geral, e muitos advogados, definiam-se três tendências:

À direita, os 264 monarquistas constitucionais (ou Feuillants), contra o Antigo Regime e contra a República. Estavam, entretanto, divididos entre os seguidores de Barnave, Duport e Lameth, o triunvirato, próximos da Corte; e os seguidores dos amigos de La Fayette, como Girardin (ex-protetor de Rousseau), Pastoret, o presidente da Legislativa, que se reuniam no *salon* de Madame de Staël, então amante do conde de Narbonne (ministro da Guerra de Luís XVI, para cuja ascensão – provisória – pediu cartas a Rochambeau, La Fayette e outros).

Em novembro de 1791, La Fayette sai candidato à prefeitura de Paris e perde para o jovem jacobino Jerôme Pétion. A facção de Lameth era apoiada pela Corte – por Maria Antonieta sobretudo. "Mesmo pelo excesso de mal, poderemos tirar partido, mais do que se pensa, de tudo isso".

No centro, os independentes, o pejorativo *Marais* – o "pântano" – que reunia cerca de trezentos deputados "constitucionais" oscilantes, sem liderança expressiva, incluindo vários bispos jurados. Sinceros revolucionários, "mas sem opinião precisa", segundo Albert Soboul. Em geral, votam com os jacobinos.

Na esquerda, a minoria dos 136 deputados jacobinos, em geral jovens com menos de quarenta anos. Oriundos da média burguesia, cultivados, sua maioria frequentava o Clube dos Jacobinos, mantendo contatos com a grande burguesia de negócios de Bordéus, Nantes, Marselha, Saint-Malô. Representavam os interesses dos compradores dos bens nacionais – a nova classe, nascida durante a Revolução – e vinculavam-se à tradição de Voltaire, o filósofo editado pelo filósofo Condorcet, deputado de Paris e um dos mentores intelectuais dos jacobinos. O outro mentor era o deputado por Paris e jornalista Brissot de Warville, filho de um cozinheiro de Chartres, defensor da democracia, porém político pouco escrupuloso – como constatou Marat. Essa tendência – dos Brissotins – era marcada pela atuação de grandes oradores – que reunia no *salon* da viúva Dodun, na Place Vendôme, seus amigos burgueses revolucionários –, como Vergniaud e Guadet, eleitos pelo departamento da Gironda, daí o apelido, depois, da tendência. Os deputados reuniam-se no *salon* de Madame Roland – "a alma da Gironda" – mulher influente e apaixonada, inclusive pela justiça, e casada com o medíocre Roland, antigo inspetor de manufaturas. Dentre eles, destaque-se Pétion, o novo e popular prefeito de Paris, o capitão e estrategista Lazare Carnot, velho conhecido de Robespierre em Arras, o banqueiro suíço refugiado Clavière, e poucos democratas que lograram ganhar a eleição, entre eles os "Cordeliers" Basire, Merlin de Thionville e Chabot – ex-monge capuchinho que se comprometera com Basire, o "indulgente dos indulgentes", em negociatas que os levariam à guilhotina em 1794.

No Clube dos Jacobinos a taxa era mais baixa, o que tornava suas assembleias mais populares, reuniões em que brilhavam a retórica de Brissot e de Robespierre, aquele pró-guerra, este pela paz externa. Clube que possuía ramificações pelo país, a favor da Revolução.

No Clube dos Cordeliers, o médico Marat e o advogado Danton açulavam a massa contra os inimigos da Revolução e contra Luís.

FORA DA ASSEMBLEIA

O movimento popular corria assim por fora da Assembleia, nas 48 seções administrativas de Paris, cujas assembleias gerais eram controladas pelos cidadãos ativos até julho de 1792 – quando a massa dos cidadãos passivos também passa a ter voz e vez.

As colheitas dos anos de 1789 e 1790 não foram más. A de 1791, entretanto, foi desastrosa, traduzindo-se logo no aumento do preço do pão e na queda do valor do *assignat*, o papel-moeda da Revolução. A partir de janeiro de 1792, ocorrem ataques às padarias, às mercearias e aos "monopolistas" de especiarias. As 48 seções são organizadas em municipalidades de bairro e os "cidadãos passivos" nelas passam a atuar diretamente. É a *sans-culotterie* que começa a se manifestar e a impor sua participação na vida política pública, na gestão do "bem comum". As ideias de igualdade ganham força e novos filósofos passam a ser publicados e lidos pelo mundo do trabalho.

QUE É UM *SANS-CULOTTE*?

"É um ser que anda sempre a pé [...] e que vive modestamente com sua mulher e seus filhos, se os tem, no quarto ou quinto andar".

Essa foi a resposta do *sans-culotte* Vinternier, em maio de 1793. Preso a 6 de abril de 1795 e interrogado sobre sua seção, afirma não existir outra seção "que a do povo e dos operários". Que faz um *sans-culotte*? Ele sabe "lavrar um campo, forjar, serrar, limar, cobrir um telhado, fazer sapato".

Os estudos de Albert Soboul sobre os *sans-culottes* no ano II revelam o mundo do trabalho em seus modos de vida e formas de pensamento. Tocando o ponto mais fundo da Revolução, em suas possibilidades e contradições, num de seus artigos mais agudos, "Problemas do Trabalho no Ano II"[1], o historiador indica, ao lado da consciência de diferenças de classe, a forte penetração no mundo do trabalho das concepções burguesas de mundo. "Mesmo quando estão em conflitos com eles, os companheiros dos pequenos negócios, formados nas escolas de mestres, vivendo muitas vezes sob seu teto e comendo à sua mesa, têm as mesmas concepções sobre os grandes problemas do tempo: a pequena burguesia influencia a mentalidade operária". Aqui a principal explicação do fracasso da Revolução popular de 1793/1794.

Apesar de discursos e manifestações mais radicais, o trabalho era concebido em função da propriedade. Nem mesmo a tão progressista Convenção Jacobina abriu as comportas para a revolução contra a propriedade: o medo da "lei agrária" atingia a todos, sobretudo quando defendida demagogicamente por Hébert no *Père Duchesne*: "Para matar de uma só vez a aristocracia da terra e do comércio, é necessário dividir todas as grandes fazendas em pequenas chácaras"[2].

O peso da concepção pequeno-burguesa sufocava qualquer transbordamento mais radical da *sans-culotterie*, até mesmo – ou, talvez, sobretudo – na moradia em que Robespierre alugava um quarto... Era a casa do marceneiro Duplay, cuja filha era casada com o convencional Lebas; Duplay – que também possuía casas alugadas – jamais permitiu que seus empregados se sentassem à sua mesa. E ser marceneiro ou carpinteiro era qualificação que definia sua condição de chefe da empresa.

"Povo" era termo pejorativo, naturalmente, para os outros segmentos sociais. O próprio Rousseau escrevera que nasceu "numa família onde seus meios o distinguiam do povo"[3]. E, se Pétion encontrara dificuldades em definir a *sans-culotterie* em abril de 1793, ("nela se identificam, todavia, os homens que não possuem nada, para os distinguir daqueles que possuem"), a razão é que alguns eram pequenos proprietários, como os artesãos (artistes) e os lojistas. Define-se ela em geral pela negação, numa simplista, radical e instintiva visão do que seja o "rico". Portanto, "a mais preciosa classe" da Nação, que Hébert adulava, estava longe de ser homogênea, muito distante de acompanhar Babeuf em 1795 e 1796 na sua guerra "dos pobres contra os ricos".

Seu contingente alcançava, em Paris de 1791, consideradas 41 das 48 seções, 75 mil pessoas – ou seja, trezentos mil com as famílias.

1. A. Soboul, *Camponeses, Sans-culottes e Jacobinos*. De onde são retirados os depoimentos aqui apresentados.
2. *Père Duchesne*, n. 35, citado por Soboul, op. cit., p. 137. *Père Duchesne* era um jornal radical que se caracterizava pelo linguajar popular e propositadamente grosseiro, ao utilizar-se de palavras de baixo calão.
3. A. Soboul, op. cit., p. 127.

A população total de Paris, recorde-se, era de cerca de seiscentos mil habitantes. Espalhados pela cidade, distribuíam-se por todas as seções, e não há relação entre grau de concentração e radicalidade. Tampouco foi o proletariado das fábricas o segmento mais radical das classes populares urbanas durante a Revolução. Os chefes de pequenas unidades artesanais e seus companheiros foram os pólos aglutinadores do mundo do trabalho.

Os dois bairros (faubourgs [bairros localizados fora dos muros da cidade]), Saint-Antoine e Saint-Marceau (respectivamente com 4.519 trabalhadores, [catorze em média por patrão]; e 5.577 e [vinte em média por patrão]) não contavam entre os mais densos, apesar de sediarem as mais famosas seções revolucionárias. "As grandes massas populares estão no coração da capital", conclui o historiador da *sans-culotterie*. As seções entre o Sena e os "boulevards" e até perto de Barrières alcançam 21.884 trabalhadores com fábricas que recrutam até trezentos operários, enquanto as seções do centro (Louvre, Oratoire, Halles) atingem 5.897 trabalhadores (cerca de vinte por patrão). Mas a dispersão e a variedade definiam o contingente heterogêneo do mundo do trabalho.

Atitudes políticas elementares caracterizam a ideologia *sans-culotte*. Reagem instintivamente à riqueza, à desonestidade (qualificavam os girondinos ironicamente de "pessoas honestas"...) e, em compensação, são tratados como "canalha". Claro está que por vezes são certeiros em sua atuação. Apenas um exemplo: o antigo colono em Saint-Domingue, Jean-François Rivoire, foi preso no 2 Germinal do ano II pelo Comitê Revolucionário da Seção de Mont-Blanc "por sua conduta política e por possuir dezesseis mil libras de rendas". Como podia? As pessoas não deveriam "viver de seus bens", de suas rendas, mas sim do trabalho.

O horizonte desse segmento da sociedade se resumiria, pois, numa série de medidas que, assegurando o trabalho independente, bloqueassem a concentração da propriedade e dos meios de produção. Daí a lei de fixação do *maximum* das fortunas.

A formulação mais concisa e articulada encontra-se por certo na mensagem à Convenção da Seção dos *sans-culottes* do ex-Jardin des Plantes, datada de 2 de setembro de 1793, redigida em pleno levante popular: que a Convenção assegurasse o direito à existência dos trabalhadores, definisse a propriedade pela "extensão das necessidades físicas e fixasse invariavelmente o preço dos produtos de primeira necessidade, os salários do trabalho, os rendimentos da indústria e os benefícios do comércio":

> Que o mesmo indivíduo não possa possuir senão um máximo; que ninguém possa autorizar a alugar mais terras do que são necessárias para uma quantidade determinada de charruas; que o mesmo cidadão só possa ter uma oficina, uma loja.

Tais medidas "fariam desaparecer pouco a pouco a enorme desigualdade das fortunas e crescer o número de proprietários"[4].

A GUERRA E O FIM DA MONARQUIA. BRISSOT *VS.* ROBESPIERRE

A *malaise* (mal-estar) social se agudiza e se expande pelas cidades e campos, ao mesmo tempo em que os conflitos entre a Assembleia e Luís XVI se intensificam. Notícias do mundo colonial, sobre a sublevação dos escravos negros de Saint-Domingue, agitam a opinião nos principais centros da metrópole. Pânico.

Desde outubro de 1791, o deputado Brissot vinha defendendo a declaração de guerra contra as potências que apoiavam os aristocratas emigrados contrarrevolucionários, para forçar a Corte a se desmascarar. Para esta, só a intervenção estrangeira brecaria a Revolução. Daí a convergência entre a facção de Brissot e a Corte, contra Robespierre e seu pequeno grupo. Para estes, a derrota seria o triunfo da contrarrevolução, e a vitória daria força ao exército para instalar um general no comando da Nação.

Em dezembro, Robespierre disparou uma série de discursos contra a conflagração, num ambiente tenso, pois houvera vingança a um patriota morto em Avignon, com o massacre de sessenta contrarrevolucionários.

E mais, a Assembleia se radicalizava. Em outubro e novembro de 1791, decretava que "Monsieur" (como se denominava o conde de Provença, o irmão do rei) regressasse em dois meses, sob pena de perder seus direitos à regência. E obrigava a todos os emigrados a voltar, sob pena de serem declarados "suspeitos de conjuração".

Em janeiro de 1792, radicaliza-se o confronto com Robespierre que, no Clube dos Jacobinos, apoiado pelos futuros *Montanheses*, critica o deputado Brissot. A crise financeira, por outro lado, leva a Assembleia a decretar, em benefício da Nação, o confisco dos bens dos emigrados. O quadro se completa com a crise ministerial provocada pela rainha Maria Antonieta que obriga Luís XVI a demitir o ministro da Guerra, Narbonne (amante de Madame de Staël e filho natural de Luís XV): criticara a política do rei, propondo o enxugamento da administração, da Corte sobretudo. A Assembleia manifesta apoio a Narbonne.

Mas Luís nomeia um ministério girondino, com os amigos de Brissot – que criticara a debilidade do governo em face da Áustria: Roland no Interior, o banqueiro Clavière nas Finanças e o general Dumouriez nos Assuntos Estrangeiros.

O quadro diplomático se complica com a morte, em Viena, a 3 de março, do imperador Leopoldo II, irmão de Maria Antonieta. Era um déspota esclarecido, mas seu filho, Francisco II, um inimigo da Revolução.

---

4. Idem, p. 137.

A GUERRA EUROPEIA (1792-1815): ENCRUZILHADA HISTÓRICA

O governo francês enviara, a 25 de março, um ultimato a Francisco II, exigindo extradição dos emigrados franceses. Sem obter resposta, a Assembleia Nacional propõe a Luís XVI que declare guerra, o que faz a 20 de abril, mas apenas ao rei da Boemia e Hungria – mantendo pois a paz com os alemães, na expectativa de neutralidade da Prússia.

Os deputados imaginam poder ganhar a guerra facilmente, subjugando a Corte; o rei e a Corte esperam que o exército imperial venha restaurar a monarquia – a exemplo dos Países Baixos (1787) e da Bélgica (1790). O fato é que a "liberal" Prússia associa-se à Áustria (por tratado de fevereiro de 1792), na figura do franco-maçom ilustrado duque de Brunswick.

Como assinala Godechot, a guerra declarada ao "rei da Boêmia e da Hungria", a 20 de abril de 1792, durará 23 anos, com curtas interrupções, até a queda final de Napoleão, a 22 de junho de 1815: "A revolução e a guerra, indissoluvelmente ligadas, irão transformar o mundo ocidental", pontua o historiador.

Na etapa que aqui nos interessa, nota-se que, na França, a guerra interessa a quase todos: aos girondinos de Brissot, ao rei, à recuperação do prestígio de La Fayette. Não a Robespierre, não à *sans-culotterie*.

No furor guerreiro, nasce o canto de guerra A Marselhesa, de autoria de Rouget de Lisle, em Estrasburgo – entoado pelos federados marselheses da Guarda nacional, que chegam a Paris a 10 de agosto. A desorganização e a indisciplina da tropa era grande, dada a emigração de chefes e as suspeitas de toda sorte – esperava-se trezentos mil guardas nacionais, e apenas 100 mil se apresentaram, o que provocou a carta violenta de La Fayette à Assembleia, denunciando as "intrigas dos jacobinos" e a indisciplina. Com efeito, Marat incitava os soldados a vigiar seus generais. O general Rochambeau fracassa no norte e a tropa massacra o general Dillon.

Os conflitos internos se complicam, com denúncia de que o rei e a rainha informaram os austríacos dos planos do exército francês. A Assembleia decreta, em maio, a deportação de padres refratários, o licenciamento de seis mil guardas constitucionais do rei hostis à Revolução e o acantonamento de tropas provinciais federadas (vinte mil soldados) em Paris para "manterem a ordem". Neste caso, revela-se a desconfiança com o crescente movimento popular em Paris – que provoca também o protesto a 8 de julho de oito mil cidadãos ativos de Paris.

Luís XVI opõe seu veto aos decretos da Assembleia. O ministro Roland protesta: "A pátria – escreve Roland a Luís XVI – é um ser que criamos com grandes esforços [...], que amamos mais pelo que custa do que pelo que dele se espera". É demitido com os outros ministros e substituído por Dumouriez e por políticos Feuillants.

Agosto de 1791. Insurreição de escravos negros na ilha de Saint-Domingue (Haiti).

Maximilien Robespierre (1758-1794), o "Incorruptível".

"O primeiro direito é o de existir. A primeira lei social é portanto aquela que garante a todos os membros da sociedade os meios de existir. Todas as outras devem a ela ser subordinadas".

"Não se pode querer uma revolução sem revolução!" – 2 de dezembro de 1792.

"Sou talhado para combater o crime, não para governá-lo" (trecho de discurso encontrado entre seus papéis, após sua execução) – 25 de outubro de 1792.

Jean-Baptiste Belley, deputado de Saint-Domingue à Convenção. (Óleo de Anne-Louis Girodet, 1797.)

O 10 de agosto de 1792. A família real é prisioneira. (Gérard, Louvre, Paris.)

O jovem Napoleão.

BEBENDO À SAÚDE DO POVO

O abismo entre a Corte e a massa parisiense se aprofunda: contra o veto real, a 20 de junho os *sans-culottes* do *faubourg* Saint-Antoine e do *faubourg* Saint-Marcel, liderados pelo açougueiro Santerre e pelo cambista Alexandre, vão à Assembleia e depois invadem o Palácio das Tulherias.

O objetivo é o de obrigar o rei a suspender o veto e a chamar de volta os ministros jacobinos. Das catorze às 22h ocupam os aposentos reais, constrangendo o rei a usar o barrete vermelho e a beber vinho à saúde do povo. Luís, entretanto, mantém o veto.

Os resultados do 20 de junho são nulos. Mas demonstram a fraqueza do rei – e da Assembleia. A *sans-culotterie* ganhava espaço, aproximava-se do poder.

A crise se aprofunda. A Assembleia, percebendo que perdera espaço, proíbe reuniões de cidadãos em armas – mas não tem poder para obrigar o cumprimento dessa determinação. La Fayette, deixando seu exército sem chefe no campo de batalha, vem à Assembleia, em Paris, a 27 de junho, sendo aplaudido – na verdade tenta um golpe da Guarda Nacional contra os jacobinos. Maria Antonieta, inimiga de La Fayette, percebera sua tentativa de golpe de Estado e advertira o prefeito Pétion, jacobino, que imediatamente suspendeu uma projetada revista das tropas de Guarda nacional. Ao voltar à sua tropa, seu prestígio havia desaparecido junto aos patriotas: brissotistas e robespierristas haviam se unido contra ele.

A Assembleia passa a perseguir os autores da invasão das Tulherias e, a 6 de julho, suspendem de suas funções o prefeito Pétion e o síndico Manuel.

A REVOLUÇÃO DE 1792

Ocorre que dias antes, Vergniaud propusera a deposição do rei, secundado por manifestações semelhantes que provinham da quase unanimidade das seções parisienses e de Montpellier, Marselha etc.

"É em nome do rei que a liberdade vem sendo atacada", advertia o deputado da Gironda, que aliás seria guilhotinado em outubro de 1793, na radicalização do processo revolucionário.

Com efeito, os príncipes franceses articulavam "contre la nation" todas as Cortes da Europa, advertia esse advogado de Bordéus, filho de uma família de comerciantes.

Mas eis que a 11 de julho, em face da ofensiva de tropas austríacas e prussianas, a Assembleia declara a "pátria em perigo". Nesse clima, aprova a 13 de julho a reintegração de Pétion e Manuel, legitimando em certa medida a invasão das Tulherias.

A explicação é que se aproximava o terceiro aniversário da Revolução. Com efeito, a 14 de julho reúnem-se no Campo de Marte cerca de quinhentas mil pessoas, entre "federados", participantes e observadores. O prefeito Pétion é aclamado, o rei ignorado. A "pátria em perigo" estimula a organização e a cristalização da ideia de nação. O rei aparece como traidor, e os federados, a 17 de julho, levam à Assembleia petição para que ele seja suspenso.

Notícias chegam sobre a ofensiva e ocupações dos austríacos no norte. O decreto da "Pátria em perigo" é lido na semana seguinte em todo o território e organiza-se o voluntariado: só em Paris, alistam-se quinze mil voluntários da pátria.

O jovem Napoleão Bonaparte, escrevendo a 22 de junho para seu irmão José, comentando o que se passava nas Tulherias, concluía que os últimos episódios alimentavam as "declarações aristocráticas dos Feuillants. Por outro lado [...] o que vem acontecendo é inconstitucional e muito perigoso exemplo. Muito difícil adivinhar em que se transformará o império, nesta circunstância tão tempestuosa"[5].

Nesse quadro, chega a Paris, a 28 de julho, o *Manifesto de Brunswick*, o comandante das forças austro-prussianas, na verdade redigido pelo marquês de Limon em associação com Maria Antonieta. Extremamente violento, acusa a Guarda nacional das ofensas a Luís XVI e adverte que se o palácio da Tulherias fosse invadido haveria a "execução militar e subversão total". E exige que "os parisienses se submetam imediatamente e incondicionalmente ao rei".

O PRIMEIRO TERROR (AGOSTO-SETEMBRO DE 1792)

Pânico, medo. Depois ira e desejo de vingança.

No dia seguinte, Robespierre exige a deposição de Luís. Tropas federadas continuam chegando a Paris, inclusive a dos Bretões e a dos Federados de Marselha, cantando o *Canto de Guerra do Exército do Reno*, a partir de então conhecido por *A Marselhesa*.

Paris estava assim ameaçada ao norte pela força da Europa do Antigo Regime e, ao mesmo tempo, por seus correspondentes nas Tulherias. Um quadro difícil: a Guarda nacional contra, os Girondinos em negociações secretas com o rei, o grupo de Robespierre e os Cordeliers liderando o movimento popular.

Na noite de 9 para 10 de agosto de 1792 instala-se a *Comuna Insurrecional*, organizada pelas sessões parisienses, tendo Pétion e Manuel à frente. A 10 de agosto, o comandante da Guarda nacional, o realista Mandat de Grancey, é preso e substituído por Santerre, e morto por um tiro ao ser conduzido preso à Abadia.

---

5. Octave Aubry, *Écrits de Napoléon*, p. 46.

A massa de federados, dos guardas nacionais e dos manifestantes dos bairros operários dirigem-se às Tulherias. Às 10h00, Luís passa em revista o regimento da Guarda nacional nas Tulherias – e percebe que não haveria defesa. Foge então para a Assembleia com a família.

Às 10h30, com os insurgentes forçando o palácio, começa a fuzilaria. O rei ordena tardiamente o cessar-fogo à Guarda suíça: o resultado é de cerca de mil feridos, quatrocentos deles deles do lado dos defensores das Tulherias – dentre eles nobres e militares. O saque se consuma.

Huguenin, o presidente da Comuna insurrecional, impõe à Assembleia – então com apenas cem deputados – a suspensão do rei e a convocação de uma Convenção eleita pelo sufrágio universal, em dois graus como na Legislativa, para dar uma nova Constituição à França. Ou seja, "assegurar a soberania do povo e o reino da liberdade e da igualdade", eliminando a distinção entre os *citoyens* ativos e passivos. (A notar a inspiração no modelo norte-americano, já no termo *Convention*).

Nesse dia – 10 de agosto de 1792 – estava deposta a Monarquia de mil anos e o poder passava, na capital do reino, para a Comuna de Paris.

A COMUNA NO PODER

A família real é instalada no Palácio de Luxemburgo e depois, a 13 de agosto, por exigência da Comuna, encarcerada na Torre do Templo.

A Assembleia, no vácuo do Executivo, designa um conselho provisório de seis ministros, com Danton na Justiça e Roland no Interior. Quanto ao conselho geral da Comuna, dentre seus 288 membros, havia um pequeno número de Girondinos (Pétion, entre eles) e futuros Montanheses, amigos de Robespierre.

A Assembleia, pressionada, toma uma série de medidas revolucionárias: convoca os eleitores para a eleição à Convenção; abaixa o limite de idade de 25 para 21 anos (para os candidatos permanece entretanto o critério dos 25 anos); autoriza as municipalidades a prenderem "suspeitos" de contrarrevolução (sem definir o termo); proíbe a circulação de jornais realistas; sequestra os bens dos emigrados; deporta os padres "refratários", obrigando o Clero a juramento de fidelidade à "Liberdade e Igualdade". As imagens do rei são proibidas nos documentos e emblemas oficiais. A 17 de agosto cria um tribunal criminal extraordinário para julgar os contrarrevolucionários do 10 de agosto.

A Revolução se expande e se aprofunda. Além de propor a mudança de denominação de *monsieur* a *citoyen* (numa tentativa de eliminar a distinção estamental), a Comuna envia Comissários aos departamentos para "a defesa da pátria". No Convento dos Jacobinos, discute-se a lei agrária e a distribuição das terras. No seminário de Saint-Sulpice, o superior Émery defende o novo juramento do Clero, mostrando não ser contrário aos cânones do Catolicismo.

Entrementes, o exército austríaco invade a França. La Fayette, comandante das forças do norte, mobiliza, sem sucesso, as tropas contra Paris para restabelecer o poder real. (Segundo Godechot, seria a primeira tentativa de "pronunciamento" na França). Fracassado o golpe, passa-se para o inimigo com 22 de seus oficiais, mas é preso: torna-se "traidor da Pátria" e prisioneiro de guerra, em duras condições, até 1797. Só voltaria à França após o golpe de Napoleão (1799), mas não se ligaria a ele, e teria ainda um papel após a Restauração. "Uma vida excepcional, um caráter talvez nem tanto", segundo o historiador Hallé[6].

La Fayette é substituído pelo general Dumouriez – o tortuoso, oportunista e hábil agente secreto do Antigo Regime, depois Girondino, em seguida Jacobino e futuro conselheiro de Wellington na invasão da França. Na verdade, um "dumouriezista", segundo Hallé. Nessa altura, as tropas austro-prussianas, engrossadas por vinte mil emigrados, tomam Longwy e Verdun, avançando em direção a Paris.

A CONTRA-REVOLUÇÃO ESMAGADA. AFIRMAÇÃO DE DANTON

Além do ataque pelo norte, nascia em agosto o movimento realista de Jean Cottereau – "Jean Chouan", a "Chouanerie" – e crescia o medo das ameaças de Brunswick. Em Paris, fala-se de um levante de prisioneiros e de "suspeitos" para massacrar os patriotas quando as tropas invasoras chegassem a Paris. Marat, na Comuna, critica o Tribunal revolucionário, "lento e indulgente".

Nesses dias, Danton se afirma como líder revolucionário e popular. Contra o pânico e as propostas de retirada de Paris, envia comissários aos departamentos, no interior, e propõe, na Assembleia, ao som do sino: "Para vencer os inimigos da Pátria, senhores, é necessário audácia, mais audácia, sempre audácia!".

A dualidade de poderes (Assembleia *versus* Comuna) está definida enquanto, já em território francês, o inimigo se aproxima.

O ministro Roland declara, na Assembleia, que a Comuna é ilegal, votando sua dissolução. Mas ela é débil, e a Comuna resiste. De um lado, os Rolandinos, ou Girondinos; do lado da Comuna, os Jacobinos. É nesse contexto que Danton, para amedrontar a Assembleia, fecha os olhos à violência, deixando ao Comitê de Vigilância da Comuna comandar o massacre dos prisioneiros suspeitos, após um simulacro

---

6. Jean-Claude Hallé, *Historie de la Révolution française*, p. 52. V. também p. 53-54 e seus traços biográficos à p. 19.

de julgamento. De fato, os massacres de setembro visavam a liquidar os contrarrevolucionários antes da iminente invasão de Paris. Não há dúvida que a Marat e a Fréron e seus jornais (*O Amigo do Povo* e *O Orador do Povo*) muito se deve. E assim foram mortas mais de 1.200 pessoas

nas prisões da abadia de Saint-Germain, no Carmo, na Conciergérie, no Châtelet, na Salpêtrière; mais de duzentos eclesiásticos, cerca de cem aristocratas e trinta mulheres entre as vítimas; uma delas era a princesa de Lamballe, amiga da rainha, cuja cabeça circulou por Paris na ponta de uma lança[7].

Tomada pelo pânico, a Assembleia perdera o controle da situação. No interior, insuflado por Marat, as cenas de violência se repetiam: em Versalhes, Reims, em Meaux, em Lyon.

Danton apenas protege e salva Brissot e os Girondinos – e também Duport e Lameth. A 5 de setembro, terminam as execuções populares. Segundo Godechot, foram mortas 1.300 pessoas, ou seja, a metade dos prisioneiros. Só na região parisiense, no vale do Ródano e na Provença, cerca de 244 pessoas. Os responsáveis? Os membros da Comuna e Danton.

Em qualquer hipótese, a França estava irrevogavelmente dividida entre Girondinos e Jacobinos, entre Paris e a província. Mais grave que a guerra externa, a guerra interna rachara a Revolução ao meio.

VALMY: 20 DE SETEMBRO DE 1792. GOETHE PRESENTE.

Os prussianos prosseguiam a invasão pela Lorena e por Champagne. Na fronteira, as tropas patriotas de Dumouriez, de Kellermann e de Beurnonville movimentam-se para arrostar a ofensiva estrangeira. Duas cidades resistem: Metz e Thionville.

Dumouriez, comandante geral, monta sua linha de defesa em Argonne, região de florestas e pântanos. Atacado por Brunswick a 14 de setembro, recua sua tropa de 47 mil soldados para o planalto de Valmy. Numa junção de forças dos três comandantes vindas de Sedan, Metz e de Lille, a superioridade sobre os 34 mil prussianos é patente. A 20 de setembro, ocorre um duelo de fuzilaria e um canhoneio brutal em que a nova artilharia de Gribeauval, aos gritos de *Vive la Nation!* e ao som da *Marselhesa*, se destaca.

A surpreendente retirada das tropas de Brunswick encerra a guerra, deixando no campo trezentos mortos franceses e 184 prussianos. Como escreveu Goethe, autor da *Campanha na França* e observador de Valmy: "Aqui e neste dia, inicia-se uma nova era na História do mundo".

7. A. J. Tudesq e J. Rudel, *1789-1848*, p. 88.

Qual a explicação da estranha retirada? Goethe, de fato, notara que o melhor exército do Antigo Regime europeu recuara – sem perseguição, note-se – ante os jovens soldados da Revolução. Mas talvez houvesse outras explicações, como o péssimo estado das tropas prussianas e o mau tempo.

Ou a hipótese de que o oportunista Brunswick tenha sido subornado com os diamantes da Coroa, roubada em Paris no dia 16 de setembro. Um detalhe apenas: quando, em 1806, o duque de Brunswick morre, encontram-se nos cofres desse homem, considerado como um dos mais ricos da Europa, cerca de 2.400 joias, entre elas o Diamante Azul e o Tosão de Ouro, roubados de Maria Antonieta. Qual o papel efetivo do depois "indulgente" Danton, do intermediário Carra – amigo de Brunswick, próximo da Gironda e inimigo dos Jacobinos – e Dumouriez, todos franco-maçons? Como se sabe, Robespierre enviará os dois primeiros à guilhotina em 1793 e 1794.

PREPARANDO A CONVENÇÃO

Nesse mesmo mês de setembro, Robespierre, Danton e Marat foram eleitos deputados à Convenção, por Paris. A Assembleia Legislativa se esgotara. No mesmo dia da vitória de Valmy, encerrava ela seus trabalhos, decretando antes, porém, a renovação da Comuna de Paris. E também – ato revolucionário – que o estado civil laico seria adotado e administrado pelas municipalidades, autorizando ainda o divórcio, fundamental para uma revisão mais avançada no contrato entre homem e mulher em suas perigosas *liaisons* (ligações).

Esgotara-se o tempo da Assembleia Legislativa. O rei estava preso, a Comuna de Paris oficializada, a contrarrevolução derrotada. No apagar das luzes, a Legislativa oferecera a nacionalidade francesa a várias personalidades célebres, inclusive Washington, Schiller e Thomas Paine.

Os deputados eleitos à Convenção fazem ainda, a 20 de setembro de 1792, sua primeira reunião, elegendo a mesa diretora, de Girondinos. Na presidência, Jerôme Pétion (1756-1794) – de início robespierrista que se sentava "à esquerda" nos Estados Gerais e cultivava – digamos – atitudes populares, mas já agora um partidário dos Girondinos.

"Nascido com uma alma sensível, imaginação de ferro, caráter buliçoso, espírito reto, eu creio ter esgotado quase todas as combinações do espírito humano sobre a moral, a filosofia e a política". Jean Paul Marat, médico e publicista, diretor do jornal O Amigo do Povo.

4. A Convenção Nacional

21 de setembro de 1792
a 27 de outubro de 1795

    A 21 de setembro de 1792, na Sala do Manège, a Convenção substituiu a Assembleia Legislativa e declarou, por proposta do abade Grégoire e de Collot d'Herbois, a abolição da monarquia e proclamou a República.
    Inaugurava-se a Primeira República Francesa, que duraria até 1804, quando Napoleão I se promoveu imperador. Por indicação de Danton e Couthon, a Convenção decide ainda que a nova Constituição deveria ser ratificada em assembleias primárias, por sufrágio universal masculino – a exemplo do Estado norte-americano de Massachusetts.
    No período da Convenção (1792-1795), a Revolução se aprofunda na França. No plano externo, articula-se uma Primeira Coalizão europeia contra a Revolução. A radicalização do processo revolucionário se deve em larga medida à forte reação contrarrevolucionária. Nele, distinguem-se três momentos distintos:

- Convenção *Girondina* (21-09-1792 a 02-06-1793);
- Convenção *Jacobina* (02-06-1793 a 28-07-1794);
- Convenção *Termidoriana* (28-07-1794 a 27-10-1795).

    Na primeira, ocorreu o fracasso do projeto burguês liberal; na segunda, a vitória do movimento popular e a reação a ele; na terceira, a vitória da reação burguesa e o esmagamento do movimento popular. Vejamos, pois, "como se passa uma Revolução"... e quais seus limites.

A CONVENÇÃO GIRONDINA
(21 DE SETEMBRO DE 1792 A 2 DE JUNHO DE 1793):
O PROJETO BURGUÊS LIBERAL E SEU FRACASSO

– Abjuremos aqui os exageros... Não pode haver constituição que não seja aceita pelo povo. As pessoas e as propriedades são a salvaguarda da nação!

Com essas palavras pronunciadas já a 21 de setembro em sessão pública na Convenção, George Danton arengava os deputados, acalmando os proprietários e os liberais. Afastava-se assim, também, a ameaça da ditadura e da temida "lei agrária".

Mas a República, como o reino, não era "una e indivisível"... Apesar dos esforços de Danton e da proposta aprovada de Billaud-Varenne para contar-se a partir de 22 de setembro o "Ano I da República Francesa", o país estava longe de ser homogêneo, sob qualquer ponto de vista.

GIRONDINOS, MONTANHESES E... O "MARAIS"

Já na eleição dos 749 deputados para a Convenção, a abstenção fora grande, não refletindo seus membros o conjunto das opiniões dos eleitores. Dois grupos fortes se reafirmam a partir do desafio de um deputado do Tarn, propondo que Paris fosse reduzida a 1/83 de influência na República. A província opunha-se assim à capital, e os dois grupos conflitariam nessa questão essencial: ser federalista (ou "departamentalista" como propunham os Girondinos) ou centralista, como defendiam os Montanheses.

A Gironda compunha-se de lideranças provinciais, alta burguesia em geral, sem peso em Paris. Brissot, Condorcet, Vergniaud e Isnard são expressões dessa corrente – não chega a ser "partido" propriamente – burguesa, que teme o centralismo e a taxação. Atuam junto às administrações regionais. Ateus (apesar de entre eles encontrarem-se alguns poucos pastores protestantes perceptivos do "espírito do capitalismo") e leitores da *Encyclopédie*, pensam o poder nos horizontes de sua classe, que a populaça não alcança.

"O movimento insurrecional deveria cessar, pois não há mais tirania a derrubar", escrevia Brissot em 1793. Difícil estabelecer seu número exato de deputados da Gironda: 160? O fato é que conseguiram conquistar maioria na Comissão de Constituição (11-10-1792), com Condorcet e Brissot incluídos, e que muitos monarquistas constitucionais votariam com eles – e se queimariam junto aos radicais.

Na *Montanha* alinham-se pelas discussões das bases, cujas lideranças se reúnem no Clube dos Jacobinos. Pouco representados na Convenção, atuam como democratas radicais, encontrando-se entre eles advogados, médicos, publicistas e funcionários. Uma nova fração de classe de compradores de bens nacionais e fornecedores do exército despontava com os Jacobinos, nacionalistas e com seu principal núcleo ideológico em Paris, a capital da República. Mais precisamente, na Comuna de Paris: os 24 deputados parisienses, todos "montanheses", defendiam com Robespierre "a origem popular da República".

Ação, eis o que unia os "montanheses". A crítica da velha legalidade marcava o discurso de Robespierre, o advogado de Arras que, com 34 anos, se autoconsiderava discípulo de Rousseau. A 5 de novembro de 1792, ele conquista a liderança da Montanha: "Tudo isso era ilegal [o 10 de agosto, a ação revolucionária e a origem popular da República], tão ilegal quanto a própria liberdade. Não se pode querer uma revolução sem revolução"[1].

A ação aproximaria três homens fortes da ditadura popular de 1792-94, o advogado Danton, corruptível e possuidor de grande carisma, que daria à Revolução sua dimensão internacional; o médico Marat, suíço filho de pai sardo e mãe suíça, que estudou medicina em Bordéus e em Paris, viveu na Inglaterra e escreveu ensaios filosóficos e um romance: radical em suas perseguições – pois fora também perseguido, tendo escapado pelos esgotos da fuzilaria do Campo de Marte, com o que adquiriu a dermatose que o obrigava a passar longos tempos em sua banheira –, o editor de *O Amigo do Povo*, morreu assassinado em 1793 por uma admiradora, aos cinquenta anos. E Maximilien Robespierre, o advogado de Arras, filho taciturno de uma família de pequena nobreza e "apóstolo do Terror", sempre assessorado por seu irmão Augustin, deputado à Convenção. Seu irmão foi responsável pela nomeação de Napoleão Bonaparte como chefe do exército na Itália, e guilhotinado, como o poderoso e temido irmão, no 10 Termidor.

A Montanha abrigava ainda gente como o pintor David, o duque de Orleans Filipe-Egalité (sobrinho de Luís XIV, votou a morte de seu primo Luís XVI, e foi pai de Luís Filipe, rei da França em 1830), o ator Collot d'Herbois, o notável e erudito bispo constitucional Grégoire. E um jovem burguês de 27 anos, Saint-Just, o impassível "Arcanjo do Terror", que acabou por definir a sentença de condenação de Danton à guilhotina. Caminho que ele mesmo seguiria depois, a 28 de julho de 1794.

Entre os Girondinos e Montanheses flutuava o "Tiers Parti", o "partido dos fleumáticos" segundo o jornalista Camille Desmoulins: era o Marais, a "Planície" (a tradução correta é: "pântano"), composta de "verdadeiros agiotas instalados entre Brissot e Robespierre". Republicanos que no início apoiam os Girondinos, e depois aderem aos Montanheses – como Cambon (o financista da Convenção), Carnot, Barère, Lindet – para a condenação de Luís XVI à morte. Como Soboul os definiu, constituíam o centro da Convenção, eram "republicanos sinceros", e de seu meio sairiam os futuros termido-

1. Citado por A. Soboul, *La 1ère République (1792-1804)*, p. 15.

rianos contra os "excessos" jacobinos, os diretoriais e os defensores do golpe de brumário – "notáveis burgueses, partidários da liberdade econômica, no íntimo repelindo as massas populares"[2].

Nesse quadro é que a condenação de Luís XVI à morte envolve a consolidação da República. Os girondinos tergiversam, mas Saint-Just atacou com rigor o problema: "Jamais perderei de vista – diz ele na Convenção a 13 de novembro – que o espírito com que se julgará o rei é o mesmo com o qual se estabelecerá a República [...]. Os mesmos homens que vão julgar Luís têm uma República a fundar".

A massa popular mantinha-se atenta e o Clube dos Jacobinos, com suas filiais pelo país, centralizava as correntes radicais de opinião. A *sans-culotterie* pressionava, alertando contra o desemprego e o perigo de um retrocesso contrarrevolucionário. A República, com seu novo calendário, suas festas e seus jornais politizava as mentes e dava um novo sentido à *bonheur* como o objetivo da política e novo conteúdo sociopolítico à *fraternité*.

Em dezembro de 1792, Robespierre, falando sobre problemas de alimentação, *subordinava o direito de propriedade ao direito de existência*, ampliando o conceito de *nação* de modo a nela abranger as massas populares.

A Revolução começava a sair dos livros para as ruas e campos:
– O primeiro dos direitos é o de existir...[3].

O governo girondino passou a ser duramente atacado pela Comuna de Paris, dirigida por Chaumette e seu vice, o jornalista Hébert. Os girondinos hostilizavam Danton, Marat e Robespierre, como líderes da setembrada. Mas Danton consegue polarizar a Convenção e a opinião pública contra a Gironda. A descoberta de documentos secretos dentro de um armário de ferro nas Tulherias revela a ligação de Luís XVI com Mirabeau e forças da contrarrevolução: os "inimigos da Revolução" são descobertos e a pressão popular desencoraja e desarma sucessivas manobras e resistências dos girondinos ao julgamento do rei. (Chegaram mesmo a acusar os Montanheses de não desejarem o julgamento do Capeto, e falou-se até de envolvimento de Danton numa nova tentativa de fuga.)

A MORTE DE LUÍS XVI

"Não se pode reinar inocentemente", atacava secamente Saint-Just na abertura dos trabalhos de julgamento de Luís Capeto na Convenção, a 13 de novembro de 1792 (Ano I).

Na semana anterior, o órgão máximo da República decretara que possuía poder bastante para julgá-lo, até porque abundavam evi-

2. Idem, p. 20.
3. Le premier des droits est celui d'exister...

dências de colaboração e ambiguidade nos momentos decisórios da Revolução desde 1789.

No plano externo, a Revolução avançava. Em setembro, o exército tomara Nice e Spira; em outubro, Worms e a parte francófona do bispado da Basileia; os austríacos abandonam Lille e os prussianos evacuam Verdun e Longwy. A 19 de outubro a França já não tem invasores em seu território. Ao contrário, a 21 de outubro, avança sobre Mayence, dois dias depois toma Frankfurt e a 27 de outubro o exército de Dumouriez entra na Bélgica.

A vitória dos franceses sobre os austríacos em Jemmapes, a 6 de novembro – obrigando-os a sair da Bélgica, agora ocupada pela Revolução – é o "tournant" da história da expansão da Revolução: de Valmy a Jemmapes, a França passa a ter papel revolucionário na política internacional. Segundo Godechot, "é o início da guerra de expansão revolucionária que se transformará em guerra de expansão imperialista em 1804 e só cessará em 1815"[4]. Anexações ocorrem, como no caso da Savoia. É decretada a proibição contra a ruptura da "unidade da República".

Nesse clima, a 11 de dezembro, a acusação a Luís XVI preparada por Lindet traz à luz para a Convenção todas as ambiguidades do rei. De nada adianta a defesa de seu advogado Sèze, que sustenta a inviolabilidade real assegurada pela Constituição de 1791. Nem o prestígio dos advogados Tronchet e Malesherbes, também defensores de Luís.

Para salvar o rei, os girondinos tentam o recurso ao julgamento popular. Vergniaud sustenta que só o povo poderia retirar a inviolabilidade, recebendo de Robespierre a violenta réplica de 28 de dezembro de 1792, sobre a unidade dos fundadores da República e a ameaça de dissensão em face da "punição do tirano".

Mas o julgamento popular é rejeitado pela intervenção brilhante de Barère, deputado dos Hautes-Pyrénéés à Convenção, que defendia – segundo o "direito revolucionário" – a Convenção como o organismo detentor do poder soberano. Na votação, a oscilante "Planície" sentiu a segurança da via apontada por Barère e votou com os montanheses: a culpabilidade de Luís foi votada por unanimidade e o julgamento popular rejeitado por 424 votos contra 287.

Num tema decisivo, derrotava-se fragorosamente a Gironda. A Montanha preparava seu caminho, reforçando sua "tese da concentração de poderes soberanos nas mãos de uma assembleia representativa da nação".

Por proposta de Marat, a Convenção decidira anteriormente (a 6 de dezembro) que todas as votações do processo seriam nominais, abertas e os votos pronunciados em "voix haute"... Durante 36 horas (dias 16 e 17 de janeiro), procedeu-se à votação nominal e os resultados foram

---

4. J. Godechot, *La Révolution française*, p. 123.

387 votos pela pena de morte (26 com *sursis*); 334 pelo banimento ou prisão; 23 ausentes e cinco abstenções.

Brissot solicitou a consideração do *sursis*, e a votação foi desfavorável ao Capeto (383 a 310). Na decisão final, bandearam-se alguns girondinos para o lado da Montanha – entre outros Sieyès, Pétion, o presidente da Convenção, Vergniaud (que será guilhotinado), atemorizados pela opinião popular. Em contrapartida, a pressão também se exerce pelos realistas: o deputado Lepeletier de Saint-Fargeau foi assassinado, como vingança por ter votado a favor da morte do rei, na tarde de 20 de janeiro, pouco depois de Luís ter sido notificado da sentença pelos deputados Garat e Lebrun.

A 21 de janeiro, às 10h22, Luís XVI é guilhotinado na praça da Revolução (hoje a praça da Concórdia) e sua cabeça mostrada ao povo. Vinte mil homens armados também assistiram ao ato: legiões de seccionários, de federados provinciais e da Guarda nacional – esta sob o comando de Santerre.

Em seu *Journal de la République française*, Marat escreveu: "Aportamos enfim na ilha da liberdade, e queimamos o navio que nos transportou".

Em conclusão: os girondinos se desorganizam, a Planície ganha altura e a aristocracia é finalmente quebrada. Agora a Revolução só poderia caminhar para a frente.

A REAÇÃO AO GUILHOTINAMENTO DE LUÍS XVI

A política externa da Revolução ganhou novo impulso com a morte do rei. A aristocracia europeia pôs-se em guarda, a posição conciliadora dos girondinos chegara ao fim. Uma nova etapa se inaugurava, com a adesão da "Planície" à "Montanha": "Sacrificamos nosso interesse pessoal à Revolução", escreveu o mais velho jurista e deputado à Convenção Rudel, com 74 anos.

"Viver livre ou morrer", afirmara Lebas a 20 de janeiro, dia da condenação de Luís, fabricando o lema da República. Agora a reação passava à guerra aberta contra a Revolução. A 28 de janeiro o conde da Provença – irmão do rei decapitado e futuro Luís XVIII – se declara regente da França e proclama seu sobrinho – preso na torre do Templo – o novo rei, Luís XVII.

A reação torna-se violenta: o regente, exilado na Vestfália, propõe o restabelecimento da monarquia, da religião e das três ordens, a punição rigorosa dos "crimes" desde 1789, a restituição das propriedades invadidas. E nomeia o conde d'Artois – o futuro Carlos X – comandante geral do reino (já agora República...).

A ofensiva revolucionária traduziu-se na guerra de propaganda, após a vitória de Jemmapes, criando-se legiões que levavam a mensagem de fraternidade e apoio aos "povos que quisessem reconquistar sua liberdade". Núcleos burgueses de patriotas são fundados e se inspiram nas ideias francesas. Nada obstante, as guerras de conquista e propaganda tornam-se guerras de exploração. Além disso, manter soldados em guerra era boa política – "o retorno dos nossos soldados aumentaria nossos problemas" – adverte o ministro das Finanças, o girondino Clavière.

A política expansionista da República, que redefine o território francês no quadro europeu, baseada na teoria das fronteiras naturais de Danton, coloca a França, entretanto, na rota de coalizão com a poderosa Inglaterra. A 7 de fevereiro é declarada a guerra ao governo do segundo William Pitt e ao *stathouder* da Holanda, com cristalina razão econômica, pois pela Antuérpia e Ostende os ingleses faziam penetrar seus produtos da Revolução Industrial na Europa. E, mais, a economia inglesa dependia em muito do financiamento holandês.

O conflito faz com que a Convenção adote a junção dos batalhões de voluntários com as tropas de linha. A 24 de fevereiro decreta a arregimentação de trezentos mil homens para o reforço dos exércitos – com a "amálgama" (termo da época) das diversas forças e a eleição de oficiais – o que provoca vários levantes contrários à Convenção, sobretudo o da Vendeia, guerra civil longa e violenta iniciada com o massacre de 545 republicanos em Machecoul.

A coalizão contra a Revolução envolve, além da Espanha de Carlos IV, a Dieta do Sacro Império, a Áustria, a Prússia, os reinos de Nápoles e do Piemonte-Sardenha, o Papado e os principados italianos, além da Rússia de Catarina II – interessada no desmembramento da Polônia – que assinara um tratado com a Inglaterra em março.

A TRAIÇÃO DO GENERAL

A ofensiva da coalizão pelo Reno, obrigando a retirada dos franceses da Bélgica e da Holanda, sob o comando do príncipe de Saxe-Coburgo, é contundente. O general Dumouriez é batido em Neerwinden a 18 de março (batalha da qual participa Francisco Miranda, o sedicioso venezuelano), e a evacuação da Bélgica é desastrosa. Vigiado por Danton, Delacroix, Camus, Beurnonville – ainda assim trai a Convenção, é suspenso de suas funções, dá ordens às suas tropas para marcharem sobre Paris e dissolverem a Convenção, mas foge, pois seus soldados se recusam a obedecê-lo. Passa-se a 1º de abril para os austríacos com alguns dos seus – inclusive o futuro rei Luís Filipe – e é posto "fora da lei" pela Convenção, que manda prender seu cúmplice em Paris, Filipe-Egalité (o duque de Orleans).

A traição de Dumouriez abre um abismo entre girondinos e seus críticos montanheses. O ato de Dumouriez relembra aos revolucionários o de La Fayette: é necessário vigiar os militares da Revolução, por meio de Delegados da Convenção *em missão* junto ao exército.

Além disso, na frente leste o exemplo do general Custine no enfrentamento contra os prussianos não foi brilhante, pois foi embora, deixando 22 mil homens em Mayence sob o comando de Dubayet e de Kleber (este, o futuro esmagador da Vendeia): a cidade resistiu até 21 de julho, com o apoio de dois deputados convencionais – o advogado Reubell, partidário da anexação da Renânia à França, e Thionville, animando a luta. Para complicar, ao sul, a Espanha invade o Roussillon.

Reais ou imaginários, os inimigos da Revolução estavam em toda parte. Necessário, pois, aterrorizá-los, para a defesa da República.

LUTA DE CLASSES

Insegura com suas forças armadas, a Convenção republicana transformara, em abril, seu Comitê de Defesa Geral em Comitê de Salvação Pública, com nove membros eleitos a cada mês. Dentre eles Danton e Barère. Ocorre que, a essa altura, Marat já exigira no Clube dos Jacobinos a destituição dos principais chefes girondinos, provocando suas iras: Guadet pede na Convenção a prisão do jornalista radical, que passa para a clandestinidade. Condenado, entrega-se mas é absolvido pelo Tribunal revolucionário a 24 de abril, retomando nos braços do povo seu lugar na Convenção.

O clima antigirondinos piora quando são criados pela Convenção onze exércitos e "comissários" junto a eles para preparar... e vigiar seus comandantes.

A SEGUNDA REVOLUÇÃO

Ainda em abril, Robespierre lia, no Clube dos Jacobinos, seu projeto de Declaração dos Direitos do Homem, mais agudo e abrangente que o de 1789. Com efeito, em sua fala do dia 21, defende a limitação da propriedade, a obrigação da sociedade de prover de alimentos todos seus membros, a fraternidade entre os povos e a rejeição aos reis e aristocratas.

A fome grassava, e a especulação continuava sem controle, pelo que a Convenção, pressionada pela massa, decreta o *maximum* do preço dos grãos. Ou seja, a limitação dos preços.

A luta decisiva da Gironda contra a ascendente Montanha se define quando, a 18 de maio, já instalada a Convenção no Palácio da Tulherias, os girondinos criam a Comissão dos Doze para julgar os atos da Comuna de Paris – apoiada pelos montanheses. A Comissão manda prender o jornalista Hébert, de extrema esquerda, o chefe "enragé" Varlet e o advogado Dobsen.

No dia seguinte, uma delegação da Comuna vai reclamar a libertação de Hébert, a que o presidente Isnard, riquíssimo representante da burguesia comercial girondina, responde violentamente: ao menor movimento popular a cidade seria aniquilada de tal sorte que se perguntará "às margens do Sena se Paris realmente existiu". No dia seguinte, Marat defende, nos Jacobinos, a insurreição contra a Gironda.

A 27 de maio, após conflitos no plenário, os girondinos deixam a sala da Convenção. No que os montanheses aproveitam para votar a extinção da Comissão dos Doze e a libertação de Hébert, Varlet e Dobsen. No dia seguinte, nova votação com os girondinos presentes restabelece a Comissão (279 votos contra 238); Dobsen, que dirige a seção da *Cité*, prega a insurreição contra a Convenção. Estabelece-se então um Comitê Revolucionário da Comuna de Paris, que articula, em 30 de maio, uma grande manifestação para o dia seguinte.

Nas províncias, a tensão também crescia, embora às vezes com sinal trocado. Em Lyon, por exemplo, os girondinos e realistas tomam a *municipalité* e prendem Chalier, ex-prefeito e líder jacobino. Em Lozère, republicanos são massacrados.

Além disso, a reação da Convenção contra a "lei agrária" e "qualquer outra subversão contra as propriedades territoriais, comerciais e industriais" ia deixando claro o conteúdo político de classe dos girondinos, açulando a ira dos que, em plenário, propunham a "igualdade dos bens" – como os radicais Jacques Roux e Varlet.

O 31 de maio foi frustrante, pois se a Convenção admitiu acabar com a Comissão dos Doze, não acolheu as acusações contra os 22 girondinos suspeitos.

Liderados por Hanriot, nomeado pelo Comitê insurrecional para comandar a Guarda Nacional de Paris, composta por membros das seções populares, os insurretos exigiam, além disso, a depuração da administração, a criação de um exército revolucionário para o interior encarregado de fiscalizar os suspeitos e aplicar o *maximum*.

O 2 DE JUNHO DE 1793: A REVOLUÇÃO POPULAR

É a data da segunda Revolução, a popular. Cerca de cem mil pessoas participam de manifestação junto à Convenção, que recusa prosseguir a sessão sob pressão. Comandada por Hanriot, a Guarda Nacional e os *sans-culottes* das seções exigem novamente a prisão dos girondinos.

Sob a presidência de Hérault de Séchelles, os convencionais – à exceção da minoria montanhesa – tentam ir embora, mas, em tempo, Hanriot ordena: "Canhoneiros, preparar!".

Todos voltam apavorados a seus lugares e votam a prisão de 29 chefes girondinos, logo detidos em suas casas. Entre eles, os ex-ministros Clavière e Lebrun. Roland escapa, mas sua mulher é presa pelo Comitê. Muitos fogem para as províncias – Pétion e Guadet, entre eles – mas serão condenados em outra oportunidade.

A Convenção da Gironda estava liquidada. Sem sangue, mas demonstrando que aquela organização republicana não aguentava uma guerra nem a pressão do movimento popular.

Até então, os *sans-culottes* e os radicais permaneciam externos à Convenção: eram usados e depois silenciados. Uma pequena burguesia jacobina, desejosa de levar a Revolução em bom rumo, se associaria à *sans-culotterie* e aos deputados jacobinos. E teria em Robespierre seu líder mais constante.

A crise econômica se ampliava. A burguesia emprestadora se retraíra e, por outro lado, o governo não podia criar novos impostos. A inflação corroía os *assignats*. Para se ter uma ideia: o *assignants* de cem francos valia 55 em janeiro de 1793 e 45 em junho. A alta dos preços, a inflação, a fome punham em movimento a *sans-culotterie* contra os atravessadores e contrarrevolucionários. Às portas da Convenção, iam bater os líderes *enragés* (raivosos), como o padre Jacques Roux e o funcionário de correio Varlet.

E além das guerras externas, a Guerra contrarrevolucionária da Vendeia aumentava a insegurança geral que o liberalismo da Gironda não diminuíra, nem controlara.

A CONVENÇÃO JACOBINA:
DITADURA, TERROR E QUEDA DE ROBESPIERRE
(2 DE JUNHO DE 1793 A 28 DE JULHO DE 1794)

No período da Convenção republicana jacobina (ou montanhesa) a Revolução atingiu seu ponto mais fundo.

A invasão dos exércitos estrangeiros pondo "a Pátria em perigo", as insurreições contrarrevolucionárias federalistas contra Paris e os levantes realistas contra o regime (Vendeia, Lyon), a penúria social, a crise econômica e a carestia impõem à Convenção a tomada de uma série de medidas radicais. Nesse contexto, a centralização ditatorial foi a resposta política encontrada. Instalou-se "o despotismo da liberdade", para lembrarmos a expressão clássica.

Os problemas que se colocam ao governo revolucionário são complexos, pois o movimento popular, que vinha sustentando a guerra e ajudara a demolir o governo da burguesia girondina, já agora exigia uma maior participação na condução do processo e nos mecanismos de poder, ainda nas mãos da burguesia.

A República do Ano II foi, assim, uma aliança instável entre a pequena burguesia jacobina e a massa da *sans-culotterie* parisiense – notando-se desde logo que coexistiam vários projetos político-sociais no interior da massa popular, nesse momento em que o artesanato não se desagregara de todo e a industrialização ainda não impusera seus poderosos princípios. Examinemos o quadro histórico em que Robespierre e seu pequeno grupo radical acabariam por perder o apoio da burguesia – à qual pertenciam – e não lograram a mobilização ideológica das massas no sentido que desejavam.

* * *

Alijada a alta burguesia girondina do poder, a segunda metade de 1793 assistirá à ascensão da *sans-culotterie*. Com efeito, a burguesia jacobina e a *sans-culotterie* constituirão a base do novo bloco no poder, notando-se que da primeira saíam os principais quadros dirigentes. Na Convenção e no Clube dos Jacobinos, a defesa ideológica da unidade da Nação – a *Pátria* – e da manutenção dos ideais do antigo Tiers-État dominou, por um curto porém marcante período, os debates e a série de experiências que definiriam os limites políticos e ideológicos da nascente História Contemporânea.

Pois esse foi um momento marcante, para quem busca as origens da Contemporaneidade.

A *LEVÉE EN MASSE*

> *O levante em massa, o telégrafo e o imposto de renda, todos vêm da França*[5].
>
> SOUTHEY, 1807

Guerra civil interna, invasões externas: eis em síntese a principal preocupação dos revolucionários. Em Marselha, Bordéus, Nîmes, na Normandia, a notícia da prisão dos girondinos provocou a reação de seus aliados, em geral burgueses, engrossada com o apoio realista e dos revoltosos da Vendeia e de Lyon. O território francês é invadido por tropas anglo-holandesas, austríacas, prussianas, piemontesas e espanholas.

Mas a Convenção atua com rapidez, propondo desde logo a votação de uma nova Constituição, apresentada a 9 de junho de 1793 pelo dantonista Hérault de Séchelles. Além disso, toma uma série de medidas populares e de ruptura com a tradição estamental: por exemplo, o reconhecimento à sucessão dos "bastardos" (doravante, "filhos naturais", adotando-se a expressão de Rousseau) e a possibilidade de partilha dos bens comunais, desde que de acordo com votação de uma assembleia de habitantes – difícil aliás de ser posta em prática. Finalmente, decreta a guerra total aos invasores do território francês e vota a Constituição.

---

5. The levy in mass, the telegraph and the income-tax are all from France.

A AVANÇADA CONSTITUIÇÃO DO ANO II (1793)

Votada a 24 de junho, jamais seria aplicada. Mas definiu uma série de princípios em sua Declaração de Direitos, que marcariam a História Contemporânea: o direito ao trabalho, à instrução, ao voto a todos maiores de 21 anos, reconhece o direito à liberdade e à segurança antes do da propriedade, esboça o princípio do seguro social, defende a insurreição no caso de violação dos direitos dos povos.

A 27 de junho, a Convenção decide que a nova Constituição deveria ser ratificada pelo povo, por meio de um plebiscito. Mas a situação geral se agrava e a 10 de outubro a Convenção decreta que "o governo é revolucionário até a paz". Ou seja, excepcional, não sendo portanto aplicável a Constituição.

Nas províncias, o movimento federalista prospera. Em Caen, eles decidem enviar um exército sob o comando do general Wimpffen (que lutara nos Estados Unidos) contra Paris: os soldados da Convenção logo o dispersa. No sul e no sudeste, sociedades populares se recusam a aderir aos federalistas de Nîmes, Bordéus, Lyon, Marselha. Em contrapartida, os vendeanos crescem, uma tropa de quarenta mil homens toma Angers, atacam Nantes, onde são derrotados, mas serão ainda batidos pelo "Exército do Oeste", em Cholet (17 de outubro), em manobra na qual se destacará o general Kleber, em Le Mans e finalmente em Savenay (23 de dezembro). A Vendeia dará lugar à longa guerra de guerrilhas conhecida por "Chouannerie" – contra os patriotas e as autoridades civis da República. No sul, começa a se destacar o jovem oficial de artilharia Bonaparte, admirador dos jacobinos e antifederalista, que enfrentará os ingleses instalados em Toulon desde agosto.

Em Paris, o movimento popular toma vulto. Os *enragés*, reunidos no Clube dos Cordeliers, com o padre Roux à frente, mais Varlet, Claire Lacombe (a atriz opositora a La Fayette e líder da Sociedade das Cidadãs Republicanas Revolucionárias, que será interditada por Robespierre em outubro de 1793) e Leclerc, criticam o projeto de Constituição, achando-o limitado e esbravejando contra os atravessadores, agiotas, monopolistas. No dia 23, essas reivindicações são levadas à Convenção, e Robespierre consegue incluí-las na ordem do dia.

O GOVERNO REVOLUCIONÁRIO: IMPASSES

Muito se escreveu sobre a atuação dos líderes Robespierre, Danton e Marat nesses dias. Na verdade, absorvidos na elaboração da Constituição, são relativamente moderados, em parte para a manutenção da unidade das províncias. Danton, em particular, não ocupa o espaço esperado: o "símbolo da Revolução", viúvo recente, casa-se novamente no religioso com uma jovem de dezesseis anos de antiga família burguesa de tendência realista, ajoelhado e se confessando com um padre refratário.

Marat impacienta-se com o que denomina ironicamente de "Comitê de Derrota Pública", que não arrosta o quadro dramático da nação. Nada obstante, as novas ideias de Revolução se condensam com o deputado Lakanal apresentando um plano de educação nacional, pouco antes da decretação da prisão, a 8 de julho, de Condorcet, acusado de ser um dos mentores da Gironda e de ter elaborado um projeto de Constituição (passando à clandestinidade, ele escreveria seu notável *Esquisse d'un tableau des progrès de l'esprit humain*). Na Alemanha, o filósofo Fichte faz a propaganda da Revolução nas *Contribuições para a Retificação do Julgamento do Público sobre a Revolução Francesa*.

Com efeito, não era só o "bem comum" que deveria estar na base das reformas esperadas, como também a soberania popular. Mas em estado de guerra, impunha-se a centralização e a consolidação ativa da Revolução. O Comitê de Salvação Pública, criado em abril por inspiração de Danton, cuja ação decidida agora era cobrada por Marat, sofre uma profunda renovação a 10 de julho de 1793.

O impasse central que o aniquilará permaneceu irresolvido, conforme analisou Albert Soboul, o principal historiador desse período. A base social do governo revolucionário era formada por

elementos diversos e contraditórios, portanto desprovidos de consciência de classe. Os Jacobinos, sobre os quais se apoiavam os robespierristas, não podiam dar-lhes a armadura necessária: também eles não constituíam uma classe, menos ainda um partido de classe, estritamente disciplinado, que fosse um instrumento eficaz de ação política. O regime do Ano II repousava numa concepção espiritualista de relações sociais e de democracia: foram fatais as consequências[6].

O COMITÊ DE SALVAÇÃO PÚBLICA: O "GRANDE COMITÊ DO ANO II"

Foi o organismo principal da Convenção e um dos centros da Revolução do Ano II. Sua fisionomia se definiu no terrível mês de julho de 1792 (Ano I), à mesma época em que Marat foi assassinado.

A situação militar era péssima, com exército em crise moral e de comando. Por seu lado, a crise econômica joga as massas na ação revolucionária. O clima é de pânico: filas nas padarias, inflação do *assignat*, falta de carne (em dois anos seu preço praticamente duplicara), inquietação permanente em Paris e nos departamentos provinciais.

Os *enragés* passam a criticar duramente a lentidão da Convenção. Em junho de 1793, Varlet – da pequena burguesia, compositor de alguns cantos revolucionários – apresenta no Conselho Geral da

---

6. A. Soboul, *La 1ère République*, p. 145.

Comuna sua Declaração Solene dos Direitos do Homem no Estado Social, em que critica a disparidade das fortunas e propõe que se tornem propriedades nacionais os bens obtidos por meio de roubo, de agiotagem, de atravessamento, de monopólio.

O *maximum* dos cereais, votado em maio, não fora aplicado. Agora, a massa popular exige a fixação geral dos preços e uma lei contra os atravessadores. A 25 de junho, o padre Jacques Roux apresenta à Convenção uma interpelação violenta, indagando se os convencionais incluiriam na Carta Constitucional a proscrição da agiotagem, entre outras questões. E ele mesmo responde:

> Não. Propuseram vocês a pena de morte aos atravessadores? Não. Determinaram em que consiste a liberdade de comércio? Não. Proibiram a venda de moedas? Não. Muito bem! Nós declaramos que vocês não fizeram tudo pela felicidade do povo. A liberdade não passa de um fantasma quando uma classe de homens pode esmagar a outra impunemente. A igualdade é um vão fantasma quando o rico, pelo monopólio, exerce o direito de vida e morte sobre seu semelhante. A República é um vão fantasma quando a contrarrevolução trabalha dia a dia através dos preços dos gêneros, aos quais 3/4 de cidadãos só alcançam vertendo lágrimas [...] Pronunciem-se então uma vez mais. Os *sans-culottes* com suas lanças farão executar seus decretos[7].

Os conceitos de Roux são claros, solares quanto ao que vêm a ser Revolução, contrarrevolução, cidadania, classe, República, representação *versus* ação direta...

Na última semana de junho, Paris está em plena efervescência revolucionária. Os portos da cidade assistem a três dias os "conflitos do sabão", com as lavadeiras descarregando os barcos, taxando a mercadoria e partilhando o produto. O movimento popular exige medidas radicais de defesa nacional e social, pois o Comitê também falhava na guerra, na repressão aos federalistas, na economia.

O Comitê de Salvação Pública é renovado de 10 a 27 de julho para fazer face a tal situação. Sua composição final com nove membros, apesar de variada, assegurou entretanto certa unidade durante um ano, "até a vitória":

> Diferentes em suas tendências (Carnot e Lindet mais conservadores, Billaud e Collot inclinando-se à *sans-culotterie*) e em seus temperamentos, mas todos homens probos, de trabalho e de autoridade, unidos pela vontade de vencer, souberam permanecer solidários por um ano, até a vitória. Esse foi o grande Comitê do Ano II[8].

Apesar de não congregar opiniões unânimes o tempo todo, o perfil do Comitê define-se aos poucos, por meio de eleições abertas na Convenção, porém dentro da necessidade da burguesia revolucionária de "disciplinar o movimento popular" e resolver os problemas imediatos.

---

7. Idem, p. 62-63.
8. Idem, p. 64.

Primeiras e surpreendentes substituições na renovação de julho: saem seu criador, Danton, e o moderado Cambon, especialista em questões financeiras, sobretudo de dívida pública, venda de bens nacionais, cotação do *assignat*... Três outros pediriam demissão: o "descobridor" de Napoleão, Gasparin, aliado do aristocrático general Custine; o injustificadamente "suspeito" e nobre Hérault de Séchelles, envolvido numa conspiração do conde d'Antraigues (como desvendou nos anos de 1970 o historiador Godechot), e preso, julgado e guilhotinado em abril de 1794 com os dantonistas; e Thuriot, jacobino amigo de Danton que contribuirá mais tarde para a queda de Robespierre.

Em irresistível ascensão, Robespierre substitui Gasparin a 27 de julho. Em 14 de agosto são eleitos Carnot e Pierre Louis Prieur (o Prieur de la Marne), e em 6 de setembro Billaud-Varenne e Collot d'Herbois, de extrema esquerda. À direita, portanto, situam-se o conservador Carnot (especialista da guerra), Prieur de la Marne (armamentos e comércio), Prieur de la Côte d'Or e Robert Lindet (especialista na questão dos alimentos); à esquerda, Couthon, Saint-Just, Jean Bon Saint-André (este, um especialista em marinha de guerra), aos quais se juntam os moderados da Planície (Marais) Barère, o orador junto à Convenção e, por vezes, Lindet – de modo geral simpáticos ao apoio dos *sans-culottes*. À extrema esquerda, Billaud-Varenne e Collot ("des hommes affreux" [homens detestáveis], deles dirá Napoleão). Mais flutuantes são Hérault e Barère.

Mas o peso maior no Comitê era de Robespierre, o elo entre o Comitê e a Convenção, o Clube dos Jacobinos e a Comuna de Paris. Quanto às decisões do Comitê, eram elas automaticamente executadas pelos seis ministros da Convenção.

OUTROS ÓRGÃOS DA CONVENÇÃO JACOBINA

Havia também, além do Comitê de Robespierre, o Comitê de Segurança Geral, o Comitê de Finanças, os Comitês de Fiscalização, o Tribunal Revolucionário e os Deputados em Missão. O primeiro, mais antigo e apoiado pelas sociedades populares, compunha-se de catorze deputados encarregados de enquadrar os suspeitos nas regras da República: dentre os mais conhecidos, Jean Tallien, regicida, participante dos massacres de setembro e moderado "terrorista" (por influência de sua amante Theresia Cabarrus), abafou os federalistas de Bordéus, será acusado de corrupção por Robespierre e conspirará para sua queda, e Claude Basire, de Dijon, agiota, julgado e condenado com Danton. Nesse Comitê atuou ainda o pintor David, organizador das festas revolucionárias e controlador da cenografia, das músicas, coros e que julgaria a tragédia-heroica *Timoleón* de Marie-Joseph Chénier (o irmão de André), denunciada pela Comuna de Paris por sua "simpatia aos soberanos virtuosos". Chénier queimou seu manuscrito perante o Comitê e obteve o *satisfecit* de David. Entretanto, o colérico Robespierre nunca engoliria esse girondino e federalista, escolhido mas não defendido por Barère (que ressurgirá com Napoleão), vetando sua letra para o "Hino ao Ser Supremo". Nesse impasse, foi chamado para substituir Chénier um obscuro jacobino opiniático de Aix, Théodore Désorgues. O músico Désorgues, o personagem-título do belo livro de Vovelle.

O Comitê de Finanças foi dirigido pelo republicanista Pierre Cambon, jacobino de Montpellier, o ditador econômico da França de 1791 a 1795, regicida, criador do Grande Livro da Dívida Pública e de um empréstimo forçado aos ricos. Logo se oporá a Robespierre, cai fora mas voltará em 1795.

Os Comitês de Fiscalização recrutavam militantes jacobinos para ajudarem os Deputados em Missão e os Agentes Nacionais, perseguindo militantes da contrarrevolução, fiscalizando o abastecimento contra os corruptos, agiotas e atravessadores e fornecendo certificados de civismo.

Os Deputados em Missão atuavam nos departamentos do interior, com poder ilimitado. Muitos abusaram, como Tallien em Bordéus, ou Joseph Fouché em Lyon. Este, de Nantes, ex-professor no Colégio dos Oratorianos e membro ativo do Clube dos Jacobinos, esteve em missão na Vendeia e em Lyon, implantando o Terror. Em Nevers, foi um dos estimuladores da descristianização – o movimento dessacralizador cultural e político que, remontando a décadas antes de 1789, procurou eliminar, às vezes de modo brutal, nas instituições e na vida cotidiana, todos os ritos, traços culturais e vestígios cristãos, substituindo-os por outra mística, revolucionária, e por santos patriotas e novos hábitos; a tal processo de laicização, que explode durante a Revolução, correspondeu, sem dúvida, uma "degradação da religiosidade popular" (Vovelle).

Em 1794, Fouché opõe-se a Robespierre, e em 1799 será famoso ministro de Polícia – quando fechará o Clube dos Jacobinos de Paris. Fouché, Tallien, Barras em Marselha (que encarregará Napoleão de brecar as tropas realistas contra a Convenção e será membro do futuro Diretório), Carrier em Nantes levaram o Terror aos departamentos – usando o poder de destituir os Procuradores do Estado eleitos e nomear seus substitutos nos distritos, os Agentes Nacionais.

No topo dessa hierarquia revolucionária, pontificava no Tribunal Revolucionário – criado em março de 1793 – o firme Acusador Público e articulador do Grande Terror, Antoine Quentin Fouquier-Tinville. Procurador próspero sob a monarquia, vendeu seu cargo, caiu na miséria retornando à cena como homem da lei; assumindo em 1793 o posto – ao que parece por influência de seu primo Camille Desmoulins –, pede a pena de morte para quase todos, girondinos, Maria Antonieta, Danton, Desmoulins, Hébert. Será, por sua vez, julgado e executado pelo mesmo tribunal (já depurado) em maio de 1795. Em vão, tentou se defender: "Eu era um machado. Pode-se punir um machado?".

A SANS-CULOTTERIE PARISIENSE

A administração da cidade de Paris dividia-se em 48 seções, e a comuna era administrada por Chaumette e Hébert, num universo social dominado pelas sociedades populares (três mil em 1794 em toda a França) que se multiplicavam e se afiliavam aos Jacobinos.

A Convenção recebeu as maiores pressões desse mundo do trabalho, composto de pequeno-burgueses, artesãos, lojistas, com uma minoria de operários. Um de seus líderes, Jacques Hébert, filho de um joalheiro de Alençon, vivia miseravelmente em Paris, administrando um teatro de variedades; a partir de 1790, publica o jornal popular *O Pére Duchesne*, escrito em gíria e baixo calão, atacando em 1792/93 duramente os girondinos. Extremista, era considerado o líder dos *enragés* – ou, como pejorativamente o denominavam os moderados: "O Homero do Lixo". Substituto do Procurador Chaumette, defendeu a descristianização, mas, após criticar o Comitê (*endormeurs* [dorminhocos]) Robespierre o fará executar em março de 1794, aos 35 anos.

Pierre Chaumette, membro do Clube dos Cordeliers, é o homem da Comuna do 10 de agosto, seu administrador. Próximo aos *sans-culottes*, organiza o Culto da Razão: é um "descristianizador", voltado às questões do ensino e da saúde. Guilhotinado também em março de 1794, no 25 ventoso, quando Robespierre, tentando eliminar os extremistas de direita e esquerda adverte: "Todas as facções devem perecer de um só golpe".

São personalidades como essas que animavam e polarizavam o universo da *sans-culotterie*. Nesse contexto, a *fraternité* não era uma palavra vazia, pois traduzia o novo sentido da vida social, com o rompimento da tradição estamental-patriarcal verticalista.

O tratamento na segunda pessoa (o "tu") se generalizou e ser "patriota" passou a fazer parte de uma cultura política própria. Além disso, não havia mais bastardos, mas "filhos naturais", e "todos" passaram a ter o direito de se defender, perseguindo os atravessadores, agiotas, monopolistas, estigmatizados como "inimigos do povo". E descobriram um líder, um advogado de província que percebeu seus problemas em profundidade, de modo preciso, Robespierre, que denunciava: "As revoluções dos últimos três anos tudo fizeram pelas outras classes de cidadãos [...]".

O ASSASSÍNIO DE MARAT

A Revolução ganhou novo impulso com o assassínio de Jean-Paul Marat, em sua banheira, a 13 de julho de 1793, por Charlotte d'Armont Corday, uma jovem da pequena nobreza da Normandia. A morte do "Amigo do Povo" enfurece a massa popular e radicaliza a ação das 48 seções parisienses, dando força à ação dos *enragés*, liderados por Hébert e Chaumette.

Muito se escreveu, pintou e encenou sobre o episódio. Marat fora perseguido pelos girondinos da Convenção, julgado por ela e absolvido. Agora, refugiados em Caen continuavam a atacá-lo como um dos responsáveis pelos massacres de setembro. A bela Charlotte – parente distante de Corneille – imaginara poder brecar a Revolução: fingindo-se sua admiradora, apunhalou-o. Foi julgada pelo Tribunal Revolucionário e guilhotinada cinco dias depois, aos 25 anos.

O impacto do episódio no movimento popular e na Montanha foi decisivo para o aprofundamento da Revolução. Medidas de salvação pública são exigidas pela *sans-culotterie*, enquanto o concorrido funeral de Marat, a 15 de julho, congrega todas as forças progressistas contra a Gironda, realistas e reacionários em geral. A grande maioria da Convenção esteve presente. Um episódio revela o teor violento daquele tempo: o coração de Marat é pendurado no teto dos Cordeliers...

Os símbolos da Revolução se ampliam: o Panthéon revolucionário recebe Marat, ao lado de Lepeletier (assassinado em janeiro) e do jacobino Chalier, ex-prefeito de Lyon, guilhotinado no dia seguinte por contrarrevolucionários girondinos e realistas que dominavam a *municipalité*. Com a reação termidoriana, em 1795, será "despanteonizado", mas permanecerá no imaginário popular como um dos expoentes máximos da Revolução.

O TERROR

A morte de Marat precipita o Terror, e seu nome ficaria ligado às exigências de implantação da ditadura. Como anota Godechot, suas ideias eram ambíguas e, por vezes, contraditórias. Em *Les Chaînes de l'esclavage* (1774) e no *Plan de législation criminelle* (1780) Marat critica o despotismo e defende os pobres, no jornal *Amigo do Povo* prega a ditadura e, às vésperas de sua morte, opõe-se aos *enragés* de Jacques Roux – que defendiam a limitação dos preços (o *maximum*) e da propriedade.

A crise política se aprofunda com a disputa do legado de Marat: Roux publica elogios ao assassinado a partir do dia 16 na linha de seu jornal *Publiciste de la République française par l'ombre de Marat, l'Ami du peuple* e o demagogo Leclerc, aproveitando essa onda, publica, no dia 20, *L'Ami du peuple Leclerc*. Nos Jacobinos, Hébert ia mais longe em seu discurso, no dia 21: "Se é necessário um sucessor a Marat, uma segunda vítima da aristocracia, ela já está preparada: sou eu".

No partido da Montanha, o pequeno grupo de Hébert e Chaumette adota o programa dos *enragés*, aproximando-se mais da *sans-culotterie* – atenazada, além do mais, pela carestia, pelos cartões de racionamento, pelos tumultos. "Abaixo a aristocracia burguesa e mercantil", ouvia-se na cidade.

A Convenção corre o risco de se distanciar demasiado do movimento popular. Subsídios aos mais pobres, subvenções para segurar a subida do preço do pão, depreciação dos *assignats*. Na Convenção, Billaud-Varenne faz passar a lei de pena de morte para os atravessadores e especuladores, forçando a baixa de preços. Os preços dos gêneros de primeira necessidade – cujos estoques passam a ser declarados – devem constar de uma lista afixada à porta dos estabelecimentos: o comércio passa a ser controlado por comissários das seções (embora lentamente).

À época da morte de Marat, Robespierre lia na Convenção o plano de Lepeliter de Saint-Fargeau sobre a educação nacional, em que propunha a revolução dos pobres e refletia sobre a "cidadania" do proletário – em certa medida antecipando Marx:

> As revoluções dos últimos três anos tudo fizeram pelas outras classes de cidadãos, quase nada ainda pela, talvez, mais necessária, para os cidadãos proletários cuja única propriedade reside no trabalho. A feudalidade está destruída, mas não para eles; pois eles não possuem nada em seus campos franqueados. Os impostos estão mais justamente repartidos; mas, por sua pobreza mesma, eles são quase inatingidos pelos benefícios [...]. A igualdade civil foi estabelecida, mas instrução e educação lhes faltam [...] Aqui está a revolução do pobre [...][9].

O movimento popular e a crise de agosto de 1793 imporiam novos rumos à política montanhesa: a *levée en masse* (levante em massa), o Terror, a descristianização, o redirecionamento econômico, a liquidação dos girondinos, o Grande Terror. E, em seguida, a queda de Robespierre a 27 de julho de 1794 (o 9 Termidor do Ano II).

OUTRA VEZ, A *LEVÉE EN MASSE*...

A 27 de julho de 1793 Robespierre – o principal personagem da Convenção Jacobina – assume seu posto no Comitê de Salvação Pública. Um ano depois, precisamente a 27 de julho de 1794, ocorrerá sua queda dramática na Convenção. Esse foi o limite máximo da Revolução (burguesa) daquela História.

No mês de agosto de 1793, a República enlutada pela morte de Marat, Chalier e Viala (em Durance) assiste ao restabelecimento

---

9. Idem, p. 65.

do *Ancien Régime* em Valenciennes, ao norte, com as forças anglo--austríacas prendendo os revolucionários e avançando. Os vendeanos obtêm vitórias, pelo que a Convenção propõe a política de "terra arrasada". Marselha contrarrevolucionária é reconquistada, os federalistas fogem para a Toulon dos realistas, que a entregam aos ingleses...

A *levée en masse* é decretada a 23 de agosto, e o recrutamento geral envolve todos os jovens de dezoito a 25 anos – raiz do serviço militar obrigatório republicano. Por seu lado, os *enragés* açulam o Comitê, criticando os *endormeurs*...

Na semana seguinte, os Jacobinos de Paris propõem que o Terror seja implantado. As teorizações pululam, destacando-se Volney, com seu *Catecismo do Cidadão* (autor lido pelos revolucionários baianos em 1798) e Mallet du Pan, com suas *Considérations sur la nature des événements de France*, em que sugere não haver segmento da sociedade capaz de impor sua política. Profetiza Mallet, o poder cairá nas mãos de um general...

O quadro é grave: a 4 e 5 de setembro, os *sans-culottes*, com o prefeito Pache e Hébert e Chaumette, da Comuna, manifestam-se na Convenção pela prisão dos suspeitos, pela depuração e endurecimento dos comitês revolucionários, pela criação de um exército revolucionário de seis mil homens e 1.200 canhoneiros para debelar a contrarrevolução no interior e decretar o *maximum* geral dos gêneros e salários. A 17 de setembro, a Convenção vota a "lei dos suspeitos": é o Terror.

Federalistas, realistas, antigos nobres, pessoas sem certificado de civismo, funcionários públicos suspensos por comissários em missão, padres refratários e até pais de emigrados são perseguidos. Só em Paris foram detidos cinco mil suspeitos nos primeiros três meses. O Comitê de Segurança se renova, com Vadier, do Ariège, regicida, que aproveitou a situação para mandar matar seus inimigos pessoais – e que contribuirá para a queda de Robespierre –, e o artista David – que será preso duas vezes como terrorista após o 9 Termidor, o que não o impedirá de ser pintor oficial do Consulado e Império, sob Napoleão.

Em Bordéus, os *sans-culottes* desalojam, a 18 de setembro, os federalistas, e Tallien e Ysabeau implantam o Terror. Em compensação, o exército de Kleber, enviado para combater a Vendeia, é batido em Torfu.

ANO II: A FESTA DA RAZÃO

A Convenção começa a tomar uma série de medidas que melhor definem sua filosofia: se há pouco adotara oficialmente o sistema métrico para toda a França no lugar das variadas medidas regionais, agora votava que as mulheres deveriam obrigatoriamente adotar a cocarda tricolor e que os restos mortais de Descartes deveriam ser trasladados ao Panteão – um marco no processo de descristianização (2 de outubro).

Outras medidas revolucionárias seriam adotadas, também descristianizadoras: a 5 de outubro oficializa-se o novo calendário do convencional Gilbert Romme (ver no final deste livro), a 6 de novembro a abdicação sacerdotal do bispo constitucional de Paris Gobel (pressionado pelos hebertistas, é verdade) e a 10 de novembro a Festa da Razão, celebrada na Catedral de Notre-Dame. O ateísmo estava na ordem do dia. Ruas são "desbatizadas", inicia-se o culto dos "Mártires da Liberdade".

Mais efetivas foram a decretação a 29 de setembro do *maximum* geral nos preços dos gêneros de primeira necessidade, e a execução em outubro do deputado girondino fora-da-lei Gorsas e da rainha Maria Antonieta – quando o exército austríaco ameaça Estrasburgo.

Num esforço de guerra – que envolvia mulheres, velhos e crianças – a Convenção decreta, a 10 de outubro, que o "governo é revolucionário até a paz". Ou seja, justifica-se a excepcionalidade, o estado de guerra, o Terror.

Os espanhóis invadiam o departamento dos Pirineus Orientais, os austríacos pressionavam em Mauberge e Estrasburgo – mas os republicanos retomaram Lyon e o general Jourdan (o vitorioso de Jemmapes, Neerwinden e Fleurus) e Carnot repelem os austríacos ao norte, enquanto Kleber e Marceau põem fora de combate os chefes vendeanos católicos e realistas em Cholet.

Os jovens generais da Revolução – Kleber, Marceau, Bonaparte etc, os comissários e os convencionais demonstravam perícia, mas também atuavam com enorme violência. Carrier, por exemplo, afoga os suspeitos no rio Loire, em Nantes, e o convencional Rühl quebra simbolicamente o recipiente com os Santos Óleos em Reims... Além de Saint-Just, enviado da Convenção a Estrasburgo para pôr ordem e animar a tropa – "desprezem o inimigo!" – contra os austríacos. Mas, por cima de tudo, o Comitê de Salvação Pública submetia, em dezembro, os generais aos representantes da nação, os agentes da *volonté nationale*.

O EXÉRCITO REPUBLICANO. OS CIENTISTAS NA REVOLUÇÃO

A resposta às invasões da Europa contrarrevolucionária foi a transformação do exército republicano em exército nacional. Ao adversário de Robespierre, Lazare Carnot, quarenta anos em 1793, devem-se as novas concepções de estratégia e tática. Regicida, deputado à Convenção, membro do Comitê de Salvação e depois Diretor no Diretório, o cientista Carnot foi o "Organizador da Vitória" – e um dos que derrubariam Robespierre.

O envio de "Deputados em missão" junto aos exércitos, a "réquisition permanente" (conscrição permanente) dos jovens e a mobilização das famílias em diversas funções de apoio, o "amálgama" desde julho dos soldados profissionais com os voluntários e *réquisitionnaires de la levée en masse* (processo que levaria seis meses para consolidar o novo exército) – tudo se traduziu nas primeiras vitórias. "Vitória ou morte" foi o lema do exército republicano.

Carnot selecionou alguns jovens comandantes para as novas tarefas – nem sempre revolucionários ardorosos, mas competentes e auxiliados pelos "Deputados em missão", como Saint-Just – como Hoche, Kleber, Moreau, Turreau e Bonaparte. Mas havia o grave problema do apoio de retaguarda às tropas de cerca de 650 mil homens (já em julho de 1793). Faltava tudo em Paris, de munição de guerra a "munição de boca", até porque muita coisa antes vinha do exterior.

Foi quando o Comitê de Salvação convocou cientistas pela primeira vez para a defesa nacional. O matemático Monge, de Beaune, escreve nesse contexto uma *Description de l'art de fabriquer les canons* e se associa com o engenheiro de minas Hassenfratz no erguimento em Paris de uma manufatura de armas, ajudando na coleta pública do sal e na fabricação de pólvora.

O químico Berthollet também colaborava na feitura em escala "da pólvora tiranicida", enquanto Vandermonde orientava a fabricação de armas brancas (no fim do ano II, setecentos fuzis por dia). Como instigara o *Père Duchesne*, operários foram convocados, forjas instaladas nos jardins e praças públicas. É bem verdade que uma fração da burguesia girondina se associa no fabrico de armamentos e que o Comitê não pôde dispensar certos apoios de banqueiros, com seus empréstimos e suas relações com as praças internacionais.

A *sans-culotterie* se mobilizara, pressionara e aderira ao esforço de guerra; e o Comitê conseguiu coordenar tal esforço. Os resultados de Lyon, Cholet, Dunquerque, Mauberge, Toulon, Mans, exercitaram as tropas na defesa da "coisa pública" (Saint-Just), em ataques rápidos e ofensiva de massa permanente, ao som assustador da *Marselhesa*.

A REVOLUÇÃO CONTRA OS "ULTRAS" E OS "INDULGENTES"

Com as primeiras vitórias, a Revolução – cujo organismo diretor residia no Comitê de Salvação Pública – procurou controlar os excessos. Os 21 deputados girondinos foram executados a 31 de outubro, madame Manon Roland a 7 de novembro (o foragido Roland se suicidará dias depois, em Rouen); em Lyon uma comissão militar condena, a 10 de novembro, 1.667 pessoas à morte; Bailly, o ex-prefeito de Paris, um dos responsáveis pela fuzilaria do Campo de Marte, é guilhotinado a 11 de novembro; no dia seguinte, é a vez do general Houchard, vencedor dos ingleses em Hondschoote (em setembro de 1793) mas acusado pelo Tribunal de não os ter perseguido; a 16 de novembro, ocorrem os afogamentos de Nantes, por determinação de Carrier. Finalmente, nessa escalada de depuração revolucionária, a 17 de novembro, Chabot e Basire – amigos de Danton – são presos por envolvimento no escândalo financeiro da liquidação da Companhia das Índias.

Danton, fora de Paris, regressa a 20 de novembro e passa a defender a *indulgência*, para brecar o Terror. O jornalista Desmoulins, no *Vieux Cordelier*, também prega a indulgência e a paz com os inimigos externos, que ainda ocupam algumas regiões do território francês.

Ocorre que a Revolução avançara, não só no plano político-administrativo, mas também no militar e ideológico. A Convenção discutira e adotara, no fim de 1793, uma Constituição provisória para controlar a anarquia e recentralizar radicalmente o poder ("uma centralização mais forte que antes de 1789", observou Godechot), impondo a execução de suas determinações e submetendo as administrações dos distritos aos Comitês de Salvação e de Segurança – o primeiro, cuidando da guerra e da diplomacia; o segundo, da polícia. As leis passavam a ser aplicadas por "agentes nacionais" em lugar dos procuradores eleitos, os exércitos e os tribunais revolucionários foram suprimidos, passando a existir apenas o da capital. E os Deputados em missão adquirem mais força: são os todo-poderosos depuradores e inspetores da Revolução, os agentes maiores da Convenção.

No plano militar, a retomada de Toulon aos anglo-realistas (liderada pelo capitão Bonaparte que, pouco depois, com 25 anos, será promovido a general comandante de artilharia do exército na Itália) e a vitória sobre os vendeanos (na realidade, uma devastação, com cerca de 120 mil mortos) reforçam a unidade nacional.

No plano ideológico, novos mitos, símbolos e medidas. O jovem Joseph Bara, de catorze anos, fora recentemente estrangulado por um bando de vendeanos por se negar a gritar "Viva o Rei". Transformado em herói, foi para o Panteão, do qual são retirados os despojos de Mirabeau, cuja traição ficou comprovada. Além disso, por instância do abade jansenista Grégoire, a Convenção proíbe a destruição de livros, desenhos, pinturas e estátuas, que a descristianização vinha impondo.

O tratamento na segunda pessoa no estilo romano antigo, votado pela Convenção, se generaliza, e o calendário revolucionário passa a ser adotado nos documentos oficiais e privados. Os nomes de santos são banidos das ruas, das cidades etc. O ensino da língua francesa nos cantões em que não é dominante torna-se obrigatório, reforçando a unidade ideológica nacional. A 10 de janeiro de 1794 o abade Grégoire propõe a substituição do latim pelo francês nos monumentos públicos – e combate a destruição dos monumentos e do "patrimônio nacional". A ideologia da nacionalidade se precisa.

Simbólico ainda, o guilhotinamento, no 18 frimário, de Madame du Barry, a última amante de Luís XV – acusada de passar informações aos contrarrevolucionários.

A "INDULGÊNCIA" DE DANTON
(DEZEMBRO DE 1793 – JANEIRO DE 1794)

Contra todas as medidas avançadas da Revolução, Danton se manifesta. Já em novembro, atacara as perseguições e mascaradas antirreligiosas, descristianizadoras. O ateísmo de Hébert aborrecia o próprio Robespierre, espiritualista a seu modo, e Danton fará passar em dezembro o decreto de liberdade de culto no território francês... não aplicado na turbulenta Paris.

Danton chegara em novembro a provocar a *sans-culotterie*, os Cordeliers e Hébert, ao dizer que, a economia dirigida por Cambon não era controlável pelos espetos e lanças, mas – note-se a linguagem característica da Maçonaria – pelo "compasso da razão e do gênio". Teve depois que se justificar com os Jacobinos, com o apoio de Robespierre, defensor da abalada unidade da Montanha.

Ocorre que Danton antes pedira que os Comitês investigassem sobre a propalada "conspiração do exterior", denunciada em 12 de outubro por Fabre d'Eglantine, poeta (que batizou bucolicamente os nomes dos meses do calendário revolucionário) e ex-secretário de Danton. Com efeito, seu amigo atacara personalidades "vítimas do despotismo" que se beneficiaram da hospitalidade da Revolução, como Anacharsis Cloots e Thomas Paine, e figuras discutíveis como Pereira, Boyd (banqueiro do Foreign Office, protegido de Chabot), o banqueiro e súdito austríaco Proly; homens de negócios como os irmãos Frey e súditos austríacos; ou Guzman, nobre *déclassé* espanhol. Gente que traficava de tudo e especulava com o *assignat*.

O caso da liquidação fraudulenta da velha Companhia das Índias – um dos símbolos do mercantilismo – também dividiu a Montanha. A Convenção decretou o fim das Companhias e sociedades por ações – e deputados como Basire, Chabot, o próprio bucólico d'Eglantine entre outros participavam da crítica a elas. Mas, ao mesmo tempo, especulavam com a baixa das ações... E mais, levaram um suborno de quinhentas mil libras. Atrapalharam-se, se desdisseram, se denunciaram e acabaram por atacar o Terror e a tirania dos tribunais da Revolução – que os pegaram.

"A confiança não tem preço, quando a partilhamos com corruptos", escreveu Saint-Just a Robespierre.

O "INCORRUPTÍVEL" E O "GRANDE TERROR"

> *O objetivo do governo constitucional é o de conservar a República; o do governo revolucionário é de fundá-la.*
>
> MAXIMILIEN ROBESPIERRE, 1793

Se em dezembro de 1793 Robespierre propusera à Convenção sua teoria de governo, já em fevereiro radicalizara, em face dos escândalos e da pressão popular: "Os princípios da moral política devem guiar a Convenção". É quando, a 5 de fevereiro, lança a justificativa para o Terror: "A base do Governo popular em revolução é ao mesmo tempo a 'virtude' e o 'terror'; a virtude, sem a qual o terror é funesto, o terror, sem o qual a virtude é impotente".

A revolução chegava também às colônias. Em 1790, a Assembleia entendendo as colônias como parte do Estado francês, propunha que as assembleias coloniais – só de brancos – decidissem sobre a manutenção da escravidão ou não; agora, em 1794, a Convenção radicalizava.

Em ato revolucionário, decreta a supressão da escravidão nas colônias sem indenização, atingindo Saint-Domingue e Guadeloupe, mas não a Martinica (que não pertencia mais aos ingleses) e as Mascareignes (que se opuseram). Mas em 1802 Napoleão suspenderá tal ato. Vale notar a inter-relação entre levante nas Antilhas e as crises de escassez de açúcar e café na metrópole – com o consequente aumento de preços. De fato, e apesar dos interesses sobretudo da burguesia girondina nas efervescentes Antilhas, passam elas a ser um problema para a França – a ponto de Talleyrand propor, em 1797, no Instituto de France, sua substituição pelo Egito. Poucas semanas depois, a 22 de agosto, o general negro Toussaint-Louverture despacharia num barco, em Saint-Domingue, o comissário da República, Sonthonax – iniciando a Revolução de independência.

O "governo popular em revolução" encontrava seu eixo, sua ética, seu método. E seu principal ator, pois Robespierre no centro da disputa entre os "ultras" de Hébert e os "citra-revolucionários[10]" de Danton, fracassada a conciliação que tentara em vão, adota uma tática (quase) imbatível. Subordina a Comuna ao movimento popular, neutralizando Hébert; em seguida, ataca as sociedade populares ("o povo não está lá") e, em fevereiro de 1794, envolve os *sans-culottes* nos "decretos de ventôso". A essa altura os *sans-culottes* achavam-se mais que nunca revoltados, pois seu "Apóstolo", o igualitarista Jacques Roux, se suicidara na prisão a 10 de fevereiro, isolado e acusado de anarquia (conseguira ele reunir o ódio dos realistas, girondinos, jacobinos e de Hébert).

Pelos decretos de 8 ventôso (26 de fevereiro), e por proposta de Saint-Just, a Convenção decide sequestrar os bens de suspeitos e dá-los aos indigentes. Ato utópico – pois era quase impraticável elaborar listas – mas de grande efeito popular, amortecendo a ira dos *enragés* que perderam seu líder Roux. No Clube dos Cordeliers, Hébert prega a insurreição contra o Comitê (4 de março) no que não é seguido pela Comuna.

Na Convenção, Barère denuncia, a 6 de março, os inimigos contra os quais a Revolução deveria lutar: os Indulgentes e os Ultras. O Comitê, por indicação de Saint-Just, manda prender Hébert (o líder dos "ultras"). As seis comissões populares formadas para listar os "inimi-

---

10. Ou seja, os militantes situados aquém do projeto revolucionário dominante no momento, representado por Robespierre e sua facção. (N. do A.)

gos da República" e os indigentes não alcançam grande resultado – mas mobilizaram a opinião.

MOBILIZAÇÃO NACIONAL

Mobilizava-se, entretanto, a defesa nacional para a grande ofensiva em resposta aos invasores. Qualquer fratura quebraria a unidade: a 13 de março Saint-Just denunciara na Convenção as "conjurações" dos "exagerados" e "indulgentes" de que falara Barère. Na mesma noite ocorrera a prisão de Hébert, sem resistência, pois tentava açular a massa contra a nova elevação dos preços – e não era de se desprezar sua potência, pois seu jornal enviado às tropas por seu testa-de-ferro e financiador Vincent alimentava-lhe o prestígio, tendo alcançado a enormidade de seiscentos mil exemplares, enquanto outros mal atingiam cem mil. Além disso, ele vivia na *villa* do banqueiro Koch, em meio a pessoas como o suspeito Proly.

No dia seguinte, era a vez do golpe nos Indulgentes: recolhe-se o jornal de Desmoulins, o *Vieux Cordelier*. No dia 15, Robespierre declara: "Todas as facções devem perecer num mesmo golpe".

Com efeito, controlada a "terra incógnita" do igualitarismo representado por Roux e seus *enragés* e suas *femmes révolutionaires*, que tiveram a ousadia de chegar até a barra da Convenção para criticar a Montanha "acampada em seu imortal rochedo" (como Roux ironizava), chegara a vez dos hébertistas. Foram condenados à morte, sem reação, a 24 de março, misturados a pessoas de outras tendências, como os agentes do exterior Anacharsis Cloots, um dos promotores ateus do "Culto da Razão" (que o complicou com Robespierre, cultor do "Ser Supremo") e o banqueiro Koch, e o secretário geral do ministério da Guerra Vincent, ao lado de patriotas avançados como Descombes, funcionário da Administração de Alimentos.

O distanciamento do governo revolucionário do movimento popular estava caracterizado com as mortes de Roux e Hébert. Agora, tratava-se de depurar o próprio governo revolucionário: chegara a vez dos "Indulgentes", inclusive dos dantonistas. A 29 de março, os Comitês de Salvação Pública e de Segurança reunidos votam unanimemente a prisão dos Indulgentes, por conta do negócio escuso da Companhia das Índias. Billaud-Varenne e Collot d'Herbois, preocupados com a repercussão popular da condenação de Hébert e seus aliados, pressionam Robespierre, que acede na noite de 29-30 de março (9-10 germinal): Danton, Desmoulins (amigo de colégio de Maximilien), Philippeaux e Delacroix são presos.

No dia seguinte, o "Incorruptível" lamentava em seu discurso na Convenção: "Também fui amigo de Pétion; depois que se desmascarou, eu o abandonei; também tive laços com Roland; ele traiu e eu o denunciei. Danton quer tomar seu lugar, mas a meu ver ele não passa de um inimigo da pátria".

A 2 de abril abre-se o processo dos dantonistas no qual se incluem os deputados prevaricadores, quatro especuladores, o general Westermann e Herault de Séchelles. Taticamente, Danton denuncia seus acusadores ("Eu envolvo Robespierre, Robespierre me seguirá..."[11]) mas Saint-Just, precavendo-se contra sua potente retórica e popularidade, faz votar que aqueles que atacassem a justiça não teriam o direito de se defender. Todos são guilhotinados a 5 de abril.

Na semana anterior, preso por acaso, suicidava-se na prisão o filósofo Condorcet, em Bourg-la-Seine. À mesma altura em que Tadeuz Kosciuszko iniciava a insurreição polonesa contra os ocupantes russos e prussianos (24 de março de 1794), e pedia auxílio à França revolucionária.

Com a Revolução polonesa, abria-se na Europa aristocrática mais uma fenda.

O "GRANDE TERROR"

"A Revolução congelou"[12], dizia Saint-Just, que não permitira a Robespierre salvar seu ex-colega Desmoulins. Mas o fato é que a Revolução perdera suas bases populares. "O drama do germinal é o prólogo do termidor", comenta Soboul[13].

Os Comitês perderam o apoio popular, ao tentarem mobilizar suas forças para a defesa nacional. Restava-lhes o apoio da Convenção: é quando se instaura a Ditadura jacobina de Salvação Pública e o Grande Terror. E o poder se concentrará no Comitê de Salvação Pública, que a 1º de abril criara um escritório geral de polícia nas Tulherias, controlado por Saint-Just. Além disso, o Comitê controlava todos os agentes nacionais. Os atentados a Robespierre e a Collot d'Herbois aumentavam a repressão, e o Tribunal revolucionário não descansava.

A centralização autoritária amortece a militância nas seções. Os Cordeliers e o *Père Duchesne* são liquidados, são mortos Danton e os dantonistas, o movimento denominado de "conspiração das prisões" (apoiado pelas viúvas de Desmoulins e Hébert, mais Chaumette e o general Dillon) ganha vulto, tudo contribuiu para quebrar o vínculo do movimento popular com o governo revolucionário. Até mesmo uma figura como Thomas Paine, amigo dos girondinos, estava na prisão desde dezembro de 1793 escrevendo sua *The Age of the Reason*: cidadão francês, seria readmitido na Convenção em julho de 1795.

Já agora a unificação das instituições e das forças que se conseguira com a Revolução começa a ser erodida: o exército revolu-

---

11. J'entraîne Robespierre, Robespierre me suit...
12. La Révolution est glacée.
13. *História da Revolução Francesa*, p. 330.

cionário fora licenciado a 27 de março, as sociedades populares das seções dissolvidas, a Comuna enquadrada e depurada, suprimidos os comissários de vigilância aos atravessadores (Ducroquet, da Seção Marat, fora guilhotinado com Hébert, Cloots, Proly).

Como Soboul concluiu, "o movimento popular foi integrado nos quadros da ditadura jacobina: mas o que os Comitês ganharam em força coativa, perderam em apoio confiante". De germinal a termidor, a revolução se perdeu.

APOGEU E QUEDA DE ROBESPIERRE

Em abril, além da liquidação dos oponentes ao Comitê, a ditadura se concentra na defesa nacional e revolucionária, buscando a eliminação das dissidências, o esforço de guerra para coordenar a economia. O triunvirato que a lidera é composto por Robespierre, Saint-Just e Couthon. "Não se trata de dar alguns exemplos", dirá este a 10 de junho, "mas de exterminar os implacáveis inimigos da tirania".

O Comitê procura controlar os excessos, chamando terroristas seus adversários, como Fouché, Fréron, Barras, Tallien e Carrier para serem julgados em Paris. Em maio, 27 *fermiers généraux* – coletores de impostos do Antigo Regime – são condenados e guilhotinados, entre eles o químico Lavoisier, que usou de muitos benefícios de seu cargo para o desenvolvimento de suas pesquisas e descobertas sobre a química dos gases e dos ácidos. Pagou o preço alto do ressentimento acumulado contra os agentes da Coroa.

Com efeito, tais coletores de impostos foram particularmente visados, pois eram os cobradores e controladores de certos tributos, como a gabela e a talha. Recebiam remuneração fixada pelo Estado e cuidavam do aumento dos impostos, pagando de seu próprio bolso os funcionários receptores e guardando para si generoso excedente dos recolhimentos. Em 1790, a Constituinte passara o controle dos impostos para a administração pública. Mas os coletores permaneceram na lembrança dos revolucionários: no Terror, os 27 *fermiers* que não se exilaram foram guilhotinados.

Foi o *Grande Terror*. Não só se executou madame Elizabeth, a irmã de Luís XVI, mas também seu advogado Malesherbes e o poeta André Chénier – este dois dias antes de Robespierre, a 25 de julho. Durante o Terror, 2.627 pessoas foram condenadas em Paris. Em Orange, uma comissão popular condenou à morte 332 federalistas. "Ser suspeito de ser suspeito" era o lema popular desse período. Para agravar o quadro, atentados a Robespierre ocorrem nos dias 22 e 23 de maio, pelo realista Admirat – ferindo Collot d'Herbois – e por Cécile Renault – declaradamente contrarrevolucionário[14].

---

14. O quadro do Terror, descrito por Albert Soboul, oferece números altíssimos. Idem, p. 123.

A ADMINISTRAÇÃO DA REPÚBLICA

A 11 de maio, Bertrand Barère de Vieuzac (l755-l841) propõe, na Convenção, uma série de medidas para combater a mendicidade nas zonas rurais e para proteger os mendigos (Paris, com setecentos mil habitantes, não teria menos de cem mil mendigos – sensíveis aos apelos à pilhagem). Afinal, não dera certo a política de distribuir aos pobres os bens dos "inimigos da República": o Comitê revolucionário aguçara as lutas de classes, agora tratava-se de administrá-las. Para tanto, Barère propunha vender tais bens e criar um fundo de "seguro público" para os indigentes, além de assistência médica gratuita. Ainda em maio, nomeia-se, para cada departamento, um Agente nacional – embrião da figura do prefeito. Personagem controvertido, Barère, ex-advogado em Toulouse, será um agente secreto de Napoleão (1803-1807) e depois participará dos Cem Dias, sendo exilado na Bélgica (l8l6-l830).

O abastecimento de Paris melhorara em abril, mas os problemas da *sans-culotterie* permanecem os mesmos. A ditadura esboça um programa de aplicação dos decretos de ventôso (fevereiro), beneficiando *a democracia dos pequenos proprietários* – mas, note-se, não a *sans-culotterie*. Uma certa redistribuição é implementada pelo decreto de Barère a 11 de maio, pois terras são fracionadas e distribuídas a indigentes, pensões a velhos e alojamentos para famílias com mais de quatro crianças.

Tomando medidas para envolver e estimular os negociantes, o Comitê tenta oferecer indenizações e recompensas de explorações de minas, de indústrias ou a drenagem de pântanos. E estimula a oferta de alimentos, com pagamento adiantado. Mas não se respeitava mais o *maximum*, o *assignat* estava desvalorizado, a fiscalização popular desapareceu e a especulação voltara. A desvalorização do dinheiro aumentou a fome, os trabalhadores pediram aumento de salários, mas as coalizões operárias estavam proibidas assim como a recusa às requisições revolucionárias: a 5 de julho (7 messidor) o estabelecimento de um novo *maximum* de salários desagradou os trabalhadores, que viam seu poder de compra reduzido. A queda de Robespierre está próxima.

ROBESPIERRE, *VUE D'EN HAUT*

> *Não houve um só governo republicano que ousasse reivindicar a memória de Robespierre...*[15].
>
> ROMAIN ROLLAND

O regime, fechando-se, assume cada vez mais a fisionomia do líder do triunvirato, o virtuoso advogado de Arras, Maximilien. Além de sua origem pequeno-burguesa no Artois, de ser de uma família tradi-

---

15. Il ne s'est pas trouvé un seul gouvernement républicain pour oser revendiquer la mémoire de Robespierre...

cionalmente ligada às profissões liberais, não se deve desprezar certas particularidades de sua biografia, como a de ter sido obrigado, quando adolescente, representando sua escola, a declamar para Luís XVI.

Órfão muito cedo, estudou no rígido colégio dos Oratorianos de Arras e ganhou uma bolsa para o famoso colégio Louis-le-Grand, em Paris. Notou o historiador Marc Bouloiseau que, vivendo isolado no meio de jovens de condição superior, ele se dedica intensamente aos estudos, como Napoleão. Lê Plutarco, Tito Lívio, estuda Montesquieu mas é Rousseau quem o fascina, não só pela obra como pela misantropia. Sua condição flagrantemente modesta também o condena a ter, num meio rico, apenas um terno e sapatos gastos, sem estar equipado para o enfrentamento do *grand monde*. Diplomado, volta a Arras, onde começa sua carreira de advogado sólido, meticuloso, já mais aberto às tertúlias – escreve madrigais, canções, elegias – gosta de pássaros, flores, costura, mas é sobretudo atento aos meios intelectuais de Paris, não desdenhando – informa seu biógrafo Bouloiseau[16] – "a companhia de mulheres belas". Em 1786 a Academia de Arras o escolhe como chanceler. Mas seus atritos com a sociedade local começam quando, nesse mesmo ano, numa causa contra um beneditino acusado de roubo, Robespierre ataca a abadia e o comportamento dos monges. A sociedade se fecha a ele, que já está criticando o absolutismo real, o mundo jurídico, a aristocracia, produzindo memórias e alertas: a 26 de abril de 1789, com 31 anos, foi eleito um dos oito deputados ao Terceiro Estado que o Artois enviou a Versalhes, e depois a Paris.

O arcabouço ideológico da República Jacobina, agora orientada por esse discípulo de Rousseau, vai se definir com o decreto da Convenção que faz o povo francês reconhecer a "existência do Ser Supremo e da imortalidade da alma". E para compensar o lado extraterreno, completa enfatizando que "o culto mais digno do Ser Supremo é a prática dos deveres do homem". A 8 de junho, em todo o território, ocorre a Festa do Ser Supremo, presidida por Robespierre, eleito, a 4 de junho, presidente da Convenção por unanimidade.

Organizada a cenografia por David, musicada por Désorgues, esta festa marcou o clímax – e o começo da queda – de Robespierre e seu grupo.

O culto do Ser Supremo provocaria o sarcasmo dos Convencionais, dos racionalistas, dos ateus radicais, dos cristãos. Dois dias depois, Couthon – o advogado de Orcet e Clermont, que dirigiu como Delegado em Missão a expedição contra a revolta federalista de Lyon – acelera o Grande Terror: suprime-se qualquer garantia aos acusados. Muitas pessoas são "suspeitas de serem suspeitas". Mas era tempo de guerra, e a Revolução não se estabilizara.

---

16. Marc Bouloiseau, *Robespierre*.

A República, entretanto, consolidava sua "cultura": na Convenção, o abade Grégoire dava continuidade a sua notável obra cultural e institucional, definindo, em junho, os meios de fazer desaparecer o patoá e os dialetos locais, impondo a língua francesa como língua nacional. E os exércitos têm ordens da Revolução de se apoderarem e trazerem a Paris os "objetos de arte e de ciência" pilhados – política adotada depois por Napoleão, transformando Paris na capital cultural do Império. O Museu do Louvre é o símbolo mais eloquente dessa política.

AS VITÓRIAS EXTERNAS E O ESGOTAMENTO DO TERROR

Carnot tinha claro que a celeridade do ataque resolvia um problema de logística fundamental: chegava-se mais rapidamente às provisões (e, diga-se, à pilhagem). Afinal, era um milhão de homens divididos em doze exércitos compostos de homens de origens diversas, com regimentos de linha, voluntários, recrutas da *levée* dos trezentos mil e da *levée en masse* agora "amalgamados" pelos decretos de fevereiro de 1793, agora aplicados. Um exército nacionalizado aos poucos, com um estado-maior notável (Kléber, Hoche, Marceau, Jourdan, Masséna).

Organizou-se uma *École de Mars* (junho de 1794) para dar "uma educação revolucionária, todos os conhecimentos e costumes dum soldado republicano". Mais, a 12 de fevereiro dizia Saint-Just: "A eleição dos chefes dos batalhões é direito de cidade do soldado; a eleição dos generais é direito da cidade toda".

A negligência aparecia como prova de anticivismo, alguns foram guilhotinados como Custine e Houchard, e Saint-Just – estudioso das questões militares – dizia sempre: "Só se fará o elogio dos generais no fim da guerra". E, em nome do Governo revolucionário, advertia: "Generais, o tempo de desobediência acabou".

Nada obstante, Billaud-Varenne – à esquerda da Convenção – prevenia, a 20 de abril de 1794:

> Quando se tem doze exércitos acampados, não são apenas as defecções que se deve perceber e prevenir; a influência militar e a ambição de um chefe empreendedor que sai de um só golpe da linha são igualmente para se preocupar. A História ensina que é por aí que todas as repúblicas pereceram [...] O governo militar é o pior depois do teocrático[17].

* * *

As batalhas se sucedem. Criados pelo Comitê, aerostatos militares são testados e utilizados. A 20 de maio, a Savoia é liberada; o exército dos Pirineus Orientais retoma o Roussillon a 28 de maio; a 29, o exército do Moselle, comandado por Jourdan, toma Dinant, na Bélgica, e

---

17. A. Soboul, *La 1ère République*, p. 136-137.

se junta com o exército das Ardenas; em 10 de junho, na dramática batalha naval de Ouessant, contra os ingleses, consegue-se fazer entrar um pesado carregamento de trigo em Brest, apesar de se perderem sete navios; a 25 de julho, o general Jourdan, assistido por Saint-Just, toma Charleroi, e, finalmente, no dia seguinte, em Fleurus, bate os austríacos do Príncipe de Coburgo – com auxílio de um aerostato.

A vitória de Jourdan – no 8 messidor – leva à conquista da Bélgica (com Pichegru), da Holanda e de uma parte da margem esquerda do Reno. A essa altura, praticamente não há mais invasores na França. A guerra prosseguirá – mesmo após a queda de Robespierre – mas as vitórias não mais justificam o Terror, porque a Pátria "não mais está em perigo".

Robespierre era um defensor da paz ("Não é por frases de reitores, nem por explorações guerreiras que submeteremos a Europa, mas pela sabedoria de nossas leis"), até porque ela contribuiria à estabilização da República. Foi o insucesso militar que o levou ao poder; o sucesso agora o esvaziaria.

Como analisou Soboul, a ditadura jacobina se reforçava nas mãos do governo revolucionário, mas a base social se restringia cada vez mais em Paris, assim como a base política na Convenção. O conflito entre os dois Comitês se abrira na Convenção, pois o de Segurança Geral queria prosseguir o Terror (com Auras, Vadier, Voulland). No plano militar, Carnot aborrecia-se com as críticas de Saint-Just e Robespierre, e além disso era ligado – como Lindet – à Planície dos burgueses conservadores. Logo, a democracia social não era decididamente sua meta.

Dois episódios ainda afastariam o isolado Robespierre da Convenção (de 29 de junho a 23 de julho), esvaziado de poder. Os *novos Indulgentes* da Convenção pediam o fim do Terror e se impacientavam com os Comitês em disputa, e, fora dela, a *sans-culotterie* lhe era hostil. Um dos episódios foi o de "Vaugham, nome de um deputado inglês de oposição que se refugiara na França, preso por suspeita de ser um enviado de Pitt (o bloqueio inglês era uma realidade; na contraofensiva chegara-se a projetar, no começo de julho, um desembarque na Inglaterra). Robespierre mantivera entrevistas com Vaugham e o liberara – para inquietação de Carnot e Cambon. A ordem geral era a de se manter os estrangeiros longe dos Comitês.

O outro episódio foi o de Catherine Théot, uma anciã que dizia ser a "mãe de Deus", e que Vadier, do Comitê de Segurança, perseguia, ironizando o culto do Ser Supremo.

Conflito aberto. Os jacobinos mais à esquerda, liderados por Billaud-Varenne e Collot d'Herbois, opunham-se à "direita" jacobina, de Carnot e Cambon. Robespierre, no centro, não aceitava a conciliação, diversamente de seus amigos Saint-Just e Couthon.

Os "corrompidos" e "novos Indulgentes" se reaglutinavam, mas agora Robespierre endurecera, não mais querendo sustentar a aliança da Montanha e da Planície.

Ao jogar em aberto na Convenção, o "Incorruptível" perde, pois o movimento popular está desmobilizado. E a "*sans-culotterie* parisiense continuava indiferente ou hostil", diagnostica Soboul.

O 9 TERMIDOR. O CHORO DE ROBESPIERRE

Também foi ele quem impôs a "arbitragem fatal" da Convenção, segundo o historiador Lefebvre.

Isolado, há muito Robespierre não vinha à Convenção. Nada obstante, todos os atos dos Comitês aumentam seu papel no Grande Terror, sobretudo os do Comitê de Segurança Geral. O decreto de prairial surge como de sua responsabilidade e a 13 messidor Robespierre reage, defende-se, recusando-se a ser tomado como um tirano e "opressor da representação nacional". A opinião contra ele cresce, e vários convencionais o atacam abertamente ou às escondidas, ora como "tirano" ora como um "moderado" – inclusive Billaud-Varenne e Collot d'Herbois que acusam "sua ditadura".

Sua austera vida privada é ridicularizada (com ressonâncias girondinas até os dias atuais, como no conhecido e equivocado filme *Danton*, do diretor polonês Wajda). O invejoso Carnot, Tallien, Fouché, o caluniam – e são os seus antigos companheiros que mais o ferem, não os inimigos realistas. A sessão de 23 prairial foi tão violenta e ruidosa que o plenário passa a se reunir no pavimento superior, para os bate-bocas não serem ouvidos na rua, segundo o historiador Marc Bouloiseau, autor de excelente biografia já citada do revolucionário.

Naquela sessão tempestuosa, Robespierre chorou de raiva. Após cinco anos de contínua presença, e agora de ataques sucessivos, o advogado estava num estado de superexcitação nervosa, irritável, distante, já não sorria. Nas semanas seguintes, ele não comparece à Convenção e só aparece no Comitê até 10 messidor (28 de junho), mas assina poucos dos documentos. Nos próximos 25 dias, recebe processos para assinar em seu quarto alugado na casa de Duplay – documentos enviados por seu aliado Couthon, respondendo pelo Bureau de Polícia. De seu retiro segue com estupor – ainda segundo Bouloiseau – o desencadeamento do Grande Terror. A 8 termidor, dirá Robespierre:

"Há seis semanas minha ditadura expirou, e eu não tenho qualquer tipo de influência sobre o governo".

A MORTE DE ROBESPIERRE

Os dois pólos principais da disputa eram Carnot que, como controlador da Guarda Nacional, enviara para as províncias líderes das forças populares, e Robespierre, que pensava contar com a massa revolucionária. Collot e Billaud, à esquerda, lamentavam o guilhotinamento de Hébert, e inúmeros convencionais – sobretudo Tallien, Barras e o insidioso e frio Fouché – temiam as críticas do "Incorruptível" e divulgaram supostas listas das próximas vítimas do Tribunal revolucionário. "Sempre Fouché...", escreveu Stefan Zweig na biografia desse oportunista.

Robespierre pretendia que a Convenção dissipasse as dúvidas. As tentativas de conciliação entre os Comitês e o advogado, conduzidas por Saint-Just, a 5 termidor, designadas para esse fim, resultaram em nada. A 8 termidor ele, durante duas horas, abre fogo na Convenção. Faz críticas em geral, mas, atingindo Carnot e Cambon em particular, pede a depuração do Comitê de Segurança, a subordinação deste ao Comitê de Salvação Pública, também depurado, e todos submetidos à autoridade da Convenção. "A Contra-revolução está na administração das finanças!", denuncia.

Cambon responde violentamente ao último discurso de Maximilien, dizendo que um só homem paralisava a vontade da Convenção Nacional: Robespierre. Com a votação transferida para o dia seguinte, à noite escreve para sua família: "Amanhã, Robespierre ou eu, um dos dois será morto".

À noite, Robespierre repete seu discurso no Clube dos Jacobinos, sem conclamar, entretanto, seus partidários à insurreição. Estavam presentes Collot e Billaud, mas não conseguem falar sob os gritos "Para a Guilhotina". Presentes também Dumas (presidente do Tribunal revolucionário), o pintor David, Coffinhal (vice-presidente do Tribunal), Lescot (o prefeito de Paris) e Payan, agente nacional da Comuna. Os três últimos pressionam Robespierre a tomar medidas radicais contra os Comitês, mas o legalismo do advogado o levará à Convenção.

Não dá o golpe e é apanhado. Tem a seu lado também a Guarda Nacional comandada por Hanriot, seu amigo da Comuna. Nessa mesma noite, Fouché e Tallien insuflam os deputados da Planície – o "centrão" da Convenção – contra o jacobino.

No 9 termidor (27 de julho), com a sessão aberta às 11h00, e após uma série de obstruções, às treze horas Saint-Just finalmente consegue tomar a palavra, mas é interrompido nas primeiras frases por seus adversários do Comitê de Salvação, Tallien primeiro, Billaud depois. Com Vadier, vão ter à tribuna com Collot (que preside a sessão).

Deputados gritam a Robespierre: "abaixo o tirano". Sineta, xingamentos, Robespierre tenta responder de seu lugar. Impossível: cortam-lhe a palavra. Ele sobe à tribuna e se atarraca nela. Saint-Just é calado mas Robespierre ainda tenta por onze vezes falar. Barère, a seu lado, pede calma em vão. Vadier lança-lhe sarcasmos; e a audiência, pedras. Robespierre protesta, mas não é ouvido: "Pela última vez, presidente dos assassinos, eu te peço a palavra!"; "Prisão! Prisão!" (gritos no plenário).

Ao contrário do que imaginava, a votação é feita para prender não os *brigands* mas a si, a Saint-Just, a Couthon, a seu irmão Augustin Robespierre e a Lebas.

A Abolição da escravidão nas colônias, proclamamda pela Convenção Nacional Republicana, no 16 Pluvioso ano II.

Toussaint Louverture (1745-1803), Comandante-geral das forças armadas de Saint-Domingue sob o Diretório e primeiro líder revolucionário negro.

Graco Babeuf (1760-1797), líder da derrotada Conspiração dos Iguais, a primeira proposta comunista da História Contemporânea.

Saint-Just, o "Arcanjo de Terror".
   "É impossível que as leis revolucionárias sejam executadas se o governo não for constituído revolucionariamente" – outubro de 1793.

Georges Danton (1759-1794), fundador do Clube dos Cordeliers, depois chefe da facção dos "Indulgentes".

Execução de Robespierre, a 28 de julho de 1794.

10 termidor, às 2h00 da manhã, o policial Merda atira em Robespierre, que ferido na mandíbula cai nos braços de Saint-Just. Couthon, caído, defende-se com um punhal. O quadro representa a discutida versão de Merda sobre o episódio. Terá Robespierre tentado se suicidar, horas antes de sua execução?

Fréron grita: "A liberdade e a república vão enfim sair das ruínas!"; "Sim, pois os ladrões triunfam...", responde Robespierre.

Às 16h30, são presos e conduzidos a uma das salas do Comitê de Segurança, de onde – por decisão de Vadier e Amar – são enviados a prisões diferentes. Às dezoito horas, o Conselho Geral da Comuna de Paris se reúne, o prefeito Lescot-Fleuriot prega a insurreição contra a Convenção e conclama a todos os cidadãos a se reunirem na frente do Hôtel de Ville para libertar os prisioneiros. Tropas das seções de Paris se reúnem (dezenove entre 48; mais de trinta aderirão à Convenção) mas recebem uma série de ordens e contraordens, o Comitê proibindo-as de obedecerem ao Conselho Geral da Comuna. A Comuna reúne-as (3.500 guardas) na Place de Grève.

Robespierre é levado, às 19h30, à prisão do Luxemburgo, onde o porteiro recusa-se a recebê-lo, obedecendo à Comuna; é então conduzido à Prefeitura, mas recusa-se a liderar a insurreição. Quando o jacobino entra na Sala do Conselho Geral da Comuna, às 22h45, depara-se com seu irmão Augustin, Saint-Just e Lebas. Na Place de Grève, militantes armados se reúnem, aguardando palavras de ordem. Que não vêm. "Tendo a experiência do passado, vejo o futuro. Qual amigo da pátria pode querer sobreviver no momento em que não lhe é mais permitido servi-la, e de defender a inocência oprimida [...]"[18].

O duro homem da lei era agora um fora-da-lei. E na fatídica madrugada do dia seguinte, também a Comuna é posta fora-da-lei pela Convenção. Couthon, paralítico, que chegara carregado por dois guardas, pensava estar escoltado por robespierristas. As deliberações no Hôtel de Ville foram lentíssimas. Na praça, sem palavras de ordem, os militantes da Comuna se dispersam: às duas da madrugada do dia 10, ela estava vazia.

A Convenção age rapidamente, enviando nessa mesma hora Barras, o novo comandante militar, para cercar o Hôtel de Ville à frente de um destacamento de guardas.

O Conselho Geral se desentende, muitos fogem. Um tiro de pistola fere gravemente o maxilar de Robespierre – tentativa de suicídio ou o atentado cometido pelo jovem guarda Charles Merda? Lebas se suicida, e Augustin se atira do primeiro andar, mas não morre. Nesse instante, chega Léonard Bourdon dirigindo uma tropa da Convenção – cuja rapidez garantira a vitória.

Logo depois, às oito horas segundo Godechot, carroças transportam o cadáver de Lebas, os irmãos Robespierre, e as outras pessoas que estavam na sala do Conselho da Comuna para as Tulherias, depois para a Concièrgérie. Após verificação de identidades, os 22 robespierristas são levados à Place de la Revolution e guilhotinados. Nos dois dias seguintes, mais execuções (num total, 108 vítimas).

---

18. M. Bouloiseau, op. cit., p. 120. A melhor descrição do processo que levou à deposição de Robespierre é desse historiador, de cuja obra extraímos as falas do jacobino.

No caminho, passavam pelo cais do Sena, onde os "habitantes dos bairros burgueses manifestavam ruidosamente sua alegria", segundo Bouloiseau. Muitos, além dos 108, morreram – ou morreriam depois – como a mulher de seu hospedeiro Duplay, que se suicidou.

O Terror chegava ao fim, as prisões se abririam, mas a Revolução iria recuar –inclusive com a ação do "Terror Branco" contrarrevolucionário e a rearticulação dos girondinos. "O Terror", assinala Soboul, "por meio de seus terríveis golpes, completara a destruição da Antiga sociedade e limpara o terreno para a instauração de novas relações sociais: o reino burguês dos notáveis podia começar"[19].

FIM DA REVOLUÇÃO:
A REAÇÃO DA CONVENÇÃO TERMIDORIANA
(28 DE JULHO DE 1794 A 27 DE OUTUBRO DE 1795)

No último período da Convenção republicana, após a queda dos jacobinos, assiste-se na França à reação termidoriana conduzida pelos inimigos de Robespierre, Saint-Just e Couthon. As medidas políticas principais consistiram na desarticulação do governo revolucionário (24 de agosto de 1794), o esfriamento do Terror, a abertura das prisões, o fechamento do Clube dos Jacobinos (13 de novembro de 1794). No plano econômico, ocorre o abandono da economia dirigida e a supressão do *maximum* (24 de dezembro de 1794), com a desvalorização brutal do *assignat* e elevada alta de preços. No plano social, a desmobilização progressiva da *sans-culotterie* que, duramente atingida dez meses depois pela carestia, o desemprego e o inverno, exigirá o retorno do controle econômico.

A *sans-culotterie* fará mais dois levantes, porém será aniquilada por um arco de forças composto de girondinos republicanistas, de monarquistas constitucionais e adeptos do Antigo Regime. Desarticulado, o movimento popular só volta a emergir em 1830. Afinal, o governo revolucionário jacobino deposto constituía o único anteparo entre o mundo do trabalho e o bloco da burguesia. Bloco da burguesia que passa a se apoiar no exército para estancar o movimento popular e a reação realista, buscando consolidar – a seu modo – a sua Revolução. Em qualquer hipótese, "la Révolution était finie" (a Revolução estava acabada), observa Soboul.

Os revolucionários da Convenção do Termidor não formavam, entretanto, um conjunto homogêneo. Entre os convencionais, permaneceu a extrema-esquerda de Collot d'Herbois, Billaud-Varenne, o flutuante Barère; uma linha moderada, de Boissy d'Anglas e Cambacérès, da Planície, juntamente com os influentes Carnot, ex-ultra e terroristas como Tallien e Barras; e o retorno de girondinos como

19. *História da Revolução Francesa*, p. 396.

Daunou e La Réveillère. É o bloco do poder que continuará a dominar no Diretório, apoiando-se agora no exército – como os jacobinos se apoiaram na massa popular revolucionária.

Uma tentativa de golpe realista (5 de outubro de 1795) e dois levantes das forças populares obrigam a Convenção – depurada dos Montanheses – a definir sua linha propriamente burguesa conservadora.

No plano externo, vitórias expressivas e coalizões com os ex-inimigos da Revolução marcam a nova idade da Europa.

A PERSEGUIÇÃO AOS JACOBINOS

Uma série de medidas são tomadas pela Convenção contra o centralismo do governo revolucionário. Primeiro, a partilha do poder executivo entre quinze comitês, liderados pelo Comitê de Legislação; o Comitê de Salvação volta a cuidar só da guerra e da diplomacia. Segundo, os comitês passam a ser renovados a cada mês em um quarto de seus membros – e os que saem só podem ser reeleitos um mês depois. Na renovação de 31 de julho, os suspeitos de "robespierrismo" são cortados.

Quem governa a França, agora, é a Assembleia. Ela vota a abolição da lei brutal de Couthon do Grande Terror (22 prairial), liberta os suspeitos presos sem motivos específicos e fecha o Clube dos Jacobinos de Paris a 12 de novembro (após insistentes ataques dos *muscadins*, à *jeunesse dorée* [os dândis, ou a "juventude dourada" da nova burguesia esquecida] contrarrevolucionária). Decreta a volta dos girondinos sobreviventes excluídos em 1793, que vão atuar na perseguição aos jacobinos e ajudar a articular a política externa na linha proposta por Danton, baseada na conquista das fronteiras naturais consolidadas por um colar de "repúblicas irmãs".

Nessa forte reação, destacam-se os ex-ultras Tallien, Barras e Fréron (este, ex-membro do Clube dos Cordeliers, regicida, terrorista em Toulon que relança seu jornal *Orador do Povo* – que competia com o de Marat – agora na reação). As sociedades populares já vinham sendo desativadas desde março. O próprio Napoleão é preso em Nice a 9 de agosto, suspeito de "robespierrismo" – e posto em liberdade duas semanas depois, retomando o comando da artilharia do exército da Itália e projetando uma grande ofensiva contra o Piemonte e a Lombardia.

Mas, se a Convenção era condescendente para com os *muscadins* – a juventude *dorée* burguesa, os *incroyables*[20] que atacam desde agosto os jacobinos –, em contrapartida agia duramente com os montanheses. Após julgamentos que duraram até junho de 1795, executaram-se Fouquié-Tinville (o acusador público do Tribunal), Carrier (o

---

20. No período do Diretório, eram assim denominados os jovens burgueses antijacobinos.

afogador de Nantes), mais catorze jurados do Tribunal. Collot, o ex-ator que contribuíra para a prisão de Danton e a queda de Robespierre e que será acusado de insuflar a insurreição popular de abril de 1795, e Billaud, o procurador inimigo dos girondinos e coordenador dos representantes em missão, foram deportados para a Guiana (Caiena, onde Collot morre de febre e Billaud transforma-se em pequeno proprietário até 1816, indo depois para o Haiti, onde morre).

Cambon foge para a Suíça, mas Carnot, estrategista da vitória, permanece no Comitê até 1795 e será um dos cinco Diretores eleitos pela Constituição do Ano III.

Uma nova fração de classe burguesa alça vôo nos salões, nos cafés, nas casas de jogo, nos Campos Elíseos, nos jardins do Palais-Royal (o "Palais-Egalité"). O salão de Madame Tallien disputa prestígio com o de Barras.

No período termidoriano e no Diretório (1795-1799), a sociedade de *classes* começa a se definir em dois segmentos mais nítidos: o da *burguesia vencedora* e o dos *sans-culottes*, operários e indigentes (a denominada "Quarta Ordem"). A burguesia conservadora, enfim, podia respirar.

Mas um quadro trágico de miséria se desenhou com a crise econômica de 1794/95 (ano III), acentuada por rigoroso inverno, pela suspensão das medidas de amparo aos indigentes e pela alta de preços. Miséria principalmente urbana, pois com a desvalorização do *assignat* os camponeses retiveram suas mercadorias. Os salários se deterioram e todos os que os têm fixos –funcionários, trabalhadores – são atingidos.

Nesse quadro, ocorre em Paris a insurreição *sans-culotte* de 12 germinal do ano III (1º de abril de 1795), estimulada por antigos jacobinos. Sem armas, invadem a sala da Convenção e exigem a Constituição de 1793 e pão. A Convenção reage com as tropas da Guarda Nacional sob o comando de Pichegru – e declara estado de sítio em Paris. Foi quando, sem julgamento, deportaram-se Billaud, Collot, Vadier e Barrère para a Guiana (este, depois foge da ilha de Oléron) e prendem-se outros oito deputados da Montanha.

O "TERROR BRANCO"

O levante de 12 germinal fez também que a Convenção votasse o decreto de desarmamento dos terroristas em toda a República. Em decorrência surge, na prática, o "Terror Branco".

Na verdade, desde o golpe do termidor os robespierristas "ou mesmo simples Jacobinos" – na expressão de Godechot – vinham sendo caçados: na províncias, novos *Representantes em missão* impõem a nova ordem termidoriana na administração. Se por um lado os símbolos da Revolução vão se cristalizando – em setembro e outubro de 1794 as cinzas de Marat e Rousseau foram conduzidas ao Panteão – torna-se claro que o processo é seletivo: em fevereiro de 1795 Marat é "despanteonizado". E os ataques crescem em Lyon e no vale do rio Ródano, onde as denominadas "Companhias de Jesus"(ou de Jéhu) assassinam jacobinos.

A última insurreição *sans-culotte* ocorre em Paris a 20 de maio (1º prairial), é abafada e aumenta o "Terror Branco", sobretudo no Midi. Durante o levante, motivado pela miséria e, novamente, pelo desejo de volta da Constituição de 1793, a Convenção é invadida pela massa popular armada de espetos. O deputado Féraud, confundido pela massa com o traidor Frerón, que agora em seu *Orador do Povo* ataca os jacobinos, é morto, sua cabeça cortada e apresentada na ponta de uma lança ao presidente, o conde Boissy d'Anglas, que, sem saída, a saúda trágica e sarcasticamente.

O conde, protestante, escapara da prisão dos girondinos, fazia agora parte da moderada Planície, ajudara a escrever a Constituição do ano III (1795) e será o porta-voz da direita no futuro Conselho dos Quinhentos, do Diretório. Mas agora o conde Boissy convocou as tropas que, sob o comando do general Menon, durante dois dias rechaçam os insurretos, ameaçam bombardear o "faubourg Saint-Antoine", e desarmam-nos. Observa Godechot: "É a primeira vez após 1789 que o exército, apesar de ter sido criado pela Revolução, reprime uma insurreição popular"[21].

A reação da Convenção contra os jacobinos é imediata. Repressão, aumento do "Terror Branco": cerca de sessenta deputados montanheses – os últimos – são cassados e presos. Seis deles, condenados à morte por uma comissão militar, praticam o suicídio: Duquesnoy, Goujon e Romme morrem, mas não Bourbotte, Duroy e Soubrany – que são guilhotinados. São os "mártires do prairial", ao lado de outros trinta revolucionários do 1º prairial e de incontáveis revolucionários massacrados nas prisões.

A reação se agrava com os realistas da "Companhia de Jehu" ou "Companheiros do Sol", assassinando jacobinos em Marselha, Nîmes, Lyon e destruindo símbolos da República e árvores da Liberdade – a plantação de árvores em solenidades constituía um ritual dos revolucionários[22]. Na semana anterior, o delfim Luís XVII, com dez anos, morria na prisão do Templo – diga-se que permanecem dúvidas quanto a tal morte. Mas o conde de Provença se declara rei, sob o nome de Luís XVIII.

---

21. Godechot, *HRF*, p. 184.
22. Na Semana Cultural "Georges Couthon, enfant d'Orcet", em dezembro de 1981, a plantação de uma "Arbre de la Liberté" fez parte das comemorações, juntamente com conferências (dentre outras, a de nosso saudoso amigo Soboul, que faleceu poucos meses depois), recitais de música e encenação de peça de Couthon *L'Aristocrate converti*. Foi uma recuperação da memória do "parjure Couthon", pois no 16 Termidor a municipalidade esperava que a Nação pudesse "ignorar o lugar de seu nascimento" para sempre. Recuperação difícil, pois Couthon foi visto como "facínora" ao longo de quase duzentos anos.

OS "MELHORES" DO MESSIDOR

A 24 de junho (6 messidor), Luís XVIII proclama, em Verona, seus princípios: restabelecimento das Ordens e do catolicismo, punição dos regicidas, restituição dos bens nacionais aos antigos proprietários.

O protestante Boissy d'Anglas, que enfrentara a esquerda jacobina, dizimando-a, colocara no papel, claramente, sua teoria do Estado. No projeto de nova constituição redigida por Daunou, afirmava essa fração de classe emergente, defensora da propriedade: "Nós devemos ser governados pelos melhores, isto é, por aqueles que possuem uma propriedade"[23].

Já agora não só os girondinos, como o rico Isnard, mas também os realistas têm espaço para exigir a restituição dos bens aos antigos proprietários. Mais: o primeiro ministro inglês William Pitt apoiara o financiamento de desembarque no sul da Bretanha (Quiberon), a 27 de junho, de um grupo de quatro mil emigrados, além de 2.800 prisioneiros de guerra franceses. Não teve sucesso a convergência de direita, à qual aderiram grupos chouanos[24] reorganizados na Normandia por Frotté e na Bretanha por Cadoudal. Isoladas, as heterogêneas forças coligadas (ingleses, chouanos, *emigrés*) foram esmagadas pelo general Hoche e capitularam a 21 de julho, perante Tallien, *Deputado em missão*.

Os 748 emigrados capturados foram julgados e fuzilados, conforme a lei contra conspiração. O líder chouano Charette foge, não sem antes fuzilar seus prisioneiros republicanos.

A CONSTITUIÇÃO DO ANO III E O "GENERAL VENDEMIÁRIO".

No mês seguinte, a 22 de agosto, a Convenção adota a nova Constituição, a primeira republicana a ser aplicada na França (durante quatro anos). Sua *Declaração* inicial fixa direitos mas também deveres, e em suas determinações restringe o direito de voto apenas àqueles que pagam imposto direto (esses são os *citoyens*). Mantém o sufrágio em dois graus, estabelece o bicamerismo com um Conselho dos Quinhentos – que propõe as leis – e um Conselho de Anciãos (250 membros com mais de quarenta anos).

O executivo concentra-se num Diretório de cinco membros eleitos por cinco anos pelos Conselhos e renovável em 1/5 a cada ano. O Diretório escolhe os ministros e nomeia para cada departamento um seu Comissário (embora escolhido entre os cidadãos dos departamentos).

O *referendum* organizado sobre a nova Constituição deu uma diferença grande pró-aceitação (1,06 milhão a favor *vs* cinquenta mil

---

23. A. Soboul, *História da Revolução Francesa*, p. 400.

24. Os "chouanos": nome dado a bandos que, no oeste da França, faziam guerra de guerrilha contra a Revolução.

contra), mas cerca de cinco milhões de abstenções. Mais: na votação dos decretos por 2/3 revelou-se a rejeição pelo voto a antigos convencionais, "muito ligados ao Terror vermelho ou branco". Também a retirada do direito de voto a parentes de emigrados e padres refratários diminuíam as possibilidades eleitorais dos realistas.

Em outubro, com a Convenção enfraquecida, e com os moderados irritados com a questão dos "dois terços" (que reservava 2/3 dos lugares nas futuras Assembleias para os Convencionais), os realistas tentam um levante. No dia 4, a Convenção reafirma seu decreto de desarmamento dos "terroristas" e no dia 5 (o "13 vendémiaire") nomeia Barras o comandante das tropas com plenos poderes – assessorado por Napoleão, Brune e mais três generais "jacobinos". Napoleão estava em disponibilidade depois da suspeita pela qual fora preso.

NAPOLEÃO DESPONTA, NA ESTEIRA DE BARRAS...

A insurreição contava com 25 mil homens em armas representando 32 das 48 seções de Paris. Napoleão encarrega Murat de dispor de quarenta canhões em volta das Tulherias. Os insurretos tentam confraternizar – como nos bons tempos – com os soldados que defendem a Assembleia, mas Barras dá ordens para atirar e Napoleão coordena o ataque aos realistas sobre o Pont-Neuf e a igreja de Saint-Roch: trezentos mortos é o resultado do canhoneio, com debandada das seções.

Vitória da Convenção, da República e de Napoleão Bonaparte, o "general vendimiário", que mostra seu serviço a ambas. Galga rapidamente as várias etapas da carreira nesse mesmo mês, chegando a comandante-chefe do exército do Interior, pelas mãos de Barras. Ainda nesse mês conhece a *créole* da Martinica Joséphine Tascher de La Pagerie – viúva do general de Beauharnais, guilhotinado em julho do ano anterior e ex-amante de Barras.

Nos resultados das eleições de outubro, nota-se que a maioria é dos deputados de direita, com numerosos realistas entre eles. No fim desse mês, entretanto, antes de se separar, a Convenção vota medidas que marcarão o futuro da República, fixando a organização do ensino, a reativação de leis contra emigrados e padres refratários, a anistia geral (exceto para os *emigrés* ou deputados como Billaud-Varenne), as festas nacionais republicanas.

A "SINGULAR CONTINUIDADE", DA GIRONDA AO TERMIDOR

O resultado era conservador. O objetivo desses revolucionários dessa fração burguesa foi atingido: "um país governado por proprietários". Proprietários que devem à propriedade e às facilidades que ela oferece uma educação que lhes permite avaliar com "sagacidade e justeza as vantagens e inconvenientes das leis que fixam o destino de sua pátria", segundo Boissy d'Anglas.

Em verdade, resultado muito conservador pois soterrava-se assim o sufrágio universal, bem como o direito ao trabalho e o esboço de assistência pública que a Revolução introduzira.

Mas os termidorianos mantiveram a abolição dos direitos feudais e não interromperam a feitura de um Código Civil que o Comitê de Legislação, presidido por Cambacérès, vinha executando – e que só terminará no Consulado. Sustentaram, ainda, a abolição das colônias (fevereiro de 1794), segundo o decreto do abade Grégoire, separando também a Igreja e o Estado na França (setembro de 1794, ano II). (É bom salientarmos que o combativo Grégoire era o mesmo padre jansenista ilustrado, que liderou a Igreja Galicana – a ex-Igreja Constitucional – contra a Igreja Romana, propondo ainda que a Convenção não pagasse cultos ou assalariasse ministros.)

O abade ainda será o responsável na Convenção pela defesa no ano III da liberdade completa dos cultos – momento em que as discussões sobre as festas decadárias, que deveriam substituir a tradição cristã, segundo proposta de Marie-Joseph Chénier, causavam celeuma.

OBRA CULTURAL DA CONVENÇÃO.
A REVOLUÇÃO PROFUNDA

Além da Biblioteca Nacional, do Museu do Louvre e do Arquivo Nacional, da adoção do sistema decimal e do sistema métrico, a Convenção lançou os fundamentos de uma nova concepção de cultura e de sociedade. Seu Comitê de Instrução Pública produziu um projeto, coordenado por Lakanal, que previa uma escola para cada mil pessoas e liberdade de ensino. Não foi adotado o ensino obrigatório e gratuito – como desejariam os Montanheses – mas para o ensino primário votou-se uma escola por cantão. Já o secundário interessava à burguesia termidoriana; cada departamento deveria ter uma escola central, sem exame, programa ou inspeção, com alunos externos; os resultados variaram, mas algumas experiências resultaram brilhantes, como *os Liceus* Henri-IV e Charlemagne em Paris, ou as *Écoles Centrales* de Besançon ou Grenoble. O ensino superior seria constituído por especialidade: daí o Museu de História Natural (do Jardin des Plantes), a Escola Central de Trabalhos Públicos (embrião da École Polytechnique, 1794) o Conservatório de Artes e Ofícios, a Escola de Belas Artes, o Conservatório Nacional de Música. E, além da École de Mars de Neuilly para fornecer quadros para o exército, e da École Normale que formará professores para as Escolas centrais, criaram-se as Écoles de Santé em Paris, Montpellier e Estrasburgo para a formação de médicos, e o Institut de France, que substituirá as academias suprimidas – ainda por proposta do abade Grégoire.

"O General Bonaparte", em 1797. Por Jacques-Louis David.

5. O Período do Diretório
27 de outubro de 1795
a 11 de novembro de 1799
Golpe do 18 Brumário de Bonaparte

> *A autoridade vem de cima, e a confiança de baixo.*
>
> O DIRETOR SIEYÈS
>
> *Assim que passarem os perigos que me fizeram confiar os poderes excepcionais, eu abdicarei [sic] esses poderes.*
>
> NAPOLEÃO BONAPARTE, no 18 Brumário

No regime do *Diretório*, gerado pela Convenção Termidoriana, a burguesia se articula no modelo republicano censitário, e os notáveis retornam à cena. Na verdade, trata-se da República dos Notáveis.

Mas a guerra, a brutal crise econômica, o trauma do Terror e dos levantes populares, e o perigo da contrarrevolução interna e externa impõem a linha político-administrativa à Revolução, agora abertamente burguesa. "Somente cultivando pela propriedade um respeito religioso é que se poderá vincular fortemente todos os franceses à liberdade da República", enfatizava Dauchy em dezembro de 1795, na Assembleia dos Quinhentos. E, sobretudo, distanciando-se dos perigos da experiência popular do ano II.

O Diretório foi um período de grande instabilidade pontuado por golpes de Estado (setembro de 1797, e junho e novembro de 1799), pelo fuzilamento do chefe vendeano Stofflet, pela insurreição comunista de Babeuf. No exterior, o exército organiza uma série de "repúblicas irmãs" (a "Grande Nation") e Napoleão vence os austríacos na Itália, embora tenha sido derrotado no Egito. Mas por causa dos sucessivos fracassos dos Diretores, o golpe de Estado de 18-19 brumário (1799) encerra o tempo do Diretório. Inicia-se o Consulado – e o período napoleônico.

Em síntese: o bloco do poder se constituiu nesse período com uma associação entre os republicanos moderados e monarquistas constitucionais – fechando-se o caminho para as classes populares.

Equilíbrio precário, pois o modelo liberal restrito e de exclusão sociocultural imposto por essa burguesia, que temia a base popular, tornava-se vulnerável tanto às pressões da aristocracia remanescente quanto às vicissitudes da "pátria em perigo". Agora já não se voltaria à ditadura revolucionária do ano II; o apelo ao braço militar – o golpe do 18 brumário que alça Napoleão ao governo da República (1799) – foi uma decorrência do equilíbrio político instável da "República dos proprietários".

NAPOLEÃO

César e Alexandre têm um sucessor.
STENDHAL

Na verdade, no período que vai do Termidor ao golpe de 18 brumário, criaram-se no interior da sociedade as condições para a nova centralização autoritária.

Napoleão, personagem central desse processo, era filho de Charles Bonaparte, da burguesia dos "notáveis" corsos, doutor em Direito por Pisa e "sedento de prestígio e de títulos", fazia questão de ser "patrício nobre de Florença e Ajaccio".

Já desde fevereiro de 1796, Napoleão prestava seus bons serviços ao Diretório, fechando o Clube do Pantheon, de Babeuf, do italiano Buonarotti, de Sylvain Maréchal. Com a mesma eficiência, de resto, com que metralhou os realistas do 5 de outubro. E a 15 de maio do mesmo ano (26 floreal) fazia "sua entrada em Milão, à frente de um jovem exército que pouco antes cruzara a ponte de Lodi, dizendo ao mundo que, após todos esses séculos, César e Alexandre tinham um sucessor", na bela descrição de Stendhal, em *A Cartuxa de Parma*. Stendhal, ou melhor, Henri Beyle, que acompanhou o corso em várias de suas campanhas, e escreveu uma biografia de Bonaparte.

A sociedade do Diretório contorce-se em suas contradições internas, enquanto o disciplinado e talentoso *Buonaparte* cresce no exterior. Prossegue Stendhal, em *A Cartuxa*: "Os milagres de galanterias e gênio de que a Itália foi testemunha no espaço de poucos meses revelaram um povo deslumbrante; apenas uma semana antes da chegada dos franceses, os milaneses ainda os olhavam como uma corja de bandidos...".

De fato, a 15 de maio o exército de Napoleão entrava triunfalmente em Milão, os patriotas tomaram a prefeitura, formaram um clube jacobino e uma Guarda nacional, adotaram a bandeira tricolor (verde, branca, vermelha), publicaram jornais não censurados. As promessas do corso aos patriotas italianos são de independência; ao mesmo tempo Saliceti, amigo da família Bonaparte, atua na Itália como comissário do Diretório junto ao exército e na diplomacia, fazendo armistícios (com o reino de Nápoles, com o Papado etc.), impondo pesadas dívidas de guerra. Obras de arte são confiscadas, embora nem todos os artistas franceses concordem com tal política, entre eles David, Girodet e Soufflot. A semente da República lombarda – e italiana – está lançada, como apontou Godechot em sua *Histoire de l'Italie moderne*.

UMA SOCIEDADE ESGARÇADA

Os termidorianos asseguram sua maioria à frente do Diretório, mantendo fora do jogo as lideranças populares e distantes os parentes dos realistas. Mas, no processo eleitoral, escolheram-se representantes mais conservadores que a média da Assembleia – ou seja, vistos dos departamentos do interior, os Termidorianos eram radicais. De fato, havia gente como Merlin de Douai, ex-montanhês, ministro da Justiça e depois da Polícia Geral, sendo substituído pelo jacobino Génissieu; ou ex-convencionais da Planície, como Sieyès; ou realistas constitucionais como o diplomata marquês Barbé-Marbois – jurista, ex-intendente no Haiti em 1785, deportado para a Guiana após o golpe de setembro de 1797 (18 frutidor), depois presidente do Tribunal de Contas de Napoleão (1807), e mantido por Luís XVIII, Carlos X e Luís Filipe.

Na eleição dos 5 Diretores, a burguesia termidoriana mantém sua hegemonia escolhendo gente como Sieyès (que, todavia, não aceitou, pois seu projeto de Constituição fora rejeitado), substituído por Carnot, que despertava suspeitas por ter sido membro do Comitê de Salvação Pública; o alsaciano Reubell, defensor das fronteiras naturais; Larévellière, ex-girondino, medíocre, porém muito anticlerical; e o ex-terrorista Barras, o conhecido golpista do 9 Termidor.

A política do Diretório era executada por seis ministros, destacando-se Merlin de Douai e, por quatro anos, Dominique Nogaret, ministro das Finanças. Nogaret, filho de família de grandes mercadores, esteve no Comitê de Salvação em 1793 quando propôs um empréstimo forçado de um milhão e, agora, no Diretório, conseguirá reduzir a dívida pública em 2/3 por um simulacro de bancarrota.

No Diretório confrontavam-se a direita oposicionista – que possuía imprensa ativa contra nomeações de jacobinos e o renascimento de clubes alimentando o Terror Branco – e a esquerda debilitada – dando alento aos jacobinos antirrealistas como Faipoult e vendo surgir grupos críticos nas cidades maiores, como os da *Tribuna do Povo* de Graco Babeuf que, tendo sua prisão decretada a 6 de dezembro, passa à clandestinidade, continuando Buonarotti a atuar no Clube do Pantheon.

Manifestações antirrealistas são organizadas pelo Diretório – pois a maioria é composta de regicidas, de gente que votou a morte de Luís XVI e de Maria Antonieta. A 21 de janeiro de 1796, por exemplo, é celebrado o aniversário "da justa punição do rei dos franceses" – com discurso do republicano Reubell.

A EROSÃO MONETÁRIA E SOCIAL. CORRUPÇÃO.

O Diretório foi inaugurado sob uma crise inflacionária gravíssima. Novo empréstimo obrigatório é imposto em dezembro de 1795, multiplicam-se os *assignats* mais que o lastro metálico. Tratava-se de um empréstimo forçado (de fato, um imposto sobre o capital), pagável em moeda metálica, em grão ou em *assignats* a 1% de seu valor nominal: a cotação deste era de três a quatro vezes inferior.

A 19 de fevereiro de 1796, suspendem-se as emissões e se abandona o *assignat* criando-se as ordens territoriais (*mandats*) para o pagamento dos bens nacionais que também desvalorizaram vertiginosamente. Mas, finalmente, o *assignat* e o *mandat* foram abandonados em fevereiro de 1797, pois não eram mais cambiáveis. (Além do mais, o franco se tornara unidade monetária legal na França desde 15 de agosto 1795).

Em tal crise, como enfrentar as despesas de guerra? A direita – que sofria com as requisições de cavalos, comida etc. – jogava na bancarrota do Diretório, que dependia dos créditos. E os funcionários, mal pagos, aderiam à corrupção. A agiotagem e a especulação cresceram. E o *menu peuple* (povo miúdo) pressentiu muito antes o destino que lhe aguardava, como se verifica na denúncia dos *sans-culottes* do faubourg Saint-Antoine e Saint-Marcel à Convenção a 17 de março de 1795: "Estamos perto de lamentar todos os sacrifícios que fizemos pela Revolução"[1].

A CONJURAÇÃO DOS IGUAIS DE BABEUF: DA SOBERANIA POPULAR

Uma ruptura na tradição jacobina e *sans-culotte* surge nas reflexões do grupo do Pantheon, na "Conjuração dos Iguais": para seus membros, não mais a propriedade baseada no trabalho individual é a pedra-de-toque da democracia social, mas sim a "comunidade dos bens e trabalhos".

A proposta radical de uma nova sociedade brotava das entranhas da Revolução. E quanto à sua forma de atuar, também nota-se inovação, pois além de um núcleo central de militantes (com Buonarotti, Darthé, Sylvain Maréchal), há uma segunda linha de simpatizantes (Lindet, ex-Convencional) e democratas, na acepção que essa palavra possuía no ano II. E, finalmente, a massa popular mobilizável, incluindo o exército e a polícia, nessa conjuntura econômica de crise. Uma vez tomado o poder, não se trataria agora de propor uma assembleia democrática liberal, mas de organizar uma ditadura revolucionária por um tempo necessário para se implantar a nova sociedade.

---

1. "Nous sommes à la veille de regretter tous les sacrifices que nous avons faits pour la Révolution".

Como escreveu Soboul, "por Buonarotti, essa ideia passou a Blanqui, e seguramente é ao blanquismo que se deve vincular a doutrina e a prática leninista da ditadura do proletariado"[2]. Muito do que se sabe das ideias de Babeuf – guilhotinado depois que seu movimento foi delatado pelo militante Grisel a Carnot –, deve-se ao italiano que publicou, em 1828, no exílio em Bruxelas, a trama da *Conspiration pour l'egalité dite de Babeuf*.

Observador dos direitos coletivos e das práticas comunais na Picardia, as ideias de Babeuf saíam da utopia de Mably e Rousseau para entrarem na realidade, na linha de Marat: a *bonheur commun* (felicidade coletiva) e a *egalité des jouissances* (igualdade no gozo dos direitos e bens) só poderiam ser conseguidas com a soberania popular imposta como violência. Um manifesto e uma análise de suas doutrinas são divulgados a 9 de abril.

O golpe, previsto para maio, foi denunciado a Carnot a 4 de maio e logo cuidadosamente desarticulado. A 10 de maio o Diretório prende os líderes dos "Iguais", inclusive Drouet, o "homem de Varennes", que foge a 17 de agosto (talvez com a cumplicidade de Barras, sempre Barras, sugere Godechot). Após um longo processo, Babeuf e Darthé são condenados à guilhotina em 27 de maio, e outros são acusados à detenção. Mas, embora ainda utópica, a ideia do *comunismo* fica lançada na História Contemporânea, com forte teor agrário, nessa dramática iniciação. As experiências para implantação de uma ordem socialista evocarão sempre esse episódio, ao longo dos séculos XIX e XX.

A DIREITA REALISTA

Carnot é agora o homem-forte do regime, tendo nomeado, a 3 de abril de 1796, um inimigo dos jacobinos, Cochon de Lapparent, para o ministério da Polícia, no lugar de Merlin de Douai. O combate aos "comunistas" (e aos jacobinos simpatizantes) o aproxima dos realistas; pretende mesmo reaproximar-se da Igreja católica.

Nas eleições de 1797 (ano V) para renovação de 1/3 do Conselho, os eleitores votam nos realistas moderados, o denominado Clube de Clichy, sendo Barbé-Marbois escolhido presidente do Conselho dos Anciãos e Pichegru (um futuro traidor) do Conselho dos Quinhentos. Mas, entre os realistas também reinava a discórdia: uma linha constitucional legalista como a de Royer-Collard opunha-se aos "jacobinos brancos", terroristas de direita.

A contrarrevolução crescia e se multiplicava em toda a administração francesa, pela suavização das leis contra os padres refratários e pela participação de parentes de emigrados.

---

2. A. Soboul, *História da Revolução Francesa*, na p. 102 da versão francesa, *La Révolution française*.

"COM O APOIO DO EXÉRCITO"...TALLEYRAND...

Já a força de Barras, Reubell e Larevellière, com a maioria do Diretório, nutria-se de suas ligações com o exército. Os ministros da Direita saíram, substituídos por Talleyrand e Hoche. Da Itália, Napoleão enviara o general Augereau – que reúne tropas em Paris para defenderem o Diretório.

As denúncias realistas de 17 frutidor são respondidas no 18 frutidor: os três Diretores destituem, com o apoio do exército, Barthélemey, prendendo-o, e Carnot, que foge.

Os doze mil homens e quarenta canhões do general Augereau ajudaram a anular as eleições realizadas pela maioria conservadora do Diretório – invalidando os 149 deputados eleitos nos 49 departamentos. Os boatos de traição – confirmada aliás – de Pichegru e de um complô anglo-realista "legitimaram" a ação militar do Diretório. Pichegru, Boissy d'Anglas, Portalis e outros foram deportados para a Guiana e para a ilha de Oléron. A Revolução diretorial renovou as restrições aos "refratários" e emigrados, suspenderam-se 42 jornais, depurou-se o judiciário.

Como analisaram Tudesq-Rudel, "o Exército salvou a República, mas o golpe de Estado de 18 frutidor arruinou a constituição liberal. O Exército (*l'Armée*) tornou-se árbitro da nação, pois era o vitorioso contra o inimigo exterior e encarnava a Grande Nação"[3].

Mas outros golpes viriam, liquidando a República dos Diretores, preparando o caminho dos (também) golpistas Brumarianos.

DA REPÚBLICA DOS NOTÁVEIS À DITADURA CONSULAR

Os dois últimos anos do Diretório são marcados pela deterioração do poder republicano – golpes, cooptações, disputas pelo aparelho administrativo em todos os níveis, atos de exceção. Deterioração que conduziu a uma extrema centralização. E encontrou em Napoleão seu líder ideal.

Napoleão se criara nas práticas do Diretório; sua "cultura político-administrativa" era a do Diretório – dominante em relação à sua paixão pelas tragédias de Corneille e declamações de Voltaire a seu irmão José.

Uma estranha porém rigorosa dialética associa a escalada de Bonaparte à crise da sociedade francesa e às transformações daquela época, que envolviam inclusive o mundo colonial. Examinemos o quadro mais de perto.

---

3. Tudesq-Rudel, *1789-1848*, p. 172.

DOS TRATADOS DE 1795 À SEGUNDA COALIZÃO

A França, em 1795, conseguira romper, com tratados estratégicos, a articulação europeia contra a Revolução. A 5 de abril era assinado o decisivo tratado de paz com a Prússia (Basileia, 16 germinal), a maior potência militar da Europa: além de reconhecer a República, o tratado neutralizava o norte da Alemanha e criava condições para a anexação à França de outros territórios de Estados do Império germânico.

A 16 de maio o leonino tratado de paz com as Províncias Unidas (Haia, 27 floreal) dava início à articulação das "repúblicas irmãs". A 7 de junho, a praça forte de Luxemburgo rende-se ao exército francês. E a 22 de julho também a Espanha assina a paz (Basileia, 4 termidor), cedendo à França a parte leste da ilha de Saint-Domingue.

O exército francês está agora numa escalada ofensiva, com o general Marceau tomando Coblence, Hoche rechaçando no oeste os anglo-emigrados, Pérignon e Mocey na Espanha, com a cavalaria de Pichegru cercando, em cena épica, a frota holandesa bloqueada no gelo no Texel. (Pichegru, é verdade, começara a trair, cedendo a Luís XVIII).

Por todo lado as mensagens da Revolução da França ecoavam: em Amsterdã, na Itália, na Irlanda – onde o independentista Wolfe Tone prepara, com Hoche, um desembarque de franceses associado a um levante local contra a Inglaterra. E também, no Brasil, em Salvador, em Recife, no Rio de Janeiro.

Na linha de pilhagem, sem recursos, o Diretório alimentava suas tropas com o produto das "conquistas", na estratégia adotada durante a Convenção: avançar pilhando. E assim os republicanos construíram a "Grande Nation": com anexações penosas como a da República batava, que teve de ceder à França o sul de seu território, pagar uma "indenização" de cem milhões de florins e manter um exército de 25 mil franceses. A conscrição ocorrera em grande escala no período revolucionário e deu emprego para grandes contingentes; agora, era necessário manter esses contingentes alimentados e vestidos.

Não é de espantar, portanto, que os botins, as anexações, as batalhas, as invasões, as ocupações auxiliassem o Diretório a equilibrar – muito mal – o *deficit* da República. Os republicanos aplaudiam a guerra contra a velha Europa, os moderados e realistas almejavam seu fim.

Com crescente recurso da República ao poder militar, o ex-suspeito de "robespierrismo", Bonaparte, planejadamente organiza sua escalada – iniciada com o plano de ofensiva contra o Piemonte e Lombardia, em agosto de 1794.

Vamos acompanhá-lo. Em março de 1795, volta da Itália; em maio torna-se, em Marselha, noivo de Desirée. É designado mas rejeita ser comandante de brigada no oeste (preferindo o Midi), e em junho forja um convalescença em Paris; é destacado em agosto assessor topográfico do general Clarke, do Comitê de Salvação, rejeita (preferindo a Turquia) até que ocorre o famoso "13 vendémiaire" (o 5 de outubro), em que ele e mais quatro generais "jacobinos" atiram sobre os realistas "terroristas" que cercavam a Convenção, fazendo trezentos mortos, tornando Napoleão o jovem "général vendemiaire". Para ele, não terá sido difícil, a essa altura dos acontecimentos, fechar o Clube do Pantheon, por ordem da Convenção, já como chefe do Exército do Interior.

A escalada militar e a insegurança dos Diretores ajuda a projetar assim o jovem Bonaparte, então com 26 anos. É nomeado para o Exército da Itália em março de 1796 (pouco antes, Saliceti, protetor da família e deputado corso à Constituinte e à Convenção, era nomeado como comissário do Exército da Itália). Casa-se no mesmo mês com Josefina de Beauharnais – viúva do general e mãe de dois filhos – e parte para seu posto. A Itália ferve, Buonarotti – orador do Clube do Pantheon – propõe ao ministro das Relações Exteriores, Delacroix, que a França ajudasse a Revolução italiana – "una e indivisível" – com foco em Oneglia.

Napoleão chega a Nice, seu quartel general, a 27 de março. Dentre seus comandados, Masséna e Augereau. Ainda nesse dia, o Diretório autoriza Buonarotti a desenvolver seu projeto de Revolução no Piemonte. (Ocorre que ele também estava envolvido no levante de Paris – com Babeuf: estava agora na capital francesa, aguardando o levante, que [imaginava] facilitaria a revolução na Itália...)

Napoleão, no fim do mês, faz discursos à tropa que sintetizam bem a "filosofia" da expansão:

> Soldados, vocês estão nus, mal alimentados [...] Ricas províncias, grandes cidades estarão em vosso poder, vós encontrareis honra, glória e riqueza. Soldados d'Itália: falta-vos coragem e constância? [E no mesmo dia 31 de março, envia mensagem aos patriotas italianos] Vossa ligação com a grande causa torna-vos interessantes à humanidade [...] O povo francês cuida e estima as nações livres, a Holanda é livre e a Holanda foi conquistada [...][4].

Com seus 25 mil homens começa, a 11 de abril, a campanha da Itália, com os exércitos austríaco e sardo reunindo setenta mil homens. Napoleão vence em Savona, Augereau e em Millesimo. Capitulação em Dego (Apeninos) e perseguição e capitulação em Mondovi e Turim. A República de Alba (sul de Turim) é proclamada pelos "patriotas" italianos vindos de Oneglia. No armistício de abril de 1796, a monarquia é mantida no Piemonte, Napoleão abandona os patriotas; mas a Savoia se entrega e o condado de Nice é cedido

---

4. V. estas e outras citações na obra de Max Gallo, *Napoleão*. V. também *Écrits de Napoléon*, organizado por Octave Dubry. Sobre o mesmo tema, consultar o *Dictionaire Napoléon*, dirigido por Jean Tulard. Atualmente temos mais dados disponíveis no *site* da Fondation Napoleón, www.napoleon.org. Seu diretor, Thierry Lentz, escreveu dois volumes importantes sobre o corso: *Napoleón* e *Napoleón: mon ambition était grande*.

pelo rei do Piemonte-Sardenha à França – além de garantir indenização e abertura das rotas para Coni e Alexandria. Nesses catorze dias, Bonaparte batera uma tropa superior à sua, marginalizara o Piemonte, tornando-se mais prestigioso na França.

A etapa seguinte será contra os austríacos. O exército de Beaulieu não resiste a uma manobra hábil de Napoleão. O duque de Parma e Plaisance assinam um armistício a 9 de maio – à base de dois milhões de liras, alimentos e "vinte pinturas a serem escolhidas por uma comissão de artistas franceses". A 10 de maio, como se viu anteriormente, numa série de batalhas toma a ponte de Lodi, atinge Milão a 15 e bloqueia o exército austríaco em Mântua. O caminho para as vitórias futuras estava aberto com a vitória sobre Lodi.

O Diretório ordena, a 14 de maio, que Napoleão marche então contra Livorno (base de comércio inglês) e contra Roma, para destronar o Papa! Sua resposta é dura: preferia oferecer sua demissão a obedecer.

No dia seguinte, entra, em glória, com suas tropas em Milão.

No Reno, as tropas dos generais Hoche e Moreau tomam a ofensiva. Napoleão agora voltava-se para os Alpes, tentando impor a paz à Áustria.

Napoleão passa a discordar do Diretório abertamente, por este insistir que a Lombardia fosse entregue à Áustria. O corso abre o caminho para Viena, e ocupa Veneza – ligada à Áustria. Instala-se num castelo em Monbello, perto de Milão, e de lá comanda as negociações (inclusive a independência para a Lombardia) sem ouvir o Diretório, que não tem condições de se contrapor à linha revolucionária de Napoleão. Com efeito, ele parece "um procônsul romano, reorganizando toda a Itália do Norte"[5].

Pelo tratado de Campo-Formio, e novamente atropelando o Diretório, que preparava o reinício das hostilidades, Napoleão negocia com o representante de Francisco II, a 17 de outubro de 1797, o pacto segundo o qual a Áustria cedia à França suas províncias belgas, reconhecendo a posse da margem esquerda do Reno (com Mayence), as ilhas Jônicas no Mediterrâneo, a independência da Itália do Norte das repúblicas Lígure (centro em Genova), Cisalpina (centro em Milão), Cispadana (centro em Módena). Em troca, propõe a devolução de Veneza e seu território no continente e combina um congresso em Rastadt – para acertar com os príncipes alemães como a região renana seria anexada.

A Revolução desencontrava-se no Diretório mas achara um excelente e combativo negociador no filho de Charles Bonaparte – talvez do mesmo ramo florentino dos Buonaparte. (Mas vale registrar

---

5. Tudesq-Rudel, op. cit., p. 174.

uma vez mais que poucos dias antes da entrada triunfal e libertadora de Napoleão em Milão, mencionada por Stendhal, o Diretório prendia, em Paris, os chefes da Conspiração dos Iguais de Babeuf, Darthe, Drouet... e do italiano Buonarotti).

MILITARES *VERSUS* DIRETÓRIO *VERSUS* PAPA *VERSUS* INGLATERRA

Nas ricas regiões ocupadas em que se instalaram as "repúblicas irmãs" foi adotado o modelo político francês... ou seja, com reforço do executivo. Essa experiência valerá para Bonaparte na feitura da Constituição do Ano VIII.

Mas o avanço alcança Roma, onde o general Berthier proclama a República Romana em fevereiro de 1798 e deporta o Papa Pio VI – que foge para Florença. Em Nápoles, após intervenção de tropas francesas, Ferdinando e a arquiduquesa Carolina (austríaca) fogem para a Sicília e lá se instala a República Partenopeana.

Na Alemanha, a morte de Hoche não permite ao Diretório formar a República Cisrenana – preocupado em contrabalançar o crescente poderio napoleônico. Na Suíça, os democratas de Genebra desalojam os aristocratas com apoio francês e montam a República Helvética, com um Diretório e duas câmaras, mas não há unidade e, em 1799, será um dos palcos da guerra entre a França e a Segunda Coalizão. A Holanda, ameaçada pelos adeptos da Casa de Orange, é submetida, em 1798, a uma nova Constituição, pelo chefe do exército holandês, Daendels – "supervisionado" pelo general francês Joubert.

Uma satelitização de repúblicas, em suma. Quem se beneficiou? A nova classe militar e os fabricantes de armas e provisões para os exércitos, que enviam uma parte de seus lucros ao cada vez mais frágil Diretório.

Os militares passam a arbitrar as rivalidades internas, negam-se – como o indomável Napoleão – a cumprir ordens. Têm suas ideias próprias, que ultrapassam o Diretório. Mas "já não são", como escrevem Tudesq e Rudel, "o povo armado que defende a ordem republicana". Consolidava-se a teoria de Bonaparte: "Um exército é um povo que obedece"[6].

A guerra contra a Inglaterra surge nesse contexto crítico em que o Diretório mantém, com a potência industrial, uma difícil luta econômica e ideológica (Bloqueio Continental e libertação da Irlanda). O Diretório chegara a preparar o ataque à Irlanda. Mas, na verdade, os ingleses se ressentem efetivamente no plano comercial, e procuram, sem sucesso, a negociação. Napoleão, após inspecionar algu-

6. "Une armée est un peuple qui obéit...".

mas costas no oeste francês, desiste da invasão, preferindo atacar a Inglaterra tomando o Egito, possessão turca e ponto estratégico na rota das Índias (e, portanto, no eixo do comércio de algodão para a indústria inglesa).

A EXPEDIÇÃO AO EGITO

O Diretório aceitara o projeto de uma compacta expedição ao Egito para bloquear o caminho das Índias aos ingleses e também para a França compensar sua perda nas Antilhas. Além do mais, com isso o Diretório mantinha o incômodo Bonaparte longe da grande política, distraindo-o num grande empreendimento no Mediterrâneo, em que a esquadra de Nelson dominava.

Nesse momento, os militares vivem problemas em Roma, onde o exército se revolta contra Masséna, acusado de ser um explorador, provocando o levante de Trastevere contra os franceses; em Viena da Áustria, ocorre um protesto contra Bernadotte, que hasteara, na embaixada da França, uma bandeira tricolor. E para evitar que a Prússia aderisse à coalizão contra a França, o Diretório nomeia Sieyès como embaixador em Berlim.

Antes de tudo, porém, vale lembrar que a ideia da expedição era de Napoleão, com adesão de Talleyrand. Além disso, colecionar – ainda que à base de pilhagem – obras de arte inseria-se no horizonte ideológico do ascendente Napoleão – ávido de prestígio e poder, nostálgico da "cultura", mergulhado nas brumas do neoclassicismo greco-romano que marcava o mundo das "repúblicas partenopeanas", do jacobino David, de seu pai "patrício" Buonaparte, do calendário escrito em algarismos romanos.

Partindo de Toulon (mais um símbolo na biografia do *petit caporal*) a 19 de maio de 1798, 280 navios escoltados por cinquenta barcos de guerra levam 38 mil soldados e oficiais, além de 180 cientistas e artistas, entre eles o matemático Monge e o químico Bertholet. Mas o desastre advém quando, após vencerem os turcos na batalha das Pirâmides (21 de julho de 1798) e tomarem o Cairo, têm destruída sua frota, estacionada em Abukir, pelo almirante inglês Nelson. Justo a considerada melhor esquadra da República.

No Egito, Napoleão impõe uma nova administração, cria um Instituto, faz projetos que envolvem os líderes muçulmanos. Os otomanos declaram guerra à França, que invade a Síria mas não chega a dominá-la: as tropas francesas são tomadas pela peste e voltam ao Egito onde vencem os turcos em Abukir (25 de julho de 1798).

A Segunda Coalizão começava a triunfar sobre a França e Napoleão fica sabendo das derrotas francesas pelos jornais que o comodoro inglês Sidney Smith – conhecedor também da América do Sul – lhe passara. Volta para a França clandestinamente, escapando aos ingleses, chegando ao golfo de Saint-Raphael a 9 de outubro de 1799, tendo deixado em seu lugar o general Kléber. Voltam com ele os generais Berthier, Launes, Murat e os cientistas Monge e Bertholet, entre outros.

A reação europeia tornava-se violenta com a política externa da França. As negociações posteriores a Campo-Formio para definir a situação alemã (Rastadt) não deram certo, inclusive porque três diplomatas foram atacados por hussardos austríacos (dois mortos). A Áustria chega a permitir que tropas russas atravessem seu território e, com isso, junta-se informalmente à coalizão antifrancesa da Inglaterra, Rússia, Turquia, Rei de Nápoles (na Sicília).

No jogo das forças militares, a França possui 170 mil contra trezentos mil soldados coligados – liderados pelo inglês Pitt e pelo tzar da Rússia Paulo I (que acolhera Luís XVIII). Além disso, a luta se dava em várias frentes de uma enorme extensão – da Holanda ao sul da Itália. As derrotas se sucedem: Jourdan é batido, os franceses perdem em várias frentes para os austríacos com os russos comandados por Suvorov.

A CAMINHO DO GOLPE

A 5 de junho de 1799, em Paris, os renovados Conselhos legislativos, contando com expressivo número de jacobinos, interpelam o Diretório sobre os desastres militares dos últimos três meses. Sem resposta. Até que a 16 de junho o Conselho dos Quinhentos se declara em assembleia permanente aguardando resposta: está aberto o conflito com o Diretório.

A crítica aumenta com a atuação desses jacobinos nos Conselhos, exasperados com a suspensão de generais como Championnet – também jacobino – e com o pouco apoio aos jacobinos italianos, suíços e alemães. Tal omissão facilitara a reação da Europa coligada. O novo diretor, Sieyès, escolhido em março de 1799 para substituir Reubell pelo Conselho dos Anciãos, também acompanha essa crítica, tentando livrar-se dos Diretores mais conservadores e modificar a Constituição com o apoio dos militares jacobinos.

A crítica é a de desordem financeira e administrativa, dependência de empréstimos impostos às "repúblicas irmãs", queda dos preços agrícolas (em oposição à abundância das colheitas de 1796 a 1798), banditismo, especulação, deportações, censura, além das dificuldades externas com a coalizão anti-França.

Sieyès, representante da burguesia termidoriana, já preterido em seu projeto de Constituição, agora tem sua chance histórica de reformar o Estado francês tal como o concebe: poder executivo forte e direção do país pelos "notáveis".

O caminho está aberto. Apesar de nas eleições do ano VI terem sido eleitos muitos jacobinos, a lei oportunista de 11 de maio de 1798 bloqueava o acesso às Assembleias dos "excessivamente jacobinos", em benefício de juízes e funcionários que usavam seus postos oficiais para cevar clientelas. É um estamento burocrático que se expande e tem viés político conservador e acomodatício.

Apesar disso, o grupo do termidoriano Sieyès conta com o apoio dos neo-jacobinos e substitui, a 18 de junho, três Diretores (Treilhard, Larevellière e Merlin) por três aliados seus (Gohier; Roger Ducos, regicida girondino; e o general jacobino Moulins, amigo de Barras). Os Conselhos davam assim um alerta ao Diretório, com o legislativo pressionando o executivo – fato que não agradava a Sieyès. Os ministros são substituídos, permanecendo Talleyrand nos Assuntos Exteriores; Bernardotte na Guerra e, por meio dele, os generais; nas Finanças, Lindet – ex-membro do Comitê de Salvação Pública.

A reabertura dos espaços públicos – clubes, inclusive o jacobino Manège – e a reorganização da Guarda Nacional, a volta das requisições de guerra, a lei de sequestro de nobres e parentes de emigrados, davam a ideia de um retorno histórico perigoso. Contra as invasões externas e a Segunda Coalizão, até a *levée en masse* foi reevocada.

Mas o neo-jacobinismo não possuía a força de antes. A Direita se pegava em conflitos com os democratas por toda parte, inclusive nos departamentos do interior; os jacobinos criticavam Sieyès em sua suposta intenção de querer retornar à monarquia, em benefício do duque de Orléans. O caos...

Sieyès imagina um retorno autoritário sim, mas para repropor os fundamentos de *uma república burguesa nem jacobina nem realista* – e esta poderia vir nas próximas eleições. Necessitava de um braço armado para impor a revisão da Constituição. O primeiro nome lembrado, entretanto, não foi o de Napoleão.

A IRRESISTÍVEL ASCENSÃO

A 9 de outubro de 1799, Napoleão retornara do Egito com enorme prestígio popular, até porque ficara ausente e distante dos problemas e derrotas do Diretório. A antecipação da revisão da Constituição estava na ordem do dia, mas só um golpe de Estado – prática comum no período diretorial – poderia efetivá-la. Sieyès, adepto de uma República conservadora como sua ativíssima amiga Madame de Staël, não terá dúvidas em apelar às baionetas para dobrar a maioria dos Conselhos (no ano V era realista; agora, no ano VIII, republicana).

Quem seria o braço armado? O general Joubert. Ele aceitara a tarefa antes de morrer na batalha de Nori (15 de agosto de 1799), esmagado pela tropa do coligado russo Suvorov. O general Moreau seria então o seu substituto, mas hesitou quando Napoleão voltou do Egito a Paris: "Voilá votre homme".

Napoleão, indicado por Moreau e Talleyrand (que, aliás, não apreciava muito Napoleão, assim como Madame de Staël, a filha de Necker) a Sieyès, concerta com este o plano de um golpe – com o apoio dos diretores Ducos, servil seguidor de Sieyès, e Barras (ainda Barras, um homem para todas as estações).

A reunião do Conselho dos Anciãos é transferida para Saint-Cloud, sob pretexto de perigo de atentado terrorista jacobino – a burguesia termidoriana sempre temeu a volta do ano II. Em tal clima, a revisão da Constituição passaria mais facilmente.

Luciano Bonaparte, irmão de Napoleão, fora eleito presidente do Conselho dos Quinhentos. Para o golpe, contava-se com outros cúmplices, como Cambacérès, ministro da Justiça, alguns generais, além dos sempre solícitos burgueses fornecedores de armamentos e financistas, comprados. E com outros ainda – como o inspetor de polícia Fouché – que não estavam acumpliciados, mas aderiram na véspera.

O GOLPE DO 18 BRUMÁRIO
(QUASE NÃO DEU CERTO)

Na verdade, o golpe do 18 brumário começa a ser armado no 17 de outubro (25 vendimiário), quando Napoleão é recebido pelo Diretório em sessão pública. Seu prestígio é retumbante, pois – desprezando-se até sua recente derrota perante Nelson em Abukir! – era visto pelos franceses como o único homem capaz de pôr fim à Revolução, e impor a paz interna e externa. Como se sabe, iria muito além: "sua ambição sempre insatisfeita", lembra-nos Godechot, "o impelia a ultrapassar o objetivo atingido"[7]. Nos dias seguintes, recebe personalidades como o hábil Talleyrand e o conde Roederer – ex-deputado dos Estados Gerais, que voltava a circular à luz do dia no Diretório após ter passado o Terror na clandestinidade, ligando-se à política dos Bonaparte.

No 1º brumário, acontecera o fato decisivo da eleição de seu irmão Luciano à presidência dos Quinhentos. Mais um degrau na sua escalada. O encontro referido de Sieyès com Napoleão ocorre na noite de 10 brumário (1º de novembro de 1799), aproximados pelo astucioso Talleyrand, que modelará a política externa francesa após 1814.

Napoleão, adepto de uma revisão autoritária da Constituição do Ano III, imagina poder usar o Diretor para tomar o poder; Sieyès imagina "ter encontrado o sabre" para reformar a Constituição... Os dois armam nessa noite a estratégia do golpe.

Providência fundamental: Napoleão recebe dois dias depois (3 de novembro) Fouché, o ministro da Polícia. Se o golpe fracassasse, que os conspiradores fossem presos, o que aliás não era difícil e até já

---

7. Godechot, *Europa e América no Tempo de Napoleão*, p. 83.

acontecera, quando Napoleão, vítima de um atentado, deportou mais de cem jacobinos suspeitos para as ilhas, sem verificar que os autores eram chouanos, da direita.

Formou-se, portanto, em seu favor, o imprescindível clima de pânico à vista de um suposto fantasma de terrorismo igualitário, segundo narrativa de Madame de Staël – que aliás tentara seduzir Napoleão. E prova de seu prestígio deram os Conselhos legislativos ao oferecerem ao corso e ao general Moreau um banquete para 750 pessoas, ao qual não compareceram Augereau e Jourdan, "jacobinos".

À noite, é a vez de Napoleão oferecer uma recepção, em que com Sieyès e Fouché completa seu ardil: que os parlamentares pressionados fortemente, dessem o golpe em si próprios.

Os Anciãos seriam dóceis mas os Quinhentos, caso rejeitassem a revisão da Constituição, teriam a boa retórica de Luciano (presidente) e o reforço das baionetas. Quanto ao Diretório, seria silenciado e sua demissão facilmente obtida. Quanto à Constituição "trois fois violée" (três vezes violada), não mais existia, pensava Napoleão: "Il n'y a plus de Directoire".

No dia do golpe, 9 de novembro (18 brumário), a sucessão dos eventos é fulminante. Nada obstante, cheia de embaraço. Na descrição minuciosa do historiador Godechot – para quem Napoleão era um militar "dotado de inteligência excepcional, de uma rapidez fulminante de decisão, de uma capacidade de trabalho quase ilimitada" – os episódios tiveram início já às cinco horas da manhã, quando as convocações para uma reunião urgente às sete horas são expedidas aos Anciãos (excetuados os poucos inclinados ao golpe). Às seis horas, Talleyrand prepara a carta de demissão do diretor Barras; às sete horas, um magote de oficiais se acotovela nas portas da casa de Napoleão, que lhes fala da situação difícil do país; às oito, tem início a sessão do Conselho dos Anciãos, nas Tulherias, em que se anuncia "o perigo anarquista" e se vota a transferência da reunião para Saint-Cloud.

A essa altura, o corso é designado para o comando de todas as tropas e da guarda nacional de Paris e arrabaldes (Saint-Cloud incluída), prestando juramento às nove horas perante os Anciãos, mas cercado de oficiais seus amigos. No palácio do Luxemburgo, os Diretores Gohier e Moulin são presos pelo general Moreau.

O golpe em marcha, no jardim das Tulherias Napoleão interpela, de passagem, a um secretário de Barras: "Que vocês fizeram desta França que eu lhes tinha deixado tão brilhante?"

Na cidade, vende-se por toda parte panfletos que apresentam Napoleão como o salvador.

Ao meio dia, é a vez de Luciano entrar em cena: lê, no Conselho dos Quinhentos, reunido no Palais-Bourbon, o decreto de transferência da Assembleia, sob o inútil protesto dos Jacobinos. Nesse momento, o Diretor Barras está assinando sua demissão no Luxemburgo; Sieyès e

Ducos já estão demitidos. Pouco mais tarde, Napoleão e seus oficiais já tomaram posição em toda Paris e no caminho para Saint-Cloud.

"CITOYENS: LA RÉVOLUTION EST FINIE"

No dia seguinte (19 brumário), o golpe poderia ter vários desfechos, dentro da linha dos golpes da história do Diretório e, portanto, do "modelo parlamentar". Mas também dentro de concepção estratégica de Napoleão, para quem "a ciência militar consiste em calcular inicialmente todas as chances, para em seguida executar exatamente, quase matematicamente, a parte do acaso".

A Saint-Cloud, às 8h00 da manhã, começam a chegar os deputados – "por vezes com seus familiares", na descrição precisa de Godechot – lá encontrando tropas de proteção dos Conselhos sob o comando do general conde Sérurier, então com 57 anos, ex-combatente na Itália e sempre fiel a Napoleão. No interior do castelo, os preparativos para as duas Assembleias: os Anciãos na galeria de Apolo, no 1º andar, e os Quinhentos na "Orangerie", no térreo.

Na cidade, Napoleão confabula com seus adeptos, incerto quanto ao desfecho. Meio-dia e meia chega a Saint-Cloud, em meio a aclamações ("Vive Bonaparte") e críticas ("Vive la Constitution").

A sessão do Conselho dos Quinhentos é aberta na Orangerie às 13h30 por Luciano Bonaparte. Os jacobinos pedem explicações sobre a situação e exigem um novo juramento de fidelidade à Constituição. A sessão dos Anciãos é aberta às catorze horas, na galeria Apolo, e os jacobinos também pedem explicações sobre o complô.

Do lado de fora, Napoleão e Sieyès nervosos: sobretudo o primeiro, com o tal juramento dos Quinhentos à Constituição.

Às 15h30 os Anciãos, ao saberem da existência de três diretores demitidos, pedem que os Quinhentos enviem trinta candidatos para a escolha de três novos diretores. Tentava-se assim bloquear o golpe. A sessão é suspensa, no aguardo.

É quando Napoleão adentra a sala com seus imediatos. Diz que não quer ser tratado como "um novo César, um novo Cromwell"[8], ao que lhe rebatem denunciando sua armação de um governo militar, ferindo a Constituição. Retruca que ela fora ferida no 18 frutidor, no 22 floreal e no 30 prairial... Os deputados exigem então que ele apresente o nome dos conspiradores.

Bonaparte sai então da galeria, não sem manifestar sua desconfiança aos Quinhentos – "onde há gente que deseja a volta à Convenção, com os Comitês e o cadafalso" – e seu apreço aos Anciãos. E ameaça apelar às armas.

8. Godechot, *La Révolution Française*.

Nos Quinhentos, os deputados prestam juramento à Constituição, e quando se preparavam para votar a substituição de Barras, às 16h30, Napoleão invade tempestuosamente a Orangerie, onde ouve gritos e apupos ("Fora da lei", "Abaixo o ditador") e isolados "vivas" à sua pessoa. Escoltado por quatro de seus granadeiros, é conduzido para fora.

Ao sair, diz a Sieyès que os deputados querem botá-lo "fora da lei": o que queria dizer, pela lei, que poderia ser morto por qualquer cidadão.

"Eles é que se puseram fora da lei", responde o ágil Sieyès. E adverte a Napoleão que a hora das tropas era chegada.

Dentro da Assembleia dos Quinhentos, seu irmão Luciano tenta defendê-lo, mas é apupado. Passa a presidência a Chazal, enquanto a Assembleia ferve, uns pedindo que Bonaparte seja posto fora da lei, outros que seja destituído do comando das tropas. Luciano retoma a presidência, declara não haver liberdade, e em sinal de "luto público" desveste sua toga.

Às dezessete horas, Napoleão, após ouvir o boato de que fora posto fora da lei, vai à janela do "petit salon" e ao pátio gritando: "Às armas!".

Montado a cavalo, Luciano, ao lado do irmão – e após o rufar de tambores –, proclama que o Conselho está sendo aterrorizado por uns poucos. E de fato estava, mas não pelos deputados... que se punham fora da lei. E mais: adverte que esses "proscritos" não eram representantes do povo. Napoleão dirige-se então à tropa, obtendo aprovação estrepitosa à sua conduta: "Soldados, eu os conduzi à vitória; posso contar com vocês?".

No interior da Assembleia, na Orangerie, os acalorados debates prosseguiam com Chazal na presidência. Novamente o rufar dos tambores e, agora, com a invasão do recinto por soldados armados com baionetas aos gritos de "Vive Bonaparte!". O general Leclerc, cunhado de Napoleão, alerta os parlamentares sobre o fato de que não poderia assegurar a ordem: que se retirassem. Tumulto. É quando o general Murat grita: "Que se dane todo mundo lá fora"[9].

E os deputados saem pelas janelas, deixando suas togas no plenário.

Pouco depois, no início da noite, o Conselho dos Anciãos reage, votando um decreto em que nomeia uma comissão executiva provisória para exercer, no lugar do Diretório executivo, o poder (inclusive o legislativo, até 22 de dezembro, quando se renovaria o corpo legislativo). Uma solução intermediária, portanto.

A solução não agrada aos dois golpistas principais, por acabar – ainda que provisoriamente – com a Assembleia dos Quinhentos. Reúnem os deputados que lhe são cúmplices e às 21h, na Orangerie, sob a presidência de Luciano, apenas cinquenta deles votam o reconhecimento da pátria a Bonaparte e seus generais. E nomeiam a nova comissão executiva provisória, segundo o decreto dos Anciãos:

---

9. "Foutez-moi tout ce monde-là dehors!". Idem, ibidem.

Novamente Sieyès, o regicida, agora conde. "Eu vivi", disse ele falando do período do Terror. Por Jacques-Louis David.

General Bonaparte, *por Bacler d'Albe, entre 1796-1797, em um dos primeiros retratos de Napoleão.*

O Código de Napoleão, Coroado pelo Tempo, de Jean-Baptiste Mauzaisse. Malmaison, Musée Natinal du Château.

"Cidadãos, a Revolução está definida nos princípios que a iniciaram: ela está encerrada!" – advertiram os cônsules Bonaparte, Sieyès e Ducos ao apresentarem a Constituição do Ano VIII (1799).

os membros – Cônsules – seriam Napoleão, Sieyès e Roger Ducos. Além deles, duas comissões de 25 deputados dos Quinhentos e 25 dos Anciãos acertariam os detalhes da nova Constituição.

Naturalmente, dentro da filosofia de Bonaparte, o último déspota ilustrado, dizia que "nada se pode fazer com um filósofo", e lembrava ser importante "vigiar o movimento das ideias" para prevenir revoluções. Sua teoria era bem explícita: aquele que salva a pátria não viola nenhuma lei.

E quanto aos deputados da comissão de legislação do Conselho de Estado que gerou o *Código de Napoleão* – comissão da qual presidiu 57 sessões em 102 – e aos seus colegas cônsules, Napoleão soube aplicar uma de suas máximas (autoritárias) prediletas: "O melhor meio de controlar a palavra é jamais concedê-la"[10].

Na madrugada do dia seguinte, 20 brumário, os três Cônsules prestam juramento às duas Assembleias, que designam os 25 membros de cada comissão para a feitura da nova Constituição.

O golpe estava consumado. Os Cônsules, ao apresentarem a Constituição do ano VIII ao plebiscito, definiram os limites precisos da sua Revolução: "Cidadãos, a Revolução fixou-se nos princípios que lhe deram o início: ela acabou!"[11].

PARA ALÉM DO 18 BRUMÁRIO

Qual revolução acabou? A de 1789, a de 1793, a termidoriana? A de Sieyès e/ou Napoleão?

O regime do Diretório conseguiu arrastar até 1804 o que sobrou do regime republicano. A proclamação de Napoleão como Imperador em 18 de maio pôs fim à República, cuja sustentação no momento mais avançado da Convenção Jacobina fora a burguesia apoiada pelas massas populares. Afinal, para muitos historiadores "a revolução já acabara" com o golpe do 9 Termidor do ano II (1794) e só tecnicamente se poderia considerar seu final no golpe do 18 Brumário do ano VIII (1799), com a ascensão ao poder da família Bonaparte.

Mas o problema não se esgota aí. Se conceituarmos o Consulado (1799-1804) e o Império (1804-1814) como ditaduras de base militar, impõe-se notar, sem embargo, que Napoleão Bonaparte se formou no período da ditadura jacobina, tornou-se general aos 25 anos no ano II e que o Exército funcionou na revolução burguesa como canal de ascensão. Observa Hobsbawm que os militares bem sucedidos "tinham um interesse investido na estabilidade interna como qualquer outro burguês"[12].

---

10. "Le meilleur moyen de tenir sa parole est de ne jamais la donner". Idem, ibidem.
11. "Citoyens, la Révolution est fixé aux principes qui l'ont commencée: elle est finie!". Idem, p. 267.
12. E. Hobsbawm, *A Era das Revoluções*, p. 92.

Claro, há muito para se discutir sobre o crescimento do militarismo no Diretório, sua lógica e o desfecho de 1799. E também sobre o discutido "gênio indubitável de Napoleão" (Hobsbawm), sobre sua "inteligência excepcional" (Godechot), em confronto com a interpretação de Soboul que, se não despreza a "inteligência lúcida, 'toujours en éveil' do estadista, também vê, no 'petit caporal', por vezes, um desastrado, um homem que se locomove mal no terreno da legalidade" – mas que deseja respeitá-la.

No golpe do 18 Brumário, em particular, Soboul tenta justificar o "petit caporal", notando que foi Luciano quem desatou o nó do impasse e Murat quem envolveu os granadeiros: "non Bonaparte"[13].

Enfim, o debate "Napoleão: pró ou contra?", o exame de sua formação e atuação, bem como a "lenda negra" – que escapam aos limites desta síntese – podem ser encontrados pelo leitor nos análises magistrais de Jacques Godechot, seja no *La Grande Nation*, seja em *Europa e América no Tempo de Napoleão (1800-1815)*, e no clássico *Napoléon*, do mestre Georges Lefebvre (1935, várias reedições posteriores).

SOBRE A QUESTÃO COLONIAL

> [...] *o melhor era esperar que viessem os Francezes, os quais andavão nessa mesma diligencia pela Europa, e logo cá chegarão*
>
> CIPRIANO BARATA (Salvador, na conjuração de 1798)

O colapso do Antigo Regime provocou rupturas, ou, quando menos, abalos nos sistemas coloniais.

A independência das ex-colônias inglesas, em 1776, e o ato revolucionário da Convenção, em 1794, acabando com a escravidão sem indenização nas colônias (Saint-Domingue e Guadeloupe), abriram uma nova perspectiva para as regiões de colonização. Com efeito, Estados Unidos e França polarizaram os corações e mentes não só das elites nativas coloniais, mas também do mundo do trabalho. A ambiguidade da presença francesa será entretanto uma constante, sobretudo após Bonaparte restabelecer a escravidão nas Antilhas em 1802.

A morte vexaminosa do grande líder negro haitiano Toussaint-Louverture, preso em Paris, dá origem ao maior dos mitos revolucionários do período colonial. O medo do "haitianismo" – o perigo do levante em massa de escravos – marcará a má consciência das elites da América do Sul durante todo o século XIX, tanto no mundo oficial local como no comando da South American Station, que controlava e administrava o império informal da Inglaterra.

---

13. Soboul, *La 1ère République*, p. 285.

No fim do século XVIII, ideias de revolução circulavam pelo Atlântico, assistindo-se a uma verdadeira revolução bibliográfica. Os movimentos de independência em gestação tiveram seus agentes em revolucionários como Francisco de Miranda, que lutou nas tropas da gironda (sendo inclusive culpado da derrota na batalha de Neerwinden), José de San Martin ou em personalidades como Joaquim José da Maia, o estudante que se encontrou com Jefferson em Nîmes, para pedir apoio dos Estados Unidos para a revolução de Minas, em 1789 (Inconfidência). Também as tropas de Napoleão eram esperadas (em vão...) em Salvador, nos fins do século XVIII, para ajudar na libertação, junto com o grupo de Cipriano Barata, um dos grandes revolucionários da História do Brasil: preso na Conjuração dos Alfaiates (1798), terá atuação avançada no processo de independência. Com efeito, nos principais portos brasileiros os franceses eram aguardados: Rio de Janeiro, Bahia, Recife...

Deixando de lado certas participações concretas de brasileiros que viveram na França nesse período, como o padre Arruda Câmara (um dos inspiradores da Revolução de 1817 e 1824 em Pernambuco), José Bonifácio (por curto tempo, em 1790 e 1791 em Paris, aluno em química e minearologia de Fourcroy, Duhamel, Jussieu e Sage – este, adversário de Lavoisier e de Chaptal), ou como o baiano mulato e filho de carpinteiro Caetano Lopes de Moura (o "brasileiro soldado de Napoleão", médico e autor de uma biografia do corso, enterrado no cemitério Père Lachaîse), importa notar as relações intensas entre o processo revolucionário na França e a fermentação político-ideológica nas várias partes do Brasil.

As ideias de Revolução e de Reforma vêm sendo estudadas com rigor, podendo-se ultrapassar a história "naïve" das "influências" e dos "reflexos". No imaginário da França, a presença do Brasil é notável, desde a famosa "Fête brésilienne", com a presença de indígenas em Rouen, no século XVI, que tanto repercutiu na literatura e na filosofia de Montaigne a Rousseau. Se figuras da Revolução pensaram e mencionaram o Brasil no período colonial – como Raynal e Réstif de la Bretonne – em contrapartida Rousseau, Mably, Montesquieu, Voltaire, Brissot, Raynal, Volney e mesmo Boissy d'Anglas, entre tantos outros, eram lidos. Às vezes por brancos advogados rebeldes, às vezes por artesãos mulatos e pobres. Se, em Minas de 1789, a revolução almejada era a dos proprietários contra a colonização, em Salvador de 1798 era *contra* os proprietários.

Dentre as leituras de pensadores franceses, estudos recentes vêm destacando a importância das ideias de Raynal na gestação do pensamento revolucionário no mundo colonial. Toussaint Bréda, o futuro Toussaint-Louverture, despontou nas páginas de Raynal-Diderot, como bem analisou o historiador Fernando A. Novais, em estudo prodigioso que revela quais leituras eram feitas desses autores no universo colonial[14].

Em qualquer hipótese, na história do pensamento revolucionário no fim do século XVIII e começo do XIX ressalta a intensa circulação de ideias de reforma e revolução, das metrópoles para as colônias, e vice-versa, com refrações e matizes específicos. No Brasil, de 1777 a 1824, ideias de revolução, por vezes misturadas a um reformismo ilustrado, ajudaram a plasmar a nova ordem – vencendo as propostas que conciliassem a revolução com a escravidão. Nada obstante, as "ideias francesas", o "perigo francês", "o jacobinismo", a "francezia" sempre amedrontavam as forças da contrarrevolução.

E a presença francesa pode ser notada de outras formas. Quando da primeira revolução brasileira, no Nordeste, em 1817, em que se iniciou o jovem frei Caneca – discípulo do padre Arruda Câmara – não só militares bonapartistas desembarcados dos Estados Unidos chegaram (tardiamente) para ajudar a Revolução e resgatar Napoleão em Santa Helena para um novo retorno à Europa, como um comerciante bretão, o conservador Tollenare exclama, em seu diário, após a repressão ao movimento: "Mais um pouco mais de tempo e teríamos revisto os *sans-culottes*".

As novas ideias penetram em níveis mais profundos do sistema – aguardando novas pesquisas. Um só exemplo: o advogado dos revolucionários nordestinos de 1817 presos, Aragão de Vasconcelos, leitor assíduo de Brissot de Warville (que citava impetuosamente apesar de ser autor proibido), em seus argumentos mais fortes para justificar a insurreição e libertar os revolucionários, utiliza-se de Rousseau: "Nas revoltas a marcha ordinária nada aproveita, é antes nociva, as leis ficam sem vigor, e os princípios que até então serviam de norma são mui mesquinhos para nos aferrarmos a eles, como âncoras de salvação, *o homem volta como ao natural estado* […]"[15].

---

14. V. *Portugal e Brasil na Crise do Antigo Sistema Colonial* (1777-1808), p. 157. Em especial o pensamento ilustrado sobre o sistema colonial no capítulo "A Defesa do Patrimônio", uma rigorosa análise das "leituras subversivas" na colônia.

15. Carlos Guilherme Mota, *Nordeste 1817*, p. 217. Para uma compreensão mais ampla do problema, consulte-se Kenneth Maxwell, *A Devassa da Devassa*; Katia Mattoso, *Presença Francesa no Movimento Democrático Baiano de 1798*; Carlos Guilherme Mota, *Ideia de Revolução no Brasil* (1789-1801), síntese nos *Annales historiques de la Révolution française* (n. 202, out-dez 1970); Cláudio Veiga, *Um Brasileiro Soldado de Napoleão*; os artigos de Roberto Ventura e Francisco Falcón (v. bibliografia). Sobre o Haiti, *The Black Jacobins – Toussaint l'Ouverture and San Domingo Revolution*, de C. L. R. James e *La independencia de Haiti y su influencia en Hispanoamérica*, de E. Cordova-Bello.

O AMANHECER DO DIFÍCIL SÉCULO XIX

> *Quem já viu uma revolução ser e não ser ao mesmo tempo?*
>
> PADRE FRANCISCO DE SALES,
> vigário da Vila do Limoeiro; Brasil, 1817

Em qualquer hipótese, o Primeiro Cônsul Napoleão – último déspota esclarecido – cercou-se de personalidades que compunham um amplo arco político-ideológico.

Porém, discordando do que afirmam Tudesq-Rudel ("As tradições de '1793' e a de '1789' encontravam-se reconciliadas em Bonaparte [...]")[16], tais personalidades ligavam-se estreitamente à república ditatorial. Ficamos com Soboul: "Tratava-se de fechar a era revolucionária, assentar definitivamente a primazia dos notáveis. Termidorianos, Diretoriais, Brumarianos: os mesmos homens em busca do mesmo objetivo"[17].

Os *notáveis* – essa mescla da aristocracia do Ancien Régime com a burguesia revolucionária – definiriam o perfil da História da França do século que se inaugurava.

Alguns de seus nomes? O regicida Sieyès, nomeado por Napoleão presidente do Senado, que continuará até 1814 a influir na montagem do Estado; intelectuais "ideólogos", cientistas e artistas como Destutt de Tracy, Volney, Cabanis, Monge, Laplace, Berthelot, Lagrange, Benjamin Constant, David, Marie-Joseph Chénier; militares como Kellerman; o economista Jean-Baptiste Say. Como ministro do Exterior, Talleyrand, e do Interior, Luciano Bonaparte – que indicava a seu irmão todo-poderoso, instalado nas Tulherias, os nomes dos revolucionários aos postos mais altos da República, para nomeação.

E também alguns excelentes administradores, como Jean Bon Saint-André, ex-membro do Comitê de Salvação Pública e companheiro de Napoleão na expedição ao Egito, que não se esquecera do "governo dos jacobinos apaixonados, com bonés vermelhos, roupas grosseiras de lã e tamancos de madeira que viviam de pão puro e cerveja barata [...]". Para ele, o passado glorioso ainda existia: "Eu fui um deles, cavalheiros. E aqui, como nos aposentos do Imperador em que estou a ponto de entrar, glorifico este fato"[18].

Apenas agora a oposição legal tornara-se inviável, e a imprensa e o teatro censurados por Fouché, como tudo aquilo que contrariasse o "pacto social" e "a glória das forças armadas". O movimento popular, da *sans-culotterie* e do proletariado industrial nascente, só retomaria fôlego em 1830.

---

16. Tudesq-Rudel, op. cit., p. 207.
17. Soboul, *La 1ère Républicque*, p. 289.
18. Citação em J. Savant, *Les Préfets de Napoléon*, 1958, apud E. J. Hobsbawm, op. cit., p. 87.

Em contrapartida, no mundo colonial, Bonaparte tenta recuperar as Antilhas para proteger interesses de colonizadores à sua administração: o restabelecimento da escravidão (20 de maio de 1802) detona a insurreição de Saint-Domingue (Haiti), a primeira bem-sucedida. O referido líder negro Toussaint-Louverture, traído, morre preso em Paris no forte Joux em 1803; mas é sucedido por Jean-Jacques Dessalines, que leva adiante a Revolução. E seu repressor, o mesmo general Leclerc, de Toulon, agora casado com Pauline Bonaparte, co-participante do 18 Brumário, é derrotado e morre de febre no Haiti, sendo substituído por Rochambeau – o ex-comandante das tropas expedicionárias francesas nos Estados Unidos...

Napoleão Bonaparte, imperador.

Os Últimos Jacobinos, de Charles Renot, pintado em 1882. Museu de Bourg-en-Bresse. O 9 Termidor (27 de julho de 1794), em que os robespierristes *foram vencidos*.

As Revoluções da Revolução

> *Levar mais longe, impossível. Por falta de lugar ou de tempo, não. Mas porque a uma disciplina em processo de se organizar ou de se reorganizar não convém impor direções proféticas a partir de fora. Deixemo-la fazer suas experiências.*
>
> LUCIEN FEBVRE,
> Rio de Janeiro, 20 de julho de 1949[1]

> *Nesse emaranhado de raízes está o cerne das resistências que hoje temos de vencer se não queremos apenas sobreviver como museus de revolutas eras.*
>
> VITORINO MAGALHÃES GODINHO,
> Lisboa, 1970.

I.

Nesse longo percurso de apenas dez anos (1789-1799), toda uma lição de História profunda se produziu, tornando clássico o exemplo revolucionário da França. A crise do Antigo Regime; as reformas e a reação feudal; a aliança (e depois o confronto e, mais tarde, a conciliação) entre burguesia e nobreza; o assalto à Bastilha e a abolição da servidão; o confronto entre monarquistas e republicanos e, depois, entre a República burguesa e a democracia popular; o embate do governo revolucionário com a ditadura jacobina; a disputa entre igualitaristas radicais e representantes da revolução burguesa; e, finalmente, o golpe de Napoleão Bonaparte e Sieyès em 1799 completam, etapa por etapa, um processo histórico que deixa marcas profundas no pensamento contemporâneo.

Processo que oferece ao leitor a rica, densa amostragem de posições – de formas e estilos de pensamento, abarcando visão de história, de política, de arte, de filosofia, de literatura – e de situações que se tornaram emblemáticas. E que, por esse motivo, se repetem, aqui e acolá, com novas roupagens e outros disfarces. E frequentemente muitas farsas.

---

1. *Pousser plus loin, impossible. Faute de place ou faute de temps, non. Mais parce qu'à une discipline en train de s'organiser ou de se réorganiser il ne convient pas d'imposer du dehors des directions prophétiques. Laisissons-la faire ses expériences.*

Nesse processo, *houve várias revoluções dentro da Revolução*. Mas a melhor síntese talvez tenha sido a do próprio revolucionário Marat. Ao denunciar a traição ao povo pelos "conspiradores educados e sutis da classe superior", que a princípio se opuseram aos déspotas e se insinuaram na confiança popular, voltando-se depois contra "os de baixo", escreveu: "O que as classes superiores ocultam constantemente é o fato de que a Revolução acabou beneficiando somente os donos de terra, os advogados e os chicaneiros".

II.

Nesta breve história, procurou-se enfatizar a ocorrência de dois momentos de ruptura na História moderna da França: a revolução de 1789 e a revolução de 1793. Revoluções que anunciam – e demarcam – as duas vertentes dominantes da então inaugurada História Contemporânea. Na primeira, a derrubada do Antigo Regime, a abolição das feudalidades, a construção da cidadania; na segunda, a emergência dos movimentos populares e a primeira participação popular no governo da *res publica*, ao lado da burguesia jacobina radical. O movimento popular, destruído depois dessa primeira experiência do ano II, somente voltará a se mobilizar na França nas revoluções de 1830, 1848 e 1871. Mas além desses dois momentos – 1789 e 1793 – de ruptura, vislumbram-se outros traços que permitem falar num movimento mais geral – a Revolução Francesa, processo decisivo da transição nem sempre contínua e completa do Feudalismo ao Capitalismo. No contexto violento de reforma institucional unificadora e racionalizadora do Estado monárquico, instaurou-se uma sequência de lutas de classes que levou à revolução burguesa. Revolução que possuía uma lógica muito própria: deslocados os monarquistas do poder, a burguesia dos negócios assume o comando do processo na Convenção Girondina, sendo logo ultrapassada pelos jacobinos que, para se sustentarem no poder e vencerem a guerra externa, apelam ao movimento popular em 1793-1794, movimento logo cortado pela Reação Termidoriana. A breve experiência dessa "Segunda Revolução" foi desativada por meio de sucessivos golpes e manobras que levaram a Revolução ao seu fim e à montagem férrea da ordem burguesa.

Em qualquer hipótese, o mundo do trabalho – a *sans-culotterie* sobretudo – estava na França pulverizado entre uma concepção de produção e de vida artesanal em declínio e uma concepção industrial ainda em suas primícias: dele não brotariam movimentos que viessem a produzir vigorosa e homogênea consciência de classe que confrontasse e ultrapassasse o universo da "burguesia conquistadora". Nessa perspectiva, a burguesia era a única classe revolucionária *de facto* no século dezoito, como precisaram Marx e Engels, já em 1848, no *Manifesto Comunista*, portanto mais de meio século após a

Revolução. Não há que se pensar, portanto, em "derrapagem", como pontificou François Furet.

Nada obstante, o avanço da Revolução no plano social foi significativo, sobretudo no período da Convenção – apesar de muito atenuado no Diretório. Ao se destruir a sociedade de Ordens e se pôr abaixo a aristocracia que vivia dos privilégios feudais, eliminou-se a base social que sustentava o Estado absolutista encarnado na figura de Luís XVI. Ponto mais fundo da Revolução, a República da Convenção jacobina do ano II mobilizou – no limite de seus interesses, de suas possibilidades históricas e de suas contradições – as massas populares urbanas esfomeadas, a pequena burguesia radical, os pequenos produtores independentes e, sobretudo, os camponeses ainda imersos na servidão.

Em seu transcurso, ocorreram episódios que tornaram clássico o "modelo" revolucionário da França, dada uma certa sequência de "etapas" que penetrariam fundo na imaginação histórica contemporânea: as tentativas de reforma do Antigo Regime; a reação aristocrática, a mobilização da(s) burguesia(s) e a convocação de uma Constituinte; a tomada da Bastilha, o aprisionamento do rei absolutista e a implantação de uma monarquia constitucional; a abolição da servidão feudal; a condenação à morte do rei e a proclamação da República.

Já na República, podemos verificar o confronto entre a burguesia republicana e os ensaios e naturais exigências da democracia popular conduzindo à associação e, depois, ao desacerto entre o governo revolucionário e a ditadura republicana jacobina. Com a radicalização das posições, assiste-se à reação da burguesia revolucionária conservadora (termidoriana) que, estabilizando a República, esmagou, no Diretório, os igualitaristas radicais de Babeuf e os jacobinos ressurgentes.

No fim do percurso, o golpe militar do 18 Brumário (1799), um novo "pacto social" (sic) cimentando o regime dos "notáveis". A aristocracia se recompõe com a burguesia revolucionária sob o manto consular, e depois imperial, de Bonaparte.

III.

Além de profunda, a Revolução foi extensa. Consolidando-se, a revolução burguesa foi sendo exportada para outros países, sobretudo no período napoleônico. Mas, em qualquer hipótese, como se viu, torna-se impossível explicar a Revolução sem se considerar a dialética entre a guerra interna e externa. Em quase toda a Europa e nas Américas – o Brasil inclusive – ocorreram suas repercussões e, em contrapartida, a alimentaram; e também em menor medida, na Ásia e na África.

Jacques Godechot, estudioso da "Grande Nation", chegou a formular a ideia de uma Revolução Atlântica – para frisar o caráter ocidental e burguês do processo, tanto mais profundo quanto mais próximo das regiões ribeirinhas desse oceano. Tal fórmula, entretanto, recebeu críticas daqueles que, como Soboul, julgaram esse conceito demasiado abrangente, esvaziando a especificidade dos movimentos nacionais e sociais de cada região. Mas como deixar de considerar a intensíssima circulação de pessoas, mercadorias, livros, armas e ideias pelo Atlântico – sobretudo quando essas pessoas se chamam Tom Paine, Padre Arruda Câmara, Francisco de Miranda, Thomas Jefferson, San Martin, Toussaint Louverture e Napoleão. Ou mesmo José Bonifácio, o incontido "patriarca" da Independência do Brasil – que em 1790/91 esteve estudando com Fourcroy em Paris, cidade em que deixou uma filha, Elisa, com certa dama, a madame Delaunay...?

A Revolução foi extensa também no tempo, pois um dos dilemas centrais da República do Diretório permaneceu irresolvido para a classe média francesa, como apontou o historiador Hobsbawm em *A Era das Revoluções*: é possível compatibilizar estabilidade política com avanço econômico adotando-se o programa liberal de 1789-91? Ou seja, como evitar, ao mesmo tempo, o duplo perigo da república democrática jacobina e do retorno do Antigo Regime?

As experiências sucessivas e alternadas do Diretório (1795-99), Consulado (1799-1804), Império (1804-1814), a Restauração com a monarquia Bourbon (1815-30), a volta da Monarquia Constitucional (1830-48), a República (1848-51) e o Império (1851-70) levaram o historiador inglês a pensar que a solução foi descoberta a partir de 1870, com a república parlamentar como "uma fórmula exequível para a maior parte do tempo [...]"[2].

E foi extensa no tempo e no espaço, como notou numa conferência recente o historiador Vovelle, comentando um teste preciso proposto por Godechot para se avaliar o conhecimento e a difusão da *Declaração dos Direitos do Homem* nos diferentes países: como repercutiu, qual o tempo, as condições de recepção, as reações, os obstáculos, a tradição jornalística em cada região etc. Nessa mesma comunicação ao Sétimo Congresso Internacional das Luzes (Budapeste, 1987) sobre "A Revolução Francesa e seu Eco", Vovelle chamava a atenção para a problemática das "imagens" da Revolução e pela enorme quantidade e riqueza de "leituras" possíveis nos equivalentes semânticos quando falamos nas "repercussões" da Revolução: eco, ressonância, influência, difusão, recepção, impacto, reações, legado, herança... E adverte: tal lista de palavras não é evocada por simples curiosidade, "mas pelos matizes que sugerem na própria maneira de abordar o problema".

---

2. E. Hobsbawm, *A Era das Revoluções*, p. 90.

Assim, a circulação das ideias da Revolução deve ser cuidadosamente analisada conforme a época, o contexto social e a conjuntura política – tanto dos emissores revolucionários quanto dos receptores. Pois o estudioso da revolução no Brasil poderá ficar surpreso ao observar que, na Conjuração dos baianos de 1798, os rebeldes liam não só Volney e Rousseau, mas também o conservador Boissy d'Anglas – um dos redatores da Constituição do ano III, porta-voz da direita no Diretório e futuro liberal... Ou seja, o que é conservador na metrópole, pode ser revolucionário nas colônias, e vice-versa, conforme a vez e a hora. Afinal, em 1817 a revolução no Nordeste brasileiro, que teve um cronista magnífico no inglês Henry Koster, o depois abrasileirado Henrique da Costa, constituiu – pela bibliografia e pela ação – uma das pontas avançadas de seu tempo.

Concluindo, *houve várias revoluções dentro da "Grande Révolution"*, que ainda repercutem cada uma a seu modo e tempo, despertando nossa contemporaneidade. E desdobramentos que permitiriam repensar as Revoluções francesas numa sequência de mais longa duração: 1789, 1830, 1848 – como o fez Ernest Labrousse em seu estudo notável sobre as flutuações econômicas e a história social, demonstrando "como nascem as revoluções" desse período. Ou na sequência 1789, 1793, 1830, 1848, 1871... Afinal o neo-jacobinismo e o blanquismo do século XIX muito devem aos revolucionários de 1793, e o neo-hebertismo das poucas semanas da Comuna de 1871 vincula-se à tradição popular *sans-culotte*[3].

Mas há que se perceber, sobretudo, a profunda revolução cultural – em sentido amplo – desencadeada a partir de 1789, 1793, 1796 e mesmo 1799. Não só medidas episódicas propriamente revolucionárias ocorreram – o guilhotinamento de Luís XVI, por exemplo – como a ruptura com a antiga tradição estamental familiar (na ampliação da herança, no divórcio, no reconhecimento dos bastardos etc.); a consolidação da unidade do Estado nacional por meio de uma nova hierarquia de funcionários, administradores (prefeitos, por exemplo), juízes, universidades e escolas; a criação e consolidação da escola pública; a formação de militares profissionais independentemente de linhagem familiar, além da triplicação do contingente e barateamento dos custos nesse curto período; a criação de moeda e Banco nacionais; uma sólida rede de instituições públicas de ensino, de cultura e estímulo à pesquisa em que se destacaram (inclusive na guerra civil, ao lado dos *sans-culottes* e, depois, com Napoleão) matemáticos, físicos, químicos, historiógrafos, escritores e pintores como Monge, Lagrange, Berthollet, Champolion (o decifrador dos hieróglifos na trágica expedição de Napoleão ao Egito), David. E, para além de suas

---

3. A. Soboul, Do Ano II à Comuna de 1871, em *Ciência e Cultura*, p. 310.

próprias deliberações revolucionárias, a Convenção Nacional – o momento mais alto da Revolução, no período da Convenção Jacobina – que adota, revela e testa mecanismos de vivência republicana de uma instituição por Hobsbawm considerada "provavelmente a mais notável assembleia na história do parlamentarismo".

Não foi pouco. Testou-se a cidadania plena, sentiu-se o limite da História. Também novos costumes foram praticados, que o retorno ao discutível modelo greco-romano – nas artes, com o pintor David ou os irmãos Chénier, ou na política, com Robespierre ou Napoleão – não conseguiu encobrir. Novos costumes dos quais não se dissociam os nomes dos escritores Choderlos de Laclos, Rétif de la Bretonne e o Marquês de Sade, nem de Madame de Staël ou de Thérésa Cabarrus...

Sintoma de viragem mental, velhas palavras adquiriram novos conteúdos. E entre elas, "democracia", "república", "Estado", "patrício", "plebeu", "proletário", "cidadão", "pátria", "ideologia", "senado", "diretor", "cônsul". E, a mais forte, "imperador"...

Revolução cultural que não se traduziu apenas no tratamento democrático por "tu", na instituição do divórcio ou no corte de cabelo ao estilo do imperador romano Tito – como a brasileira Maria Theodora da Costa adotaria em seu casamento com o líder revolucionário Domigos José Martins, em Recife, em 1817, demonstrando publicamente suas convicções republicanas. Essa revolução cultural caminhou por meio de ideias, projetos, hipóteses, conceitos e ideologias que foram sendo testadas, combatidas, rejeitadas, perseguidas, adaptadas e aplicadas.

Ideologia, por exemplo, uma das palavras-chaves do vocabulário contemporâneo, apareceu pela primeira vez na França naquele turbulento fim de século, no conflituoso período do Diretório. Palavra utilizada por gente – filósofos, ou melhor, "ideólogos" – como Destutt de Tracy, Cabanis, Volney. E também por gente que detestava filósofos... como Napoleão Bonaparte, ex-leitor de Voltaire. Napoleão, que se serviria de alguns "ideólogos" em sua irresistível ascensão.

Bibliografia Sumária

Não se trata aqui de apresentar ao leitor bibliografia sistemática sobre a história e a historiografia do processo revolucionário de 1789-1799. Sua vastidão e complexidade são conhecidas. Todavia, além de referência a alguns livros utilizados, julgamos útil mencionar, embora de modo sumário e dentro dos limites desta coleção, outras obras para eventuais aprofundamentos de leitura e de pesquisa.

Desde logo, mencionem-se os dois livros de Jacques Godechot, da coleção Nova Clio, *As Revoluções (1770-1799)* e *Europa e América no Tempo de Napoleão (1800-1815)*, no qual o leitor encontrará balanços sobre fontes, caminhos da pesquisa, estado atual dos conhecimentos e debates atuais. Do mesmo autor, mais recente, é *La Révolution française. Chronologie commentée (1787-1799)*, em que o processo é acompanhado mês a mês; um bom roteiro, que inclui um pequeno dicionário biográfico dos personagens citados (cerca de 400).

O manual de Albert Soboul, a *História da Revolução Francesa*, a despeito da péssima tradução para o português, ainda continua sendo a melhor síntese.

Mais recentes, citem-se a *Histoire et dictionnaire de la Révolution française (1789-1799)*, de J. Tulard, J. F. Fayard e A. Fierro, que inclui um balanço dos acontecimentos, cronologia "jour par jour", o mundo à época da Revolução, dicionário, historiografia e filmografia.

Como já foi mencionado na Introdução, vale consultar o *Dictionnaire Critique de la Révolution française*, coordenado por François Furet e Mona Ozouf, dicionário em que, apesar de proclamar-se crítico, alguns revolucionários pouco comparecem, como Saint-Just. A tradução para o português, de Henrique de Araújo Mesquita, foi prefaciada por José Guilherme Merquior (*Dicionário Crítico da Revolução Francesa*. Rio de janeiro: Nova Fronteira, 1989). Entretanto, na perspectiva do autor deste livro, mais importante, até porque contém verbetes com pesquisa mais aprofundada e atualizada, é o *Dictionnaire historique de la Révolution française*, de Albert Soboul e outros (Paris, Presses Universitaires de France, 1989).

Como referência geral, cite-se ainda o *Atlas de la Révolution Française*, sob a direção de Serge Bonin e Claude Langlois. Enfatize-se, finalmente, o farto material documental que vem sendo publicado pelo tradicional Institut d'histoire de la Révolution française no Bicentenário da Revolução com o apoio do Centre national de la recherche scientifique (nas Presses du CNRS): arquivos parlamentares de l787 a 1860, coletâneas de documentos relativos aos Estados Gerais de l789, processos-verbais das sessões da Convenção Nacional, mapas administrativos do Antigo Regime, os debates relativos à declaração de direitos de 1789 etc.

* * *

Annales historiques de la Révolution française. CNRS/ Institut d'Histoire de la Révolution Française, Sorbonne, nº 281, jul.-set. 1990

ACTES *du Tribunal Révolutionnaire*. Recueillis et commentés par Gérard Walter, Paris: Mercure de France, MCMLXXXVI.

AUBRY, Octave. *Écrits de Napoleon, présentés par*. Paris: Éditions Buchet-Chastel, 1969.

BÉTOURNÉ, Olivier; HARTIG, Aglaia I. *Penser l'histoire de la Révolution. Deux siècles de passion française*. Paris: Édition la Découverte, 1989.

BONIN, Serge; LANGOIS, Claude (dir.). *Atlas de la Révolution française*. Paris: Éditions de l'École des hautes études en sciences sociales, 1987. 2 vol.

BONNET, Jean-Claude. *La carmagnole des muses*. Paris: Armand Colin, 1988.

BOULOISEAU, Marc. *Robespierre*. 5ª ed. Paris: PUF, l976.

BREDIN, Jean-Denis. *Sieyès, la clé de la Révolution française*. Paris: Éditions de Fallois, 1988.

BULLETIN D'HISTOIRE DE la *Révolution française*. Paris: Éditions du Comité des Travaux Historiques et Scientifiques, Ministère de l'Enseignement Supérieur et de la Recherche, 1994.

CALVET, Henri. *Napoléon*. Paris: Presses Universitaires de France, 1948.

CASSIRER, Ernst. *La Philosophie des lumières*. Paris: Fayard, l966.

CHÂTELET, François (org.) *Histoire des idéologies*. Paris: Hachette, 1978. 3 v.

CORDOVA-BELLO, Eleazar. *La Independencia de Haiti y su influencia en hispanoamerica*. Caracas: IPGH, 1967.

DARNTON, Robert. *Boemia Literária e Revolução. O Submundo das Letras no Antigo Regime*. São Paulo: Companhia das Letras, l987.

DAVID, Marcel. *Fraternité et Révolution française*. Paris: Aubier, 1987.

DELÉCLUZE, E. J. (Souvenir par). *Louis David, son école et son temps*. Paris: Macula, 1983 (1ª ed.: Paris: Didier, 1855).

DOBB, Maurice. *Studies in the Development of Capitalism*. London: Routledge & Kegan Paul Ltd., 1963. (Há tradução para o português: *A Evolução do Capitalismo*. São Paulo: Nova Cultural, 1983).

DUBRY, Octave. *Écrits de Napoleón*. Paris: Buchet-Chastel, 1969.

ENTREVISTA DE François Furet a Aspásia Camargo. *Revista Estudos Históricos*. Rio de Janeiro, n. 1, 1988.

FALCÓN, Francisco J. C. Luzes e Revolução na Colônia. *Estudos Avançados*. São Paulo: USP, v. 2, n. 2, maio-agosto 1988. .

FERNANDES, Florestan. *Poder e Contrapoder na América Latina*. Rio de Janeiro: Zahar, 1981. (V. capítulo Sobre as Revoluções Interrompidas)

FERRO, Marc. *A Manipulação da História no Ensino e nos Meios de Comunicação*. São Paulo: Ibrasa, 1983.

FURET, François; RICHET, Denis. *Révolution*. Paris: Fayard, 1973.

FURET, François. *Penser la Révolution française*. Paris: Gallimard, 1978.

――――. François. *La Révolution 1770-1880*. Paris: Hachette, 1988.

FURET, François; OZOUF, Mona et al. *Dictionnaire critique de la Révolution française*. Paris: Flammarion, 1988.

GALLO, Max. *Napoleão*. Rio de Janeiro: Casa Jorge Editorial, 2004. 2 v.

GÉRARD, Alice. *La révolution française. Mythes et interprétations 1789-1970*. Paris: Flammarion, 1970. (Há tradução para o português: *A Revolução Francesa:* mitos e interpretações. 2ª ed. São Paulo: Perspectiva, 1999).

GEYL, Pieter. *Encounters in History*. Cleveland 2: Meridian Book, 1961. (Sobretudo os artigos French Historians for and against Revolution e The Batavian Revolution: 1795-1798).

GODECHOT, Jacques. *Europa e América no Tempo de Napoleão*. São Paulo: Livraria Pioneira-Edusp, 1984.

――――. As Grandes Correntes da Historiografia da Revolução Francesa de 1789 aos Nossos Dias. *Revista de História*, São Paulo: USP, n. 80, 1970.

――――. *Histoire de l'Italie moderne,1770-1870*. Paris: Hachette, 1971.

――――. *Les Révolutions (1770-1799)*. Paris: PUF, 1965. (Há tradução para o português. *As Revoluções: 1770-1799*. São Paulo: Pioneira, 1976).

――――. L'historiographie française de Robespierre. *Actes du Colloque Robespierre*. Viena: [s.n], 1965.

――――. *La Grande Nation*: l'expansion révolutionnaire de la France dans le monde (1789-1799). 1ª ed. Paris: Aubier, 1956. 2 v. (2ª ed. de 1983).

――――. *La Révolution française*: chronologie comentée,1787-1799. Paris: Perrin, 1988.

――――. L'Histoire de la Révolution française. *Historiens et Géographes*. Paris: Buisson, p. 711-759, fev.-mar. 1984.

――――.(Présentation). *Les Constituitions de la France depuis 1789*. Paris: Garnier-Flammarion, 1970.

GUINSBURG, J.; KOUDELA, Ingrid D. (org., trad. e notas). *Büchner. Na Pena e na Cena*. São Paulo: Perspectiva, 2004. (Col. Textos, 17).

HALLÉ, Jean-Claude. *Historie de la Révolution française*. Paris: Fernand Nathan, 1983.

HOBSBAWM, E. J. *A Era das Revoluções 1789-1848*. 2ª ed. Rio de Janeiro: Paz e Terra, 1979.

HUBERMAN, Leo. *História da Riqueza do Homem*. 14ª ed. Rio de Janeiro: Zahar, 1978.

JAMES, CLR. *The Black Jacobins, Toussaint L'Ouverture and San Domingo Revolution*. 2ª. ed. Nova York, 1963.

JANCSÓ, István. *Na Bahia, Contra o Império. História do Ensaio de Sedição de 1798*. São Paulo-Salvador: Editora Hucitec-EDUFBA, 1996.

JAURÈS, Jean. *Causas de la Revolución francesa*. Introdução de Josep Fontana. Barcelona: Crítica, 1979.

LABROUSSE, Ernest. Tres fechas en la Historia de la Francia moderna. *Fluctuaciones económicas e historia social*. Madrid: Tecnos, 1962.

LEFEBVRE, Georges. *Napoléon*. Paris: Nouveu Monde Éditions-PUF, 2005.

_____. *O Grande Medo de 1789*. Rio de Janeiro: Campus, 1979.

_____. *A Revolução Francesa*. São Paulo: Ibrasa, 1966.

LENTZ, Thierry. *Napoleón*. Paris: PUF, 2003.

_____. *Napoleón*: mon ambition était grande. Paris: Découvertes Gallimard, 1998.

MATHIEZ, Albert. *La Revolución francesa*. Barcelona: Labor, 1935. 3 v.

MATTOSO, Katia M. de Queirós. *Da Revolução dos Alfaiates à Riqueza dos Baianos no Século XIX*: Itinerário de uma Historiadora. Salvador: Corrupio, 2004.

_____. *Presença Francesa no Movimento Democrático Baiano de 1798*. Bahia: Itapuã, 1969.

MAUZI, Robert. *L'Ideé du Bonheur dans la Littérature et la Pensée Française au XVIIIe. siècle*. Paris, 1965.

MAXWELL, Kenneth. *A Devassa da Devassa: a Inconfidência Mineira. Brasil e Portugal (1750-1808)*. Rio de Janeiro: Paz e Terra, 1977.

MAZAURIC, Claude. *Un historien en son temps, Albert Soboul, 1914-1982. Essai de biographie intelectuelle et morale*. Narrose: Éditions d'Albret, 2003.

MORAES, Eliane Robert. *Lições de Sade*: ensaios sobre a imaginação libertina. São Paulo: Iluminuras, 2006.

MORNET, Daniel. *Les Origines intellectuelles de la Révolution française (1715-1787)*. Paris: Colin, 1954.

MOTA, Carlos Guilherme (coord.). *Os Juristas na Formação do Estado-nação Brasileiro*. São Paulo: Quartier Latin, 2006. (V. I: Século XVI a 1850; Col. Juristas Brasileiros).

_____. *Viagem Incompleta. A Experiência Brasileira (1500-2000)*. São Paulo: Senac, 2000. v. I.

_____. *Idéia de Revolução no Brasil 1789-1801*. 3ª ed. São Paulo: Cortez, 1989.

_____. *Nordeste 1817. Estudo das Formas de Pensamento*. São Paulo: Perspectiva, 1982.

_____. *Atitudes de Inovação no Brasil*. Lisboa: Livros Horizonte, 1970.

_____. L'idée de révolution au Brésil à la fin du XVIIIe siècle. *Annales Historiques de la Révolution Française*, n. 202, ano 42, octobre-décembre, 1970.

MOUSNIER, R.; LABROUSSE, E. *O Século XVIII*. São Paulo: Difel, 1957-1958.

NOVAIS, Fernando A. *Portugal e Brasil na Crise do Antigo Sistema Colonial (1777-1808)*. 2ª ed. São Paulo: Hucitec, 1983.

OZOUF, Mona. *L'École de la France. Essais sur la Révolution, l'utopie et l'enseignement*. Paris: Gallimard, 1984.

PACHET, Pierre (éd. établie et presentée par). *Camille Desmoulins – Le Vieux Cordelier*. Paris: Belin, 1987. (Precedido de Camille Desmoulins, de Jules Michelet).

PERRONE-MOISÉS, Leyla. *Do Positivismo à Desconstrução. Idéias Francesas na América*. São Paulo: Edusp, 2004.

PICON, Antoine. *Architectes et ingénieurs au Siècle des lumières*. Paris: Parenthèses, 1988.

PISIER-KOUCHNER, Evelyne. L'obéissance et la loi: le droit. In: CHÂTELET, François (org.). *Histoire des idéologies*. Paris: Hachette, 1978. 3 v.

PRADO, Yan de Almeida. *O Artista Debret e o Brasil*. São Paulo: Editora Nacional, 1989. (Brasiliana, v. 386).

RIBEIRO, Renato Janine. *A Etiqueta no Antigo Regime*: do sangue à doce vida. São Paulo: Brasiliense, 1983.

ROBESPIERRE, Maximilien. *Discours et Rapports à la Convention*. Paris: Union Générale D'Éditions, 1965.

ROBIN, Régine. *Histoire et linguistique*. Paris: Colin, 1973.

ROCHE, Daniel. *Les Républicains des lettres. Gens de culture et lumières au XVIIIe siècle*. Paris: Fayard, 1988.

ROGER, Philippe. Les citoyens de Cythère. *Art Presse spécial*. Paris: 1988, 1789 Révolution culturelle française.

ROUANET, Sergio Paulo. *O Espectador Noturno. A Revolução Francesa Através de Rétif de la Bretonne*. São Paulo: Companhia das Letras, Paris, 1988.

SANTIAGO, Theo (org.). *Capitalismo, Transição*. Rio de Janeiro: Livraria Eldorado Tijuca, 1974.

SOBOUL, Albert. *História da Revolução Francesa*. 2ª ed. Rio de Janeiro: Zahar, 1974.

_____. *Camponeses, Sans-culottes, Jacobinos*. Lisboa: Seara Nova, 1974.

_____. *La 1ère République (1792-1804)*. Paris: Calmann-Lévy, 1968.

_____. *Les Sans-culottes parisiens en l'an II*. Paris: Clavreuil, 1962.

_____. *1789. L'An I de la Liberté*. 3ª ed. Paris: Sociales, 1973. (Documentos e estudo histórico).

_____ (org.). *Saint-Just*. Discours et Rapports. Paris: Éditions Sociales, 1957.

_____. Do Ano II à Comuna em 1871. *Ciência e Cultura*, São Paulo, 25 (4), 1973.

_____. De Voltaire à Diderot ou "Qu'est-ce qu'un philosophe?". *Anais de História*, Assis, ano II, 1970.

_____. Descrição e Medida em História Social. *Revista de História*. São Paulo: USP, n.75, 1968. (V. ainda a entrevista Encontro com Albert Soboul concedida a Miguel Urbano Rodrigues na *Revista de História*, n. 83, 1970).

SOLÉ, Jacques. *La Révolution en questions*. Paris: Seuil, 1988.

STAËL, Madame de. *Considérations sur la Révolution française*. Introdução, bibliografia, cronologia e notas por J. Godechot. Paris: Tallandier, 1983.

STAROBINSKI, Jean. *1789. Les Emblèmes de la raison*. Paris: Flammarion, 1979.

TUDESQ, A. J.; RUDEL, J. *1789-1848*. Paris: Bordas, 1966.

TULARD, Jean (dir.). *Dictionnaire Napoleón*. Paris: Fayard, 1987.

VEIGA, Cláudio. *Um Brasileiro Soldado de Napoleão*. São Paulo: Ática, 1979.

VENTURA, Roberto. Leituras de Raynal e a Ilustração na América Latina. *Estudos Avançados*. São Paulo: USP, v. 2, n. 3, set.-dez. 1988.

VOVELLE, Michel. *La Chute de la monarchie (1787-1792)*. Paris: Seuil, 1972.
_____. *Piété baroque et déchristianisation*. Paris: Seuil, 1978.
_____. *O Homem do Iluminismo*. Lisboa: Editorial Presença, 1997.
_____. *Idéologies et mentalités*. Paris: La Découverte, 1985. (Tradução em português: *Ideologias e Mentalidades*. São Paulo: Brasiliense, 1987).
_____. *Imagens e Imaginário na História*. São Paulo: Ática, 1997.
_____. *Jacobinos e Jacobinismo*. Bauru, SP: Edusc, 2000.
_____. La Révolution française et son écho. *Estudos Avançados*, São Paulo: USP, n. 5, 1989. (Comunicunicação apresentada ao Septième Congrès International des Lumiéres. Budapeste, jul.-ago. 1987).
_____. L'historiographie de la Révolution française à la veille du bicentenaire. *Estudos Avançados*. São Paulo: USP, n.1, out-dez. 1987.
_____. *La Mentalité révolutionnaire. Société et mentalités sous la Révolution française*. Paris: Sociales, 1985.
_____. *Théodore Désorgues ou La désorganisation. Aix-Paris 1763-1808*. Paris: Seuil, 1985.
_____. *Marat. Textes Choisis*. Paris: Sociales, 1963.
_____. *L'État de la France pendant la Révolution (1789-1799)*. Paris: La Découverte, [s.n].
_____. *Les Images de la Révolution française*. Paris: Publications de la Sorbonne, 1988. (Colóquio coordenado na Sorbonne em 1985 por Vovelle).
WALTER, Gérard. *Babeuf et la conjuration des Égaux*. Paris: Payot, 1937.
WILLIAMS, Raymond. *Keywords*. New York: Oxford University Press, 1976.

Calendário Republicano

O calendário republicano foi adotado pela Convenção Nacional por proposta de Charles-Gilbert Romme (l750-1795). Romme elegeu-se deputado à Assembleia Legislativa e à Convenção. Pertencia a uma família pequeno-burguesa de Auvergne, votou pela morte de Luís XVI e defendia ferrenhamente o culto da Razão. Por este último motivo, desentendeu-se com Robespierre, mas sobreviveu a ele. Desentendeu-se também com a Convenção, foi preso e sentenciado à morte por um tribunal militar, suicidando-se quando da leitura da condenação.

O novo calendário foi regularmente adotado a partir de frimário ano II (dezembro de l793). As datas anteriores foram adaptadas à nova era, o que provocou inúmeras confusões. O ano tinha início no 1º vendimiário, no equinócio de outono (22 ou 23 de setembro). Os meses estavam divididos em três décadas e os dias nestas eram assim denominados: primidi, duodi, tridi, quartidi, quintidi, sextidi, septidi, octidi, nonidi, décadi.

O calendário republicano foi oficialmente abolido a partir do 2 nivoso ano 14 (1º de janeiro de 1806) e substituído pelo atual calendário gregoriano.

1º vendimiário	=	22 ou 23 de setembro
1º brumário	=	22 ou 23 de outubro
1º frimário	=	21 ou 22 de novembro
1º nivoso	=	21 ou 22 de dezembro

1º pluvioso	=	20 ou 21 de janeiro
1º ventoso	=	19 ou 20 de fevereiro
1º germinal	=	21 ou 22 de março
1º floreal	=	20 ou 21 de abril
1º prairial	=	20 ou 21 de maio
1º messidor	=	19 ou 20 de junho
1º termidor	=	19 ou 20 de julho
1º frutidor	=	18 ou 19 de agosto

Cinco dias complementares eram adicionados ao ano após o 30 frutidor (de 17 a 21 ou de 18 a 22 de setembro). Um sexto dia suplementar, o dia da Revolução, estava previsto para os anos bissextos.

Obs: Ver o quadro abreviado de concordância dos calendários republicano e gregoriano para os anos II e III em Albert Soboul, *Les Sans-culottes parisiens en l'an II*, p. 1159-1160.

Posfácio

Revoluções na Revolução. Uma narrativa crítica dos acontecimentos que abalaram a França na década revolucionária[4]

O bicentenário da Revolução Francesa provocou, e provoca ainda, o aparecimento de centenas de livros na França. O importante é que eles são escritos em perspectiva crítica, única forma válida de comemoração de datas.

Talvez haja mais volumes de contestação do movimento que de celebração; prova de maturidade nacional, de um povo que não cede jamais na análise crítica, como estabeleceu no século XVII o filósofo Descartes – um dos símbolos da nacionalidade – com a dúvida metódica. Só assim se justifica a História comemorativa, sem descambar para o badalativo, como se dá no Brasil, sempre lembrando o passado em suas datas com reverência ingênua, júbilos às vezes indevidos. Entre nós, as autoridades só se lembram da História nos feriados, para louvores em perspectiva não só ideológica como também redutora de figuras ou fatos de seus interesses.

Foge-se da História como estudo para usá-la na defesa de situações presentes, como se viu nas poucas festas oficiais referentes à Inconfidência Mineira e decerto se verá nas referentes à República. Falta, aos atuais dirigentes – de Minas ou do Brasil –, autoridade para falar em tais eventos, que eles negam na prática, à vezes até os traindo.

---

4. Publicado no Caderno de Leituras, Idéias/Livros do *Jornal do Brasil*, em 23/9/1989, p. 11. O historiador Francisco Iglésias foi Professor da Universidade Federal de Belo Horizonte.

Não é o caso da França, que pode, com altivez, relembrar 1789, pois tem fidelidade aos ideais de seus protagonistas.

Não só a França relembra a data, mas o mundo inteiro. A Revolução ultrapassou as fronteiras nacionais e da época, difundindo-se largamente. Foi, no sentido sociológico, uma Revolução, não simples revolta ou protesto contra aspectos conjunturais. Uma real mudança de estrutura consagrou o acesso de nova classe social ao poder: a burguesia. Esta, se tinha expressão econômica, passa a ter domínio político, em outra fase do processo social. Daí os historiadores datarem 1789 como o fim da Idade Moderna e o começo da Contemporânea, em esquema de certa funcionalidade para o Ocidente.

A comemoração em obras escritas também chega ao Brasil, como se vê neste volume devido a Carlos Guilherme Mota. Em vários países são escritas obras sobre o assunto, algumas até fundamentais, como na Inglaterra e nos Estados Unidos. O historiador paulista o faz com rigor informativo e lúcido enfoque de intérprete. É crítico, não é oratório ou vazio. Lembre-se, aliás, que os estudiosos brasileiros não ficaram indiferentes ao evento, como se vê em textos de Sergio Paulo Rouanet, Renato Janine Ribeiro, Francisco Falcón, Roberto Ventura, entre outros. Nos quadros de historiadores patrícios já há quem possa escrever com superioridade sobre a História em geral, pelo aprofundamento de tais estudos com os cursos de Ciências Sociais, a contar da década de 1930.

Entre eles, figura em posição de relevo Carlos Guilherme Mota: autor de livros como *Idéia de Revolução no Brasil* (1979), *Nordeste 1817* (1972), ou artigos e estudos menores, sua obra tem solidez e coerência. Persegue a ideia de Revolução no Brasil, como se vê pelo título de seu primeiro livro em segunda edição (na primeira, de 1970, o título era *Atitudes de Inovação no Brasil*, publicado em Portugal com prefácio do historiador português Vitorino Magalhães Godinho). Preocupa-o a sociedade de seu país, seu povo, suas formas de pensamento e o desejo de mudança, revelado na radicalidade de movimentos contestadores, em projeto amplo, atestado de um autor nada convencional, comprometido com sua terra e sua época.

A Revolução Francesa – a Revolução por excelência, a mais notável de todas, geratriz do pensamento social mais progressista e de intensa irradiação pelo mundo, mesmo no Brasil como se sabe, e que ele ajudou a provar em seus livros – não podia passar-lhe despercebida. Resolveu escrever sobre ela, na linha da *haute vulgarisation*, tão necessária. Pode fazê-lo pela sólida leitura da imensa bibliografia de textos sobre protagonistas nas obras a eles dedicadas. Não apresenta nenhuma tese nova ou surpreendente – como se dá com alguns franceses em livros dos últimos anos –, já que suas pesquisas são em fontes secundárias (livros sobre o tema) ou em fontes primárias impressas. Seu mérito é que leu tudo quanto viu e é servido por fina sensibilidade histórica, de modo a ser capaz de apreender o sentido de processos na sua e em outras terras.

Senhor de boa metodologia de trabalho, tendo estudado e convivido, na França e aqui, com dois dos maiores especialistas – Jacques Godechot e Albert Soboul – impregnado do sentido da vida francesa na época, escreveu um pequeno livro que se lê com prazer e proveito. Os leitores não familiarizados com a bibliografia têm agora um roteiro seguro para entendimento da Revolução Francesa.

Seu livro está entre o que de melhor já foi escrito por brasileiros em matéria de divulgação. Ele permite acompanhar a trajetória de 1789 a 1799, em todos os momentos, ou, como diz, as "revoluções na revolução", com seus avanços e recuos; decerto algumas de suas conquistas permanecem, passam ao patrimônio comum.

O texto é recomendável por todos os aspectos: fica bem claro quanto houve da Revolução, da Bastilha à monarquia constitucional; em 1792, a República e a Convenção, a fase mais rica e afirmativa, quando, em 1793, há outra Revolução, com uma linha mais popular. Aquela é girondina, esta é jacobina. A Convenção vai até 1795, quando se instala o Diretório. Muitos viram aí o fim do surto revolucionário, com transigências de todo tipo; as lutas internas e as guerras explicam acordos às vezes escusos, quando começa a brilhar Napoleão.

O Diretório termina em 1799, com o golpe do 18 Brumário, instalação do Consulado reforço da carreira de Napoleão, coroado Imperador em 1804. De fato, aí a Revolução termina. Apesar de tudo, com o fim do Império, mesmo as guerras pela Europa contribuem para divulgar o ideário de 1789 ou 1793, com repercussões na América Latina, até no Brasil.

Toda essa trajetória é vista com justeza no livro. Destaque-se, entre suas notas, a retomada da História narrativa. Esta, se foi fustigada sobretudo pelos franceses da Escola de Síntese, de Henri Berr, aprofundada pela Escola dos Annales, de Marc Bloch e Lucien Febvre, na polêmica de 1890 a 1929 contra a História historicisante ou *événementielle* em um dos momentos mais fecundos da polêmica metodológica, atinge agora o conceito justo. E Pierre Nora pôde escrever importante ensaio sobre "le retour de l'événement" (*Faire l'histoire*, I, 1974).

Este pequeno livro de Carlos Guilheme é exemplo de visão correta sobre a Revolução Francesa, de utilidade para o público não-especializado e mesmo para os estudantes de Ciências Sociais e Direito, às vezes desconhecedores do francês ou sem acesso a uma boa bibliografia. Ademais, recomenda-se pelo justo entendimento da História, amplitude de informação e exato modo de ver – qualidades um tanto raras em nosso meio acadêmico.

Além da correta exposição do processo, de 1789 a 1799, impõem-se a parte introdutória – "Reflexões Prévias" – e a conclusão – "As Revoluções da Revolução" –, confirmadoras das qualidade de historiador de Carlos Guilherme Mota. Impõem-se a leitura do volume: os menos informados terão muito a aprender; os supostamente informados podem aprimorar sua ciência e seguir os passos de um movimento básico no mundo em que vivemos.

Se 1789 encerra a História Moderna é para inaugurar a modernidade, permeando a História Contemporânea e servindo como ponto de referência. Não só na França e na Europa, mas em toda a América, notadamente a Latina. O Brasil tem muito a aprender com o que se passou na França a partir de 1789: dois séculos decorreram e o ideário francês ainda não foi cumprido.

O lema da Liberdade, Igualdade e Fraternidade continuam a ser meta em várias partes. No Brasil, está longe de ser alcançado.

Se convém meditar sobre a Revolução Francesa, o presente livro vale como advertência e guia.

Francisco Iglésias

Este livro foi impresso em Cotia,
nas oficinas da Meta Brasil,
para a Editora Perspectiva.